La voie qui danse

Directeur d'ouvrage : Emmanuel LEMIEUX

Responsable de l'édition : Alix de SANDERVAL

www.bourin-editeur.fr

Yumma Mudra

La voie qui danse

François Bourin Editeur

10, rue d'Uzès 75002 Paris

À Louve et à Mathias

«Permettez-moi une suggestion, mademoiselle :
et si, mieux qu'interpréter la musique,
vous songiez à l'expérimenter ?»

Hélène Grimaud.

PROLOGUE

Promesses d'avenir

6 septembre 1981. Lumière d'automne, la forêt ariégeoise m'enveloppe. Assise en tailleur face au pic des Trois-Seigneurs, sur un tapis de coton, je récite un mantra[1] : *Om Vajrasattva Hung! Om Vajrasattva Hung! Om Vajrasattva Hung!* Toutes les couleurs, tous les êtres, toutes les souffrances. Le bodhisattva Vajrasattva est assis sur ma tête. Il est bleu sombre, orné de soieries et de bijoux, son corps nu semble fait de lumière. Son cœur envoie des rayons multicolores dans toutes les directions, comme des lasers bienfaisants destinés à soulager les êtres de leurs souffrances. De son corps juvénile, que je visualise en récitant le mantra, coule un nectar qui me nourrit et me purifie intégralement. Bien qu'il soit fait de lumière, je peux sentir le poids de sa forme sur le haut de ma tête. Il est assis en tailleur sur une fleur de lotus et tient dans sa main droite le sceptre de diamant qui symbolise

1. Phrase aux sons symboliques qui invoque, dans le bouddhisme tantrique, les qualités de Vajrasattva en répétant son nom pour accompagner sa visualisation.

l'action masculine. La cloche dans sa main gauche représente la sagesse du féminin. La bienveillance qui irradie de sa présence me réconforte et m'apaise. En chantant le mantra de plus en plus bas et de plus en plus vite, j'égrène mon mâlâ[2] en bois.

« Myriam, Myriam ! Tu as un télégramme ! » s'époumone ma sœur Nina en se précipitant vers moi. Elle revient de sa promenade avec Grizzli, le chat de la maison, qui la suit partout. « Je suis montée au Mandratères et Luc m'a donné ce télégramme pour toi », m'explique-t-elle. Il est de Renée, ma bookeuse de l'agence de mannequins Mademoiselle : « Reviens à Paris ! Appelle-moi ! La presse est après toi, Myriam ! Viens tout de suite ! »

Comment Renée a-t-elle trouvé mon adresse ? Je n'ai aucune envie de retourner à Paris. Qu'est-ce qui leur prend ? Luc, le propriétaire du domaine des Mandratères, dit qu'on parle de moi à la radio à cause de la campagne d'affichage conçue par l'agence CLM/BBDO pour le groupe Avenir – un afficheur qui veut montrer sa capacité d'action sur les espaces publicitaires. La campagne a démarré cette semaine avec le slogan « Le 4 septembre, j'enlève le bas. » Dans ce coin reculé de l'Ariège, bien sûr, je n'ai pas vu l'affiche. Peut-être que Luc se trompe. C'est vraiment de moi qu'il s'agit ? Cette pub aurait donc fait de l'effet ?

La Coume, ma grange réaménagée, est nichée en pleine montagne, loin de la route étroite qui se termine en cul-de-sac au pied du pic. Je ne viens pas souvent ici, c'est mon ex qui habite cette humble petite maison que nous avons retapée ensemble.

2. Chapelet bouddhique généralement composé de cent-huit grains et utilisé pour la récitation des mantras.

Nina m'accompagne jusqu'au village pour appeler Renée. Il faut marcher sur un sentier en pente raide pendant une bonne demi-heure. Grizzly nous suit. Arrivée devant les maisons, j'aperçois une paysanne qui ramène ses vaches du pâturage. Je lui demande l'autorisation d'utiliser son téléphone pour joindre Paris en PCV. Elle me regarde de travers, avec une expression totalement dépourvue d'amabilité.

– C'est quoi PCV ? demande-t-elle, soupçonneuse.

– C'est un appel que vous ne payez pas. Si le destinataire accepte l'appel, c'est lui qui paie la communication.

Tout en parlant, je la suis alors qu'elle rentre son bétail dans l'étable et qu'elle s'apprête à traire la première vache. La femme secoue la tête : « Mais ça existe pas, ça, de pas payer le téléphone ! » J'insiste, il n'y a pas beaucoup de maisons par ici et je n'ai pas de voiture. Finalement, elle consent à contrecœur à me prêter son téléphone. Je lui passe l'écouteur pour lui inspirer confiance. À l'autre bout de la ligne, Renée est hystérique :

– Mais qu'est-ce que tu fous ? La presse ne parle que de toi ! Tu es en première page de tous les journaux. La télé veut t'inviter ! La pub a fait un énorme tabac ! Tu dois rentrer tout de suite, Myriam !

– Bon, je vais réfléchir... Je pensais rentrer la semaine prochaine. C'est si urgent ?

– Si c'est urgent ? Mais tu ne piges pas ? Tu es devenue une star ! Rentre demain et appelle tout de suite la journaliste du *Matin de Paris*. Elle veut t'interviewer pour l'édition de demain. Première page ! Jonquille veut te voir aussi, et les types de CLM-BBDO pareil !

Ma bonne paysanne fulmine. Elle a du mal à concevoir qu'elle ne paiera pas cet appel, et ce n'est pas fini. Une journaliste stressée appelle dès que j'ai raccroché et me harcèle de questions. Je ne comprends ni son engouement soudain à mon sujet ni pour quelle raison je devrais répondre à ses questions. « Quand on vous a proposé de poser pour cette photo, avez-vous accepté tout de suite? – Bah, oui... » Je remercie la paysanne et Nina, Grizzli et moi remontons par le raccourci pentu et boueux qui mène à La Coume. L'excitation parisienne m'atteint malgré moi.

Le lendemain, je quitte ma maison pour « remonter » à Paris, comme on me le demande. À la gare de Matabiau, énorme choc : ma photo est à la Une du *Matin de Paris*, assortie d'un entretien insipide : « Myriam ceci, Myriam cela... » Pour illustrer l'article, ils ont trouvé une photo où je pose pour la lingerie Dorothée Bis. C'est une série qui a été réalisée quelques mois plus tôt par Jonquille et Simone V. dans la maison des Jacobson, sur l'île de Porquerolles. On me voit en petite tenue en train de me couper les cheveux. Au-dessus, un titre en gros caractères : *J'ai dit oui tout de suite*. En découvrant cette Une, je comprends immédiatement ce qui m'attend à Paris : une bande de requins prêts à tout pour publier n'importe quoi à mon sujet et utiliser mes propres paroles à leur convenance. Nina est aussi éberluée que moi. Fascinées par cette brusque notoriété, nous achetons quelques exemplaires du journal avant de prendre le train de nuit. Je soupçonne que, à peine le pied posé sur le quai de la gare d'Austerlitz, il me faudra répondre à des questions et sourire gentiment.

Tout est allé trop vite. Je n'étais pas du tout préparée à une telle agitation. J'avais perçu 10 000 francs [1 500 euros] pour ce travail, et oublié la campagne de pub qui était prévue. Cet été-là, alors que je n'avais qu'un seul projet: étudier et pratiquer le Dharma[3]. Mais fin août 1981, je suis en bikini sur des affiches énormes, dans les plus grandes villes de France, un sourire frais aux lèvres, les mains sur les hanches, promettant: «Le 2 septembre, j'enlève le haut.» Cette campagne ne concernait que 900 panneaux dans la capitale et six villes de province. Elle était innovante, elle ne s'adressait pas directement au grand public, mais le ton de la publicité et mon minois ont changé la donne. Au jour dit, de nouvelles affiches me montrent les seins nus et promettent désormais: «Le 4 septembre, j'enlève le bas.» Dans le jargon des agences, on appelle ce type de campagne *teasing* (à suspense différé).

J'ai appris plus tard que le suspense était à son comble ce 4 septembre. J'étais de dos, toute nue, accompagnée du slogan: «Avenir, l'afficheur qui tient ses promesses.» L'impact était considérable. Il paraît que la veille de mon retour à Paris, l'association lilloise Du côté des femmes a déposé une plainte pour outrage aux bonnes mœurs, atteinte à la dignité des femmes et incitation au voyeurisme. La justice a donné raison à l'association, condamnant l'afficheur «à dissimuler partiellement ou totalement [mes] hanches». L'affaire ne s'arrêtait pas là: au nom de l'association Choisir, Gisèle Halimi, la grande avocate du féminisme, tentait de saisir l'Assemblée nationale pour que les députés de gauche, la nouvelle majorité depuis le 10 mai, votent une loi antisexiste, tandis

3. Le mot Dharma désigne habituellement dans le bouddhisme l'enseignement du Bouddha et la voie pour atteindre l'éveil. Il a aussi un très vaste sens sémantique en sanscrit. Il désigne également tous les phénomènes, qu'ils soient des formes ou des objets mentaux.

que la nouvelle ministre de la Condition féminine, Yvette Roudy, s'en prenait aux médias qui relayaient et commentaient avec complaisance la campagne. Un délire total qui a fait entrer cette pub dans l'histoire de la communication moderne – l'annonceur a calculé que ce flot de commentaires et de reprises dans les médias représentait 300000 euros d'aujourd'hui de retombées presse. Bref, tout le monde était fiévreux sauf moi ; les fameux placards publicitaires, je ne les ai pas vus. On m'a raconté tout ça plus tard et j'avoue ne pas y avoir prêté beaucoup d'attention. À La Coume, on se fichait pas mal du *teasing*.

Mon premier rendez-vous est avec Jonquille, le photographe, dans son atelier de la rue d'Alésia. Lui aussi a brusquement changé : il est devenu extraordinairement sympa avec moi, alors qu'on était plutôt en froid depuis notre séparation. Il raconte à la presse que je suis sa petite amie alors qu'aux Bahamas, quelques mois plus tôt, il me faisait la gueule en permanence – il avait tout fait pour qu'on ne me prenne pas lors du casting. Aujourd'hui tout le monde m'adore. C'est simple, je suis devenue intéressante, désirable, le point focal d'un nouveau business juteux, une héroïne des temps modernes !

Je comprends la situation sans savoir quoi faire de tous ces décideurs, créatifs et journalistes. Je vais avoir 20 ans à la fin de cette année, je n'ai pas l'habitude d'être poursuivie par les paparazzi, même si je connais déjà un peu la vie... Je ne suis pas fascinée par ce cirque et je me méfie. Je vais y aller tout doucement. Je choisirai plus tard ce qui est le mieux pour moi : utiliser les médias pour faire une carrière d'actrice, ou bien retourner dans la forêt à mes études bouddhistes.

CHAPITRE 1

1962-1968
America

« Il ne faut pas chercher à comprendre.
Nous, les Tziganes, on est comme ça. J'avais bu...
Toutes ces plumes qui volaient sur la route...
on aurait dit un ange qui planait. »

Enfant du monde

Mon histoire commence le dernier mois de l'année, le jour de la nouvelle lune, un vendredi à l'heure du soleil couchant. Il était une fois Paris en décembre 1961. Une petite fille naissait à Montparnasse sous le nom de Myriam, résultat de l'union clandestine d'un sculpteur hongrois, bohème et utopiste, et d'une superbe brune de 17 ans réputée être la « plus-belle-de-Montparnasse ». Il se surnommait Attila ; il l'appelait Cléopâtre, comme la légendaire reine d'Égypte. La destinée incongrue de Myriam se profile déjà clairement : c'était un produit illégal dont personne, hormis ses géniteurs bénis, ne voulait.

Plus tard, précoce dans ma compréhension ingénue des choses de la vie, je me déclarerais fièrement «bâtarde» ou «folle». Je trouvais à ces substantifs un charme libertaire. Mais nous n'en sommes pas là. Durant l'année 1961, tandis que «Cléopâtre» essaie de cacher sa grossesse sous un corset – effort voué à l'échec dès le quatrième mois –, Attila, muni d'un magnifique salami au paprika, sollicite avec une belle insouciance les parents de la belle: «Moi, Laszlo Szabo, j'ai l'honneurr de vous annoncer que votrre fille attend un enfant de moi...» L'homme est grand, exotique et plus inconscient que courageux. Il est surtout déjà très marié à une ou deux autres belles. Sur le pas de la porte, il offre avec solennité le saucisson à ses beaux-parents. De son côté, Cléopâtre a elle-même choisi des procréateurs également hauts en couleurs: Mémé, une pupille de la nation née dans un bagne calédonien et «l'Ours», un fils d'émigrés slovaquo-catho-juif-hongrois de Budapest. Tous deux connaissent déjà l'extravagant Hongrois qui se vante d'avoir engrossé leur fille de 17 ans: il est censé donner des cours de sculpture à une amie de Cléopâtre; en réalité, celle-ci n'a jamais suivi le moindre cours d'art plastique. Quoi qu'il en soit, Mémé ne l'entend pas de cette oreille et le menace: «Hors d'ici! Si tu es Attila, moi je suis sainte Geneviève, je te chasse!» Le sculpteur revendique obstinément la descendance du fameux Hun – ç'aurait été le patronyme du bébé s'il était né mâle –, ma mère résista et n'avorta point. Quant à l'Ours, mon grand-père, on dit que, malgré le scandale, il rencontrait parfois son compatriote en secret.

Mais l'affaire est très mal vue, surtout en ce début des années soixante. Brassens l'a bien dit: «Non, les braves gens n'aiment pas que l'on suive une autre route qu'eux... » Aussitôt son petit dans les bras, Cléopâtre partit en Amérique, un exil fomenté par Mémé et sa propre mère, la péremptoire Bonne-maman, vicomtesse Onfroy de Verez par alliance. Cette dernière dut sacrifier ses économies – le budget destiné à sa future sépulture – pour financer le voyage d'une Cléopâtre par trop scandaleuse dans les rues de Montparnasse avec son bébé pirate. En effet, la belle brune avait rencontré, un an ou deux auparavant, un pimpant GI américain, beau, grand et fort, rejeton d'une Écossaise soumise et d'un Calabrais sombre et taciturne. « Grand'ma », la mère du GI, avait généreusement proposé d'accueillir à Detroit, États-Unis, la jeune Française « indigne ». Il faut dire qu'elle était prête à marier son fils à n'importe qui, sauf à cette cruche d'Italienne qu'il voulait épouser. Une affaire de femmes des deux côtés de l'Atlantique... Cléopâtre, qui s'attendait à un glorieux mariage, se retrouve seule avec un bébé qui vient tout juste d'avoir six mois. Même dans le Nouveau Monde, le statut de fille-mère n'a rien de réjouissant et il faudra attendre quatre ans avant que le GI ne se décide à épouser la « plus-belle-de-Montparnasse ». Quatre années de galère, déménagements, petits boulots, jalousie, crises et promesses de mariage avortées.

Mon nom officiel était Myriam, mais on m'a appelée Minou jusqu'à mes 10 ans. J'assume aussitôt mon caractère fougueux et libre de Sagittaire et je vogue de familles nombreuses en gardiennes d'enfants multicolores, tandis que Cléopâtre est réceptionniste à l'hôtel Sheraton pour payer notre chambre dans un sous-sol. J'atterris finalement chez Edna, une vieille prostituée réformée qui vit avec son père paralytique, jusqu'au mariage de ma mère. Comme celle-ci est absente toute la journée et rentre tard, je m'habitue progressivement à considérer Edna comme une deuxième maman, gentille mais ferme. Avec elle, je dois respecter de strictes règles de conduite : elle m'interdit de boire pendant les repas et m'oblige à finir mon assiette avant de quitter la table. Est-ce parce que je suis une *froggy*[4] ? Edna cuisine souvent des cuisses de grenouille – elles infestent cette région des grands lacs du Michigan –, ce qui me dégoûtera à vie de cette chair fade.

Très tôt, je m'affirme maîtresse de maison et prodigue des conseils à ma mère ; désemparée, fatiguée, elle m'écoute sagement. Ainsi, c'est moi, du haut de mes 4 ans, qui décide du sort de Cléopâtre, encore célibataire. Elle hésite entre le GI et son dentiste qui lui propose le mariage. « *I prefer Jill !* » ai-je déclaré à ma mère. Maman m'obéit – Jill, c'est la sœur du GI, qui cède enfin au charme de la belle française, à moins que ce ne soit aux injonctions de sa mère qui, dans l'intervalle, s'est entichée de moi. On dit que j'étais un bébé attachant. GI (c'est devenu son nom pour moi) est bien proportionné, genre Richard Gere dans *American Gigolo*. C'est un bon cœur régi par un esprit dangereusement instable, complexé et impulsif. Mais sa jalousie le rend violent. Il est incapable de garder un emploi plus de trois mois mais parvient tout de même à entretenir convenablement sa petite famille en travaillant sur des chantiers de construction.

C'est l'époque des grandes émeutes raciales à Detroit. J'ai bientôt 6 ans et nous vivons dans une

4. Désigne péjorativement un(e) Français(e) aux États-Unis.

petite maison d'un quartier de la classe moyenne, mais nous allons devoir déménager en catastrophe pour une curieuse raison : une famille de Noirs s'est installée dans le voisinage. Leur arrivée suscite le départ de tous les habitants blancs, pas forcément racistes : ils veulent sauver leur investissement immobilier dont la valeur chute au fur et à mesure que la zone change de communauté. C'est ainsi dans l'Amérique de la fin des années 1960, où rapidement tout un quartier blanc se transforme en ghetto noir. Avant que nous ne quittions la maison, GI la saccage afin que les *niggers* qui viendront l'habiter ne profitent pas des installations. Cléopâtre est outrée et le critique violemment.

Notre nouvel appartement se situe au premier étage d'une villa dans un quartier polonais de la banlieue de Detroit. À l'image de la plupart des zones résidentielles américaines, les maisons clonées se succèdent avec une régularité arithmétique, toutes flanquées d'un petit gazon bordant le trottoir, et d'une piscine en plastique dans le jardin, à l'arrière. C'est notre quatorzième et dernier domicile aux États-Unis.

Le mariage de Cléopâtre

Le mariage de Cléopâtre avec GI s'avère tumultueux et dramatiquement violent. Je crains en permanence de perdre ma mère sous les coups. Je sais que mon futur repose sur une seule personne, ma maman. Paniquée, j'assiste impuissante aux brutalités de Daddy sur Mummy ; de son côté elle se venge sur les articles de cuisine qu'elle balance à travers toute la maison. C'est l'époque où je me pose des questions sur Dieu, la vie, la naissance et la mort. Dans mon esprit d'enfant, c'est une préoccupation constante et les réponses évasives des adultes frustrent ma soif de connaissances. Parfois je m'assieds sur mon lit, les yeux fermés et j'essaye de toutes mes forces d'imaginer l'infini, le ciel, les étoiles. Cela ne s'arrête jamais, comme sur les plaquettes de beurre du supermarché où figure un Amérindien assis qui tient une plaquette de beurre où on voit un autre Amérindien assis tenant une autre plaquette de beurre et un troisième Amérindien...

Dieu, instinctivement je l'aime bien, mais c'est moins clair. Il est partout, donc je m'assieds dessus, je le mâche, je le respire... À chaque repas, je me concentre : je suis en train de mastiquer Dieu en ce moment même, je suis assise sur lui, je le respire aussi par les narines. Cléo n'est pas croyante, au contraire, elle hait d'emblée toutes les institutions religieuses. Je suis quand même inscrite dans une école privée catholique car la sécurité des établissements publics est précaire en ces temps d'émeutes raciales. Les bonnes sœurs de la nouvelle génération, glamour dans leur petit tailleur bleu court, nous enseignent l'alphabet et le calcul et nous accompagnent à la guitare quand on chante en chœur : « *He's got the whole wide world in his hands...*[5] »

Pour oublier les soucis du quotidien, Cléo joue de la guitare et chante en français pour moi. Je n'y comprends rien, mais j'adore les mélodies de Mouloudji ou de Jeanne Moreau : « *Bonnes gens/ Écoutez la triste ritournelle/ Des amants errants/ Parce qu'ils*

5. « Il tient le vaste monde dans ses mains », chant traditionnel dans les écoles catholiques aux États-Unis.

ont aimé/ Des femmes infidèles/ Qui les ont trompés/ Ignominieusement...» Nous écoutons ensemble des disques de Brel, de Piaf, d'Aznavour ou de Brassens. Guy Béart devient le «chanteur de la baignoire» parce que Cléo profite lâchement de ce que je sois dans mon bain pour passer son disque que je déteste. Par contre, je suis ravie lorsqu'il s'agit de *Pierre et le Loup*, de Chopin et de Liszt. J'adore également les chanteurs américains: Dionne Warwick, les Turtles, Sonny and Cher, Ike and Tina Turner et surtout, mes favoris, les Monkees.

La danse avant tout

Je n'ai pas le moindre doute au sujet de ma future carrière. Je serai danseuse étoile. Au cinéma, j'ai vu *Roméo et Juliette* dansé par Rudolf Noureev et Margot Fonteyn. À la fin, j'ai annoncé avec un sourire radieux: «*I want to be a dancer and to stay on tippy-toes !*[6]» Ma mère a tout de suite compris et approuvé mon enthousiasme de toutes ses forces. Comme une petite souris en représentation, je me hausse sur le bout de mes bottes de caoutchouc lorsque Cléopâtre me présente Madame Lee, la directrice du centre de danse classique du quartier juif, où j'aime aller manger des hamburgers.

Malgré les violences qui ponctuent notre vie familiale, je reste une enfant joviale et dynamique. Mes cours de danse classique et de claquettes m'inspirent un projet: j'ai la ferme intention de ressembler

6. «Je veux devenir ballerine et danser sur la pointe des pieds!»

plus tard à Maïa Plissetskaïa ou à Ginger Rogers, dont je garde le vivant souvenir des gestes magiques vus au cinéma. La grâce légère et l'intensité paradoxale de Plissetskaïa parlent à mon cœur d'enfant. J'ai 5 ans sur la photo de ma première représentation en tutu bleu, un diadème scintillant sur le front et un immense sourire triomphant aux lèvres. Tout prétexte est bon pour danser, avec ou sans témoins. Je danse seule à travers la maison, pendant des heures, en passant d'une pièce à l'autre avec force pirouettes, sauts de gazelle, adages et rond de jambes. Je danse dans l'escalier, je danse dans la rue et maman m'encourage. Lorsque nous rentrons dans un supermarché, elle me lâche dans un coin du magasin où je m'entraîne le plus sérieusement du monde à danser, comme je le fais sans cesse, du matin au soir, où que nous soyons.

À 6 ans, je suis volontaire, jolie, garçon manqué, rebelle, mais très coquette en même temps. Je pose devant les caméras avec naturel et Cléopâtre prétend que je suis perpétuellement en représentation. Lorsque ma mère refuse de me percer les oreilles, je vais convaincre une voisine *hillbilly*[7] de me les percer avec une aiguille et un glaçon pour toute anesthésie. Je rentre à la maison, les lobes sanglants, devant ma mère éberluée. Je suis souvent de mauvaise foi ; je sais qu'en y mettant de la persévérance, Maman capitule toujours. Je découvre mes premiers instincts sexuels, sans le savoir, avec la petite voisine, en explorant nos anatomies respectives. Indignation véhémente, toute puritaine, des voisins qui nous ont surprises

7. Personne originaire du sud des États-Unis.

derrière la petite cabane. Pourquoi mon entre-jambe constitue-t-elle une partie interdite dans mon anatomie ? Quelle est la différence entre le visage et le reste de mon corps ? Pourquoi certaines parties sont-elles d'emblée inavouables et obscures ? Je ne comprends pas. Cléo n'aime pas parler de ces choses-là, pourtant elle-même n'hésite pas à se promener entièrement nue dans la maison quand nous sommes seules. Un jour, accompagnant ma mère chez le docteur, je m'émerveille à la vue de photos d'accouchements dans une revue de gynécologie. Ces images, loin de me choquer, me fascinent : je veux retourner chez le docteur pour voir les photos de naissances.

La guerre des roses

Amoureuse de la nature, je vénère les animaux, les insectes et les chenilles dont je pare mes cheveux ou que je saisis entre mes mains. Je mange les fleurs et parfois les plantes. Tous les bois, toutes les pierres me fascinent ; je les touche et les caresse du bout des doigts, comme le faisait probablement mon sculpteur de père. Ce qui cause mon plus grand désespoir, c'est la durée de vie éphémère des papillons. Je sauve les oiseaux tombés du nid, et ô joie perverse, j'adore les cris horrifiés de mes camarades quand je leur agite sous le nez un lombric visqueux. J'ai aussi monté un business lucratif de crucifix faits avec des branches taillées au couteau ; je les vends à mes camarades à la porte de l'église. Un autre jour encore, j'ai déclenché l'ire des parents noirs en fourguant à leurs enfants des vieilles revues sans valeur à un prix exorbitant. Je menais mes négoces en toute bonne foi, mais les parents ulcérés ont dénoncé un complot raciste contre leurs gosses. Cléopâtre, qui n'en menait pas large, peu rassurée, les a remboursés immédiatement.

Une autre fois, pour répondre à mes incessantes questions existentielles, Daddy m'emmène à l'église voir le curé. Celui-ci m'écoute, légèrement perplexe. Je m'en donne à cœur joie : Comment naissent les bébés ? Où est Dieu ? Où va-t-on quand on meurt ? Surtout, la plus importante : Pourquoi Daddy et Mummy se battent-ils ? Je ne me souviens pas de ses réponses ni même de son visage ; en revanche, je n'ai pas oublié ce qui s'est passé juste après. La nuit était déjà tombée. Ce fut le pire moment de mon enfance : à la sortie de l'église, une terrible dispute a éclaté entre mes parents. Le motif du conflit m'échappe, mais un monsieur qui semblait la connaître a salué Cléo, c'était peut-être ça. La tension est montée, le ton devient hystérique, le monde explose autour de moi. Mummy hurle. Daddy la frappe brutalement, on dirait qu'il essaye de faire éclater sa tête contre le mur. Mummy crie et bégaye. Elle veut me dire quelque chose, mais je ne comprends rien, j'ai perdu la raison, je cours sur le trottoir de droite à gauche, de gauche à droite, je rugis en un sanglot sauvage : « Mummy ! Mummy ! Mummy ! Mummy ! » Il la cogne encore. Je me sens impuissante. Mummy va mourir, je resterai seule au monde. Je cours, je prie, j'invoque un sauveur impromptu, je supplie les conducteurs des innombrables voitures dont les phares m'aveuglent. Ils accélèrent tous.

Mummy s'est évanouie. Elle gît comme un sac sur le sol. Daddy s'affole soudain, comme s'il venait de se réveiller d'un cauchemar. « *My God, what happened ?*

What did I do ?[8] » Il panique, porte sa femme vers la voiture, ouvre la portière pour allonger le corps inanimé sur la banquette arrière. Nous tapotons les joues de Cléopâtre, lui et moi, tous les deux soudain unis par la même peur, nous la supplions de revenir à la vie. Cléo reprend conscience, c'est fini, je me calme. Daddy regrette, comme d'habitude. Le lendemain, il tente de se faire pardonner en nous offrant une télévision neuve. Depuis, ils sont en guerre ouverte. L'autre jour, Mummy a lancé trois œufs, l'un après l'autre, à la figure de son mari. Leste, celui-ci les a esquivés, et les jaunes se sont écrasés sur le mur de la cuisine et ont dégouliné lentement. Pour une fois, c'était drôle, je me suis tordue de rire en les regardant se disputer. J'ai soupçonné Daddy de s'être subrepticement amusé lui aussi. Cléopâtre, elle, ne rit plus du tout, encore moins depuis qu'une odeur fétide d'œuf fermenté (par la chaleur suffocante de l'été) imprègne la cuisine, malgré les fréquents lessivages du mur. Comme les relents d'une situation sans espoir qui pourrit chaque jour davantage.

Dorénavant Cléopâtre dort systématiquement sur le sofa et Daddy couche seul dans le grand lit conjugal. Quant à moi, je vois s'arrondir le ventre de ma mère. Cette grossesse inattendue ne semble pas améliorer la communication entre mes parents. Parfois, ils tentent vainement de redresser la barre : tous deux m'écrivent des poèmes après chaque dispute, me promettant de changer, faisant miroiter dans mon esprit une harmonie future à laquelle je ne crois décidément plus. Impossible de compter le nombre de fois où,

8. « Mon Dieu, que s'est-il passé ? Qu'ai-je fait ? »

sous l'emprise d'une colère réciproque, leurs contrats de réconciliations dérisoires étaient rompus dès le premier signe d'orage.

Les mois passent et les choses s'aggravent : Daddy devient vraiment dingue. Il a frappé ma mère encore une fois devant moi, en plein dans le ventre. Elle tombe dans une dépression profonde qui la mène de l'anorexie à une tentative de suicide. La plupart du temps, je prie en me balançant machinalement sur mon rocking-chair noir. Que cette absurde guerre domestique en finisse, une fois pour toutes. Le pire, c'est quand ils me mêlent à leurs disputes en pleine nuit, alors que je suis en train de rêver que je chevauche le dos de Bambi pendant qu'il glisse sur la glace. « *Minou, Minou, come here !*[9] », voix exaspérée de Cléo. Terrorisée, je me précipite vers le salon. L'ambiance est lourde, mais le mobilier est encore intact.

– Mets ce disque, Minou ! crie Mummy.

– Ne le mets pas ! réplique Daddy.

Là, ils exagèrent ! Je panique. Je tremble convulsivement. Un froid intérieur m'envahit. Cette nuit s'est achevée par le fracas d'une théière contre l'un des murs blancs du salon. Les traces brunes du combat répandues comme un dessin indélébile. Le lendemain, Cléopâtre a l'idée géniale de recouvrir les taches avec une fresque peinte à la gouache. Je l'ai aidée à dessiner et à peindre un arbre magique multicolore aux feuilles tombantes. Nous sommes malheureuses, mais créatives.

9. « Minou, Minou, viens là ! »

« Mon bébé »

Tous les soirs, Cléo et moi regardons la télévision. Ce soir, c'est un film : Danny Kaye tient le rôle de Hans Christian Andersen, le grand écrivain danois. Il est tard. Mummy a très mal. Je lui ai recouvert tendrement son gros ventre avec une peau de lapin noire, une fourrure très douce, comme les poils de notre chatte rousse, Mimi. Je sais que cela la soulage un peu à chaque fois qu'elle a des contractions. Elle geint : « Oh je n'en peux plus ! Minou, prie pour que le bébé naisse ce soir ! Je voudrais tellement accoucher enfin ! » Je me précipite dans ma chambre et je prie à genoux de toutes mes forces – je suis croyante pour deux. Ma sœur voit le jour quelques heures plus tard, le 14 mars 1968. Fait du hasard ? Mimi, mon chat adoré, est introuvable. Désespérée, je le cherche en vain dans tout le quartier. Des années plus tard, j'ai su que mes parents l'avaient fait piquer par un vétérinaire sans rien me dire, à cause du bébé. Maman a appelé ma sœur Nina, le nom d'une poupée que je voulais pour Noël (je l'avais repérée à la télévision depuis des mois). Quand j'ai reçu mon cadeau, j'ai ressenti une frustration, une sensation étrange, comme une prise de conscience précoce. Cette poupée que j'avais désirée très fort, ne me satisfaisait pas. Je savais que j'allais désirer autre chose, que cela n'en finirait jamais. J'avais déjà huit poupées, pourquoi celle-ci en plus ?

J'adore ma petite sœur. Je l'adopte immédiatement, c'est « *my baby* ». Son éducation, que j'ai prise à cœur, occupe désormais tout mon temps libre. Daddy, en proie à sa jalousie pathologique habituelle, refuse obstinément sa paternité et se détourne de cette nouvelle petite chose dont le parc trône en plein milieu du salon. Après quelques semaines, son attitude change, sans motif apparent. Maintenant, il rentre chaque soir à six heures tapantes. Sans prononcer une parole, ignorant délibérément la présence de sa femme et la mienne, il va directement vers le parc du bébé pour l'embrasser et lui faire des papouilles. Ensuite il s'enferme pendant très longtemps dans la salle de bain fumante de vapeur pour finalement repartir sans prononcer un seul mot. Je me crois transparente. Cléopâtre est en rage et les éclats redoublent entre Mummy et Daddy. Après les disputes, il faut systématiquement réparer la maison à cause des dégâts.

La désertion

Un beau jour, après une énième affreuse dispute, j'ai accompagné ma mère qui voulait porter plainte. On lui a demandé des preuves, de montrer des marques corporelles pour prouver que Daddy lui infligeait bien de mauvais traitements. Maman a secoué la tête, proposé qu'un policier vienne constater les dégâts à la maison et a soudain clamé, désespérée : « Il faut donc qu'il me tue pour que vous m'aidiez ? » J'ai eu peur. Le policier l'a alors prise à part pour l'éloigner un peu de moi, mais j'ai quand même entendu ce qu'il lui chuchotait : « Écoutez, Madame, je vous crois, mais sans marques corporelles, rien à faire. Je vous conseille de prendre vos gosses et de vous tirer. » Cléopâtre s'est inquiétée : sa famille était en France, mais elle ne pouvait pas nous emmener, Nina et moi, sans une signature de Daddy. Il allait donc falloir supporter encore tous ces coups, qui pleuvaient pour n'importe quelle raison ? Combien de temps ? L'agent a dû avoir pitié de maman, il lui a fait un clin d'œil en affirmant qu'il pouvait lui procurer de faux papiers. Ce serait cher, mais c'était faisable. Après cet épisode, maman et moi n'en avons plus parlé, mais c'est resté dans un coin de ma tête.

Je me suis posé plein de questions sur mes grands-parents, sur ce pays où je suis née, la France. Pendant Mai 68, la télévision américaine diffusait des images où on voyait les Parisiens monter des barricades avec de gros cailloux cubiques bien taillés. Mummy m'a montré les rues de ma ville natale sur l'écran, en me racontant des anecdotes sur sa famille. Les mois ont passé. Nina a grandi. Je lui ai appris à marcher, à parler, je n'avais de cesse de la pouponner. Cléopâtre, elle, dépérissait à vue d'œil. Elle avait la nostalgie de son pays, c'était évident. Alors, toute seule, j'ai décidé qu'il fallait partir à tout prix. J'ai élaboré un plan pour nous éloigner définitivement de toute cette tristesse. Le grand retour à la case départ ! Malgré mon jeune âge, je savais parfaitement ce que je faisais. Je voulais absolument que Daddy signe les papiers et qu'on quitte ce cauchemar. Je devais sauver ma mère et « mon bébé » qui viendrait avec nous. C'était comme ça dans ma tête et pas autrement.

Un jour, alors que Daddy m'emmenait à la danse en voiture, je me suis lancée. Pourquoi n'irions-nous pas en France pour les vacances, rencontrer mes autres grands-parents, découvrir Paris ? Je me suis évidemment bien gardée de lui dire que, pour moi, une fois là-bas, on ne reviendrait jamais ! Maman connaissait mes vraies intentions et n'aimait pas ces « magouilles », mais elle n'a rien dit. J'ai insisté pendant des semaines. Daddy a cédé et, le 19 juin 1969, Cléopâtre, Nina et moi quittions l'Amérique pour toujours.

CHAPITRE 2

1969 - 1976
La ville lumière

Le franc n'est pas une saucisse

Mon dépaysement dépasse l'imagination. Je suis encore sonnée par les tranquillisants que ma mère m'a fait prendre avant de partir pour supporter le long voyage en avion de Detroit à Paris. Je me frotte les yeux en contemplant les voitures de poche, les rues pavées, les somptueux immeubles en pierre de taille, les terrasses de café bondées. Je me sens épuisée, droguée et excitée à la fois. Detroit et Paris ont néanmoins quelques points communs : ici aussi, il y a beaucoup de maisons, les gens ont deux bras et deux jambes et le ciel est au-dessus de nos têtes. Pour le reste, j'ai débarqué sur la planète Mars. La capitale de la pierre. Jamais vu autant de pierres !

L'Ours et Mémé nous attendent à l'aéroport. J'ai tout de suite la sensation de me sentir exclue de l'intimité de ma mère quand je l'entends bavarder dans ce charabia auquel heureusement je ne pige rien. Je l'apprendrai plus tard, Mémé a fait un commentaire à mon sujet : « Elle *lui* ressemble... » Lui, c'est Laszlo

Szabo, le sculpteur hongrois, mon père. J'ai un autre souci en tête, une question me brûle les lèvres, tandis que je contemple fascinée, la cité de pierre. Je sens que ce n'est pas le moment. Avec ma nouvelle famille, je monte à pied les cinq étages du 118 boulevard du Montparnasse. Des murs jaunis dont l'odeur rappelle le temps qui meurt tout doucement, un plancher qui grince, des coins sombres, le couloir interminable entre le salon et les chambres à coucher, une carte du monde affichée à l'entrée et percée d'épingles comme si elle avait subi un rituel vaudou, un buste de femme sculpté en pierre grise, des plantes vertes qui grimpent vers le plafond, des gravures anciennes au fusain représentant des chevaux en rut, le parfum décrépit de vies partagées qui se sont perdues.

Mes émotions se succèdent à toute vitesse entre ces murs fatigués qui évoquent mystérieusement le passé. En Amérique, tout semble neuf. Rares sont ceux qui se rappellent d'où ils viennent, et pourquoi les Indiens sont morts en même temps que les bisons et les traditions orales. Là-bas, on vit pour le futur, une promesse perpétuelle se déploie devant soi. Les publicités s'infiltrent dans chaque interstice. Rien à voir avec l'Europe, cette grand-mère au visage parcheminé de rides et à la mémoire de vieille tortue. «My baby» dort. Nous nous asseyons, Ours, Mémé, Cléopâtre et moi autour de la table ronde en bois massif de la salle à manger. C'est enfin le moment de poser ma question: «Mummy, tu peux demander à grand-père de me montrer des francs?» Cléo traduit pour moi. Elle croit dur comme fer que c'est mon instinct commercial qui a aiguisé ma curiosité, elle ne se doute pas de mes véritables motivations. Visiblement ravi, si l'on en croit son sourire un peu narquois, l'Ours sort doucement, tout doucement, la main de sa poche... Quoi?... Serait-ce une saucisse? Ou quelque chose qui ressemblerait un peu à une saucisse? J'attends ce moment depuis si longtemps. J'avais imaginé un pays fantaisiste où l'on s'échangerait des petites saucisses pour payer les factures. J'avais tant espéré que la France ait ce toupet, cet éclat d'audace. Je vois un bout de papier jauni... Atterrissage catastrophe, déception totale, c'est du fric, juste du fric, des pièces rondes, des bouts de papier froissés. La France avait déjà perdu de son charme!

Notre diaspora

L'arrière-grand-père Kahen-Kertész était un petit tailleur juif. Sa femme, Marie Hauptmann, douce et humble, originaire de Bratislava, avait renoncé au noviciat pour épouser le futur père de ses six enfants. La famille quitta Budapest pour s'exiler le plus loin possible, à l'Ouest. Ils voulaient atteindre l'Amérique, la vie y serait plus clémente peut-être. Comme d'autres, ils restèrent à Paris accidentellement. Par miracle, tous survécurent à la Deuxième Guerre mondiale. Leur premier fils, Joseph (l'Ours), rencontra Mireille, une jeune aristocrate fraîchement débarquée des colonies océanes. Il l'épousa comme on épouserait la France. Mireille Clemançon avait vu le jour à Nouméa où son père était directeur du bagne avant d'être promu à la tête du pénitencier de Cayenne, en Guyane. Elle avait 12 ans lorsqu'elle apprit sa mort dans des circonstances mystérieuses. Malaria, blessure par balle? Personne n'en saura jamais rien. Ruinées, privées de leurs dernières possessions disparues dans un naufrage, mère et fille débarquèrent à Paris sans un sou. Mireille travailla dans une banque pendant que Germaine, sa mère, caricature faite femme de l'égoïsme despotique, jouait du piano dans les cinémas. De santé fragile, la jeune fille frôla la mort à plusieurs reprises. Dans un accès soudain de rébellion, elle épousa Joseph Kertész. Il était loin de se douter du caractère de chien de sa belle-mère. Sa vie durant, Germaine résuma sans retenue sa jalousie et sa rancune contre l'ignominieux Jo en une simple expression : « Sale juif ! » Lydia, leur première fille, avait déjà 7 ans lorsque Cléopâtre naquit en pleine guerre.

J'ai découvert l'histoire baroque de ma famille maternelle à travers les récits emphatiques de Mémé, la Mireille de Nouméa. Lorsqu'elle s'asseyait dans son fauteuil pour poser en hauteur sa jambe droite affligée d'une énorme varice, j'en profitais pour la bombarder de questions. Mémé adorait parler de la famille et ne se gênait pas pour transformer la moindre anecdote en une épopée légendaire. Elle racontait par exemple qu'en Guyane on voyait la fièvre s'échapper de la terre, qu'elle s'était déclarée reine des papous... Puis venaient les incroyables histoires de bagnards, comme celle du Corse condamné aux travaux forcés, devenu une véritable nounou pour la petite Mireille. Sans compter les ancêtres savoyards, créateurs du chocolat *Mon Chéri*... Quant au grand-père Kahen-Kertész, il avait perdu son deuxième nom dans des formalités administratives françaises. Résolument apatride, il mourut fou furieux à Paris. Mémé racontait qu'il courait tout nu dans la rue, et aussi qu'il la battait alors qu'elle lui était dévouée à l'extrême. Il avait une sœur, danseuse classique à Budapest, mais on ignore pour quelle raison elle fut bannie de la mémoire familiale. Les photos furent découpées et même son prénom reste ignoré.

J'appris également comment la famille a échappé aux camps de concentration : des hasards heureux et un arbre généalogique construit par les SS. Ayant découvert que Mémé comptait parmi ses ancêtres un traître à Napoléon – détail qui paraissait enchanter la Gestapo –, ils auraient laissé en paix la famille de son mari. Comment discerner le vrai du faux dans les fantastiques aventures que racontait Mémé ? Des rumeurs, des légendes, les pièces bigarrées d'un puzzle hétéroclite, voilà l'arbre étrange dont je suis le fruit. Quant à mon père, il a été élevé dans la puszta [10] hongroise par des parents adoptifs. Je n'en sais pas plus. Je n'ai pas de patrie, pas de paysages familiers, je suis une fille du voyage, ballottée par les vents du destin. Le monde est mon pays, la terre ma maison, les humains sont ma famille, la danse est mon langage sacré et le ciel bleu profond à l'infinie lumière mon grand amour pour la vie.

What's wrong ?

L'appartement du boulevard Montparnasse s'ouvrait sur un balcon d'où on découvrait la rue bruyante. Chaque détail de la décoration me fascinait. J'y découvrais petit à petit une foule de codes inconnus. Le plus extraordinaire à mes yeux était cette carte placardée près de l'entrée et perforée par des dizaines de petits drapeaux français répartis sur

10. Région de prairies sauvages en Hongrie.

tous les continents. Elle était l'œuvre de Mémé, seule véritable Française parmi nous, et servait à désigner chaque membre de sa famille, éparpillée aux quatre coins du monde. Ces lointains cousins n'ont jamais su que pendant des années un drapeau tricolore, ultime lien quoique fictif, marquait leur position sur le mur jauni d'un couloir à Paris. Mon père n'y figurait pas – Mémé ne lui pardonna jamais d'avoir abandonné ma mère. Je me souviens d'un gigantesque caoutchouc dont, curieusement, Mémé s'occupait consciencieusement ; les branches montaient jusqu'au plafond de la salle à manger. Pour chacun de ses fils et de ses filles, Laszlo plantait un arbre. Il avait donc planté un caoutchouc pour ma naissance. Ma « vie-sœur » avait envahi le salon de mes grands-parents pendant mon absence.

Après nos premiers jours d'adaptation à Paris, la priorité de Cléopâtre était de trouver du travail, la mienne d'apprendre le français. Poussée par mon désir de participer aux situations et par une méfiance certaine quant à la nature des conversations, je répétais comme un perroquet : « *What's wrong ?*[11] » Mémé m'imitait : « *Vats rong ? Vats rong ?* » disait-elle avec son indécrottable accent français. Cléo m'a offert les deux versions, l'anglaise et la française, des aventures de Tintin et Milou, *Les Sept Boules de cristal*, afin que je me mette à sa langue maternelle. Une méthode pertinente qui a vite donné d'excellents résultats. Je butais particulièrement sur deux mots : « je » et « ordure ». Je n'arrivais jamais à me rappeler le premier et je disais : « Moi fais ceci, moi fais cela »,

11. Qu'est-ce qu'il y a ?

par la suite devenu un fâcheux « moi-je » qui me valut d'être surnommée Madame-moi-je.

Mémé s'en donnait à cœur joie en me raillant impitoyablement dès que je prononçais mal un mot. Pour me venger de cette nouvelle grand-mère qui avait le don de m'exaspérer, je lui faisais dire *garbage*[12] et m'esclaffais bruyamment au son de son abominable accent français. J'adorais faire rire ma petite sœur Nina. Je me serais prêtée à n'importe quelle pitrerie pourvu que « my baby » sourie. Son gloussement me procurait une satisfaction jouissive. Depuis qu'elle était née, nous prenions notre bain ensemble et Nina éclatait invariablement d'un rire délicieux lorsque je lui éclaboussais le visage. Elle raffolait d'un autre tour dont j'abusais particulièrement ; le vieux parquet du couloir de chez Mémé pourrissait près de l'entrée de la cuisine (il était tellement usé qu'on aurait dit qu'il allait s'ouvrir sur l'étage du dessous d'un instant à l'autre) ; il grinçait et descendait comme un tremplin lorsqu'on marchait dessus. Je savais que ma sœur ne résistait jamais quand je faisais semblant de dégringoler à la manière des clowns du cirque. Je prenais mon élan, je me laissais glisser sur deux ou trois mètres, puis je tombais bruyamment, en remuant mes bras et mes jambes dans un geste désespéré. « My baby » était hilare, mais des dizaines d'échardes lacéraient mes fesses. Je ne rigolais plus quand, déculottée sur le lit de ma grand-mère, Cléopâtre les retirait une par une à l'aide d'une pince à épiler. Recouvrant mon derrière de mercurochrome, elle se moquait de moi : « On dirait un vrai babouin avec tes fesses toutes rouges ! »

12. Ordures.

Irina et Lala Grjebina

Je n'avais pas oublié la danse, bien au contraire, avec le temps, j'étais encore plus motivée. Nous avons fini par trouver une école de danse classique à notre goût dans le quartier, 11 rue Jules-Chaplain, en haut d'un vieil escalier en bois massif. La porte d'entrée du studio donnait sur un sas étroit destiné à étouffer le son de la musique. On ouvrait ensuite une seconde porte pour tomber nez à nez avec un immense piano noir. Là, on changeait instantanément de monde et d'époque. Je me souviens très bien de cette première visite. Le studio était un univers à lui tout seul : quelques chaises, coincées entre un poêle à charbon et un piano, pour les visiteurs, une haute baie vitrée qui s'ouvrait sur le ciel, et une voix qui roucoulait sans cesse en russe les tempo de la musique « ras, vas, tri ![13] » Des barres couraient tout autour de la pièce, agrémentée d'une multitude de plantes vertes, et d'immenses miroirs reflétaient la lumière éclatante du jour... Surplombant l'espace, une immense affiche annonçait : LE BALLET RUSSE IRINA GRJEBINA. De style années cinquante, elle représentait des danseurs et danseuses sans visage, en tenue typique de l'ancienne Russie.

Madame Lala, une grande dame élégante, le dos bien droit, coiffée d'un éternel chignon, concluait le cours des débutants. C'était une femme d'environ 60 ans dont la beauté était encore flagrante. Lorsque j'entrai pour la première fois, une douzaine de petits tutus rose bonbon – comme les murs – faisaient la

13. « Un, deux, trois ! »

révérence tout en se regardant dans le grand miroir. Le piano s'est arrêté de jouer et tout le monde a applaudi. Les petits tutus se sont envolés en courant vers le vestiaire, dans la mezzanine. D'autres danseuses sont descendues, des grandes ; elles aussi coiffées en chignon très serré, et portant des justaucorps noirs, blancs ou de couleur et de gros collants de laine. Elles avaient l'air très sérieux. À les voir, le destin de l'humanité dépendait de leurs gestes. Elles se déplaçaient le regard fixé sur le miroir tout en échauffant leurs muscles. Leurs mouvements étaient impressionnants : des tours, des grands écarts, des battements qui lançaient leurs pieds au-dessus de leurs têtes. D'autres bavardaient en chuchotant. Elles attendaient Irina, la maîtresse de ballet.

Une voix énergique et mélodieusement « russissime » a enfin résonné depuis les marches du vestiaire. « Bonjourr ! Nadia, il faut attendrrre d'êtrrre bien chauffée pour faire le grand écart ! On peut se déchirer un muscle comme ça. C'est quoi, ces petits cheveux parrtout ? » Une nouvelle élève est entrée, l'air pressé. La voix s'est matérialisée sous la forme d'une petite femme aux rares cheveux poil de carotte : « Mirranda ! Dépêche-toi, c'est l'heurre ! Tu es en rretarrrd ! » La petite dame qui sermonnait, c'était Madame Irina – Madame Lala était sa sœur. Arrivée dans le studio parmi les danseuses, elle se dirigea d'un pas décidé vers la porte d'une terrasse couverte de pots de fleurs. Vêtue entièrement de bleu turquoise, souliers et foulard compris, cette femme minuscule – ce monument pour les élèves du cours ! – avait entre 60 et 300 ans, un visage de poupée avec une peau ridée douce et veloutée comme de la soie, des doigts noueux aux ongles longs, un éternel bâton sculpté dans la main droite, et un sourire coquin qui flottait sur ses lèvres tandis qu'elle distribuait des réflexions sur son passage afin qu'on sache qu'elle voyait tout. Et ses yeux ! On en remarquait l'éclat avant d'en distinguer la couleur. Des yeux pétillants comme ceux de la jeune fille lorsqu'elle voit débarquer son prince charmant, ou comme le regard du marin lorsqu'il fixe l'horizon en maintenant la barre sous un vent violent. Les yeux des amoureux de tous âges, des yeux qui brillent au-delà du temps. Madame Irina s'assit, le dos au grand miroir central, sur un cube en bois. Les élèves se placèrent le long des barres, cherchant un espace disponible entre les dizaines de plantes vertes resplendissantes qui grimpaient le long du miroir. La leçon débuta sur un adagio, comme un rituel dont toutes connaissaient parfaitement les étapes successives. Plié, port de bras, plié... un sans-faute.

J'ai adoré immédiatement ce temple de la danse et ses sacerdotises ! Cléopâtre a été envoûtée par le parfum de vieille Europe centrale qui se dégageait du studio et surtout par le charisme irrésistible de Madame Irina. Elle expliquait des exercices compliqués. Elle était drôle, rapide, violente et cruelle dans sa passion flamboyante pour la danse. Une personnalité démesurée dans un corps minuscule. Il suffisait de l'avoir vue une fois pour ne jamais l'oublier.

Je me suis donnée corps et âme à la danse dans ce lieu magique à l'ambiance ponctuée de *spassiba*[14], *zdravstvouy*[15], et de châles brodés de fleurs multicolores. J'ai d'abord étudié la danse classique sous la tutelle de Madame Lala – Irina n'enseignait qu'aux

14. Merci.
15. Bonjour.

professionnels avancés. Puis vinrent les danses de caractère, les folklores d'Europe centrale et d'Orient. Le plus amusant, c'était que je comprenais à peine le français conventionnel et qu'il fallait aussi que j'apprenne le charabia des deux sœurs Grjebina qui roulaient excessivement les r en farcissant leur discours de commentaires en russe. J'ai grimpé des centaines de fois le vieil escalier en bois aux marches toutes usées en rêvant aux innombrables danseuses qui les avaient franchies avant moi. Jusqu'à la fin de leurs jours, Irina et Lya Grjebina ont vécu dans de minuscules chambres qui donnaient directement sur le studio de danse alors que tout l'immeuble leur appartenait !

Train-train parisien

Cléopâtre a eu du mal à me trouver une école : aucune ne voulait de moi parce que je ne parlais pas encore français. Heureusement, au coin de la rue de Rennes et du boulevard Raspail, une école communale de filles, régie par une directrice un peu gauchiste, accueillait tout le monde sans distinction. Là, j'ai rencontré des petites camarades espagnoles, finlandaises, allemandes, italiennes... Et j'ai enfin découvert mon vrai prénom, Myriam. Une nouvelle structure s'est mise en place et j'ai commencé à trouver ma place, mes amies, une vie normale de Parisienne. Après en avoir bavé pendant six mois, j'ai fini par maîtriser le français suffisamment pour sauter une classe et prendre de l'avance sur les autres. Je suivais ma routine, de l'école à l'appartement de mes grands-parents en passant par le studio d'Irina.

Mémé gardait Nina jusqu'au soir. Poursuivant la formation de ma petite sœur, je lui ai fait découvrir le pot de chambre, puis l'alphabet et les chiffres pendant que Cléopâtre travaillait comme secrétaire de direction dans une entreprise privée.

Je n'ai jamais eu de chance avec les animaux domestiques. Aux États-Unis déjà, on avait discrètement fait exécuter ma chatte rouquine Mimi. Maintenant, Cléo avait décidé de se débarrasser de mon petit tigre adoré Attila (en hommage au grand absent de l'histoire), un chat qui s'était transformé en un fauve redoutable. Personne ne pouvait approcher de lui, sauf moi. Mes bras étaient recouverts de griffures, mais cela ne m'empêchait pas de l'aimer ! Cléopâtre m'emmena un soir au jardin du Luxembourg pour abandonner Attila qui nous regardait sans comprendre. Je me suis consolée en organisant des élevages de fourmis sur le balcon avec quelques traînées de confiture et des bocaux…

Carmen, une Espagnole de 16 ans affichant une nette surcharge pondérale, me ramenait de l'école chaque soir ; elle a accepté un jour de démystifier pour moi la question, peu éclaircie au fil des années, de l'origine des grossesses humaines. Lorsque j'avais suggéré qu'un mélange des salives mâles et femelles pouvait engendrer des bébés, Cléo m'avait vaguement répondu que c'était « presque ça ». Je me souvenais parfaitement de ce terrible « presque » qui émoustillait ma curiosité depuis des années. Carmen, elle, avait l'air de savoir. Il suffisait d'insister, et ça, je savais faire. « Allez, dis-le-moi ! Je le répéterai à personne. C'est comment ? L'homme se couche avec la femme, il l'embrasse, et comment ils font ? Allez, dis-le-moi ! » La bougresse résistait. Écarlate, ses cheveux blonds raides plaqués sur le crâne, elle gloussait tout en bégayant. Ce n'était pas qu'elle ne voulait pas parler, c'est qu'elle n'arrivait pas à le dire ! « Bah ! Il met son truc dans le trou. » Son truc ? Pas très clair, je n'avais jamais vu le « truc » du monsieur, quant au trou... Lequel ? Malgré un minutieux examen anatomique, je me suis posé des questions qui sont restées suspendues dans l'espace du non-dit caractéristique de l'époque.

Parfois, les réactions de mes camarades de classe me choquaient. J'avais 11 ans quand l'école nous a emmenées voir une exposition sur les camps de concentration pendant la guerre de 1940-1945. Voilà ce dont je me souviens : des êtres humains décharnés, morts vivants dont toutes les particules vibrantes de lumière criaient l'horreur sur les clichés. Mes camarades étaient en état de choc. On nous a demandé d'écrire nos commentaires sur le Livre d'or. Je fus plus scandalisée par l'un des commentaires que par l'exposition en elle-même. Une fille avait noté : « Si je croisais un nazi dans la rue, je lui donnerais un coup de couteau dans le dos avec plaisir... » Quels propos étranges ! Selon moi, cette réaction ressemblait à ce qu'elle prétendait critiquer. J'ai écrit sans réfléchir : « Vive la liberté !... qui n'existe pas. »

Le retour d'Attila

Je viens d'avoir 10 ans. Madame Sialom, mon institutrice, a convoqué Cléopâtre en secret pour lui parler de ma dernière rédaction dont le sujet était : « Que désirez-vous pour Noël ? » En trois pages, j'avais répondu : « Mon père », en faisant le récit des prouesses rocambolesques d'un personnage à la Kusturica: «...Un incendie a éclaté, le château de Ravenel était en flammes et Laszlo s'est exclamé: "Comme c'est beau!"... Il allait acheter les chevaux à la boucherie pour les sauver... Le château servait de refuge à toutes sortes d'animaux... À l'époque de ma conception, un renard cohabitait avec une dalmatienne sourde et tout le grenier servait d'appartements aux oiseaux... Laszlo montait sur son étalon le grand escalier de la maison...»

Cléo ne s'y attentait pas. Depuis notre arrivée en France, nous communiquions moins, ma mère et moi. Elle travaillait beaucoup, pendant que je me partageais entre la danse, l'école et mes amies. Nous n'étions plus seules, elle et moi, envers et contre tous. Il y avait Mémé, l'Ours, Eva, ma cousine d'Afrique. Sans rien me dire, elle est alors partie à la recherche du seigneur Attila. Par chance, Laszlo était de passage à Paris. Consciente que j'avais mythifié ce père à travers les extravagantes histoires qu'elle m'avait racontées, Cléo l'avertit qu'il lui fallait se montrer à la mesure de sa légende.

Elle avait loué un appartement mitoyen à celui de ses parents. Après deux chambres de bonne où nous avions partagé le même lit, c'était notre troisième logis depuis notre retour des États-Unis deux ans plus tôt. Les deux appartements formaient un long demi-cercle autour de la cour de l'immeuble. Un soir, comme souvent, je me trouvais seule dans ma chambre. Tout était calme. Nina dormait déjà. Les autres membres de la famille étaient restés au salon chez Mémé pour se chamailler devant la télé. Je me demandais quel plaisir ils prenaient à ces discussions incessantes. Pour Cléopâtre et l'Ours, c'était une jouissance atavique qui s'exprimait dans de longues tirades sur la politique, la société ou la religion. Les siècles de dialectique qui coulaient dans leurs veines s'échappaient de leurs bouches enfiévrées. Parfois, après la traditionnelle série de « petits verres » en fin de repas, ils en venaient à hurler, à postillonner – surtout son père qui devenait rouge comme une pivoine –, mais ils aimaient ça, c'était évident. De temps en temps, je les contemplais depuis le sofa et ils devenaient pour moi une extension de la télé, comme un programme impossible à zapper. Le plus souvent, je m'enfuyais dans ma chambre pour lire, jouer de la guitare ou m'amuser avec Nina en toute tranquillité.

Ce soir-là, il est 21 heures. Loin de la confusion familiale, je monte sur mon lit superposé pour plonger derechef dans la vie passionnante du *Comte de Monte-Cristo*. Edmond Dantès est en proie aux pires tourments qu'un être humain puisse imaginer ; désespéré, il veut mourir d'inanition. Après son corps, c'est son esprit à la dérive qui le torture. Sa raison éclate en milliers d'hallucinations incohérentes. Soudain, il entend gratter contre le mur, ce mur de pierre devenu sa tombe... Mais on frappe à ma porte. Personne ne frappe jamais de ce côté-ci de l'appartement. Qui cela pourrait-il bien être ? Aux États-Unis, même les jeunes enfants savent qu'on n'ouvre jamais la porte à un inconnu. Je me lève. Toc, toc. « C'est qui ? – C'est ton pèrrre ! – Aahh... euh... lequel ?... Attends ! Attends ! » Mon cœur bat à tout rompre. Je cours chercher ma mère : « Maman, Maman, il y a quelqu'un à la porte de chez nous. Il dit qu'il est mon père ! » Je suis euphorique, impossible de saisir une pensée claire dans ce défilé sauvage d'émotions chaotiques. Cléo reconnaît la voix de Laszlo, une voix exotique mêlant divers accents. Pas de doute, c'est bien l'incarnation vivante du rêve. En plus, il s'est parfaitement accoutré pour jouer son rôle : « Bonsoir ! Je ne savais pas à quel étage vous trrouver, alorrs j'ai laissé une rose dans chaque trrou de serrure. »

Il tend une rose à Cléopâtre, l'autre, à moi, sa fille. Je le dévore des yeux. Ce que Cléo ressent ne m'effleure pas une seconde l'esprit, mais elle semble contente. L'homme est immense. Haut et large. Pas gros, robuste. Il porte un sombrero comme sur les publicités pour un porto, un long manteau hongrois en peau de mouton brodée, de hautes bottes pleines de roses sur le côté et une grosse améthyste au bout d'une chaîne en or pend sur son pull. Je me demande si les épines du bouquet lui piquent les mollets. Ses cheveux, sombres comme ses yeux, tombent en mèches raides sur sa nuque. Je remarque que j'ai le même sourire que lui, mais ses dents sont petites et espacées. Son visage dégage un charisme brut, celui des cavaliers d'Asie centrale, ou de certains gitans de ces régions orientales. Sa voix séduisante, dont l'intonation mélange les accents de plusieurs langues indéfinissables, chante mélodieusement quand il parle. Il fixe son interlocuteur droit dans les yeux, comme s'il l'hameçonnait fermement du regard. Avec sa prestance, son grand chapeau, son pendentif, ses grosses bagues en or massif (dont il affirme qu'elles datent de la Rome antique), on dirait un cosaque sorti de la steppe, chevauchant sa monture, celle-ci ornée de tapisseries, de rubans et de pompons rouges, pour débarquer au 118 du boulevard Montparnasse. Éternel voyageur, Laszlo a toujours un cheval attaché quelque part, prêt à retourner au galop vers les grandes plaines désertes : il ne faut surtout pas s'attendre à ce qu'il reste. Tout va très vite. Je suis hypnotisée, submergée par des sentiments flous. La transe paralyse ma faculté de jugement.

Cléopâtre prend la situation en main. «Tu joues un morceau de guitare pour Laszlo?» Un peu timide, pour une fois, je réponds: «Mais... je chante faux! – J'adorrre quand on chante faux.» Je murmure à ma mère: «Je joue quoi? – Chante *Ma liberté*, tu la joues bien.» Laszlo et moi sommes assis sur le lit dans la chambre de ma mère. Elle fume debout devant nous. Je rassemble mon courage et ma voix peu assurée s'élève dans la petite pièce: «Ma liberté, longtemps je t'ai gardée, comme une perle rare...» Je connais aussi *Les braves gens* et *Gare au gorille* de Georges Brassens, mais c'est sans doute *Ma liberté,* ma chanson préférée. Je l'ai apprise, comme tous les morceaux que je joue, avec Georges, un jeune chevelu, moniteur de colonies de vacances. C'est peut-être cette brochette initiatique de «Georges» liés à la musique qui m'ont fait secrètement concevoir le désir d'avoir un grand frère de 18 ans qui serait brun, barbu, moustachu, chevelu et qui s'appellerait Georges.

Attila paraît enchanté. Je me sens rapidement à l'aise. Finalement mon père est assez proche de ce que j'imaginais, je ne lui en demande pas plus. Je ne lui en veux pas pour son absence, j'ai compris qu'il était différent, irresponsable, mégalomane, égoïste, poète, un peu fou et voyageur, mais authentique. Je le prends tel quel. Il se dégage de lui ce quelque chose de magique, de formidablement vivant, que je veux considérer comme mon héritage. Laszlo me regarde intensément, avec ce sombre regard magnétique qui fascinait sans doute ses innombrables proies. J'ai fini de chanter quand il déclare sur un ton mystérieux, presque cérémonial : « Jé souis lé prémier homme qui peut toucher son génou avec sa barrbe. »

Attila sourit, triomphant. Tout doucement, il saisit quelque chose sous son menton. On dirait qu'il défait un nœud. Une minuscule barbe graissée d'huiles aromatiques est enroulée. Il la détache très lentement. J'ai le temps d'imaginer une prodigieuse natte descendre progressivement jusqu'aux rotules de mon père. Le suspense est minuscule et ne dure qu'une quinzaine de centimètres. La tresse lui arrive juste au-dessus du plexus solaire, sur la grosse améthyste. Sans me quitter des yeux, mon père lève simplement son genou pour toucher, avec la pointe de sa barbe, sa rotule gauche. Un homme qui comprend les enfants !

Le premier homme de notre vie

1971. J'étais passée de la 11ᵉ à la 7ᵉ classe en sautant la 8ᵉ. L'école de la rue de Rennes était progressivement devenue mixte. Ce fut mon année de gloire. J'étais première de ma classe et un vrai crack en mathématiques. Lors de la fête de fin d'année, j'ai reçu le prix d'excellence en chant et en gymnastique. Tout était facile, rien ne me résistait. J'ai aussi organisé un spectacle avec ma copine Marie. Nous avons dansé le *Lac des cygnes*. Transformée en cygne par un vilain maléfice, j'étais le prince qui la sauvait.

Je dansais tout le temps : dans la rue, au supermarché, dans les escaliers et surtout à la maison. J'étais à la recherche d'une danse magique, celle qui pourrait contenir l'explosion que je ressentais dans mon cœur comme une joie fulgurante ou une douleur orgasmique. Dès que je rentrais à la maison, je mettais de la musique pour danser ; je voulais aller plus loin, toujours plus loin, ne me soumettant à aucune contrainte, comme si mon corps devait échapper à toute loi physique pour transmettre l'intense émotion qui me traversait. Je voulais offrir tout ce qui existait dans le monde et redevenir indissociable de l'univers en moi. Ou bien était-ce moi qui m'agrandissais à la dimension du cosmos ?

Chaque fois que je dansais, j'avais cette sensation indicible : ce qui était à l'extérieur et à l'intérieur de mon corps émergeait en simultané. Il n'y avait plus de dualité ! *Presque* plus de dualité. Quelle frustration pourtant ! Mon aspiration divine n'aboutissait jamais ! Il existait toujours autre chose plus loin, je le savais, mais cette chose me fuyait, comme si je marchais dans la direction d'un mirage sans que celui-ci ne se rapproche jamais. Quelque chose me freinait invariablement. L'intuition intense d'un but, d'une indéfinissable nécessité d'absolu prenait place dans ma conscience sans que je parvienne à en cerner précisément la forme. Je voulais à tout prix atteindre le niveau de conscience que je pressentais, mais qui transcendait mes perceptions ordinaires.

Cléopâtre était heureuse, notre famille était devenue un nid de culture, de travail et de bonne humeur. Pour la première fois, un homme était entré avec respect dans notre foyer et il était le bienvenu. Il apportait avec lui la joie, le courage et la raison. Cléo avait rencontré Maurice dans le train qu'elle prenait chaque jour pour se rendre à son travail, à Barbizon. Cultivé, généreux, efficace, c'était un homme élégant, de petite taille, les cheveux grisonnants et les traits lisses comme ceux des Asiatiques. Ingénieur conseil de profession, il était aussi gastronome, musicien, poète, escrimeur et ancien champion de boxe française. Calme et déterminé, il était doué d'une force de caractère exceptionnelle. Nous apprenions à nous imprégner doucement de son art de vivre, inédit pour nous.

Maurice introduisit notre mère à un monde de délicatesse et d'attentions qu'elle n'avait jamais connu, tout en respectant et en appréciant sa farouche indépendance. Enfin elle rencontrait un homme digne de ce nom. Il amenait avec lui la stabilité et le respect mutuel au lieu d'imposer bêtement sa virilité comme l'avaient fait les précédents. Maurice aimait vraiment Cléopâtre. Il l'aidait à découvrir ses propres qualités, qu'elle n'exploitait pas par manque de confiance en elle. Il l'incitait à prendre des responsabilités, à se lancer dans sa vie professionnelle et l'ouvrait à la joie de vivre qu'elle avait toujours méritée. J'adorais Maurice pour toutes ces raisons et parce que, pour la première fois, je voyais ma mère heureuse. Nina s'appuyait instinctivement sur cette présence régulière à la maison, comme sur un pilier manquant à notre vie.

Je ne le savais pas, mais Maurice était malade, bien qu'il ne montrât jamais les douleurs dont il souffrait autrement qu'en tordant discrètement une fourchette à table. Un soir, Cléo m'a raconté son histoire. Il avait 16 ans quand les Allemands ont envahi la France. La Gestapo pourchassait les juifs. Il se retrouva par hasard dans une situation qui lui permit d'aider un groupe à s'évader. Il fut arrêté sur une dénonciation. Entre autres sévices, ses tortionnaires le laissèrent pendu par un bras pendant plus d'une journée. Il parvint à s'évader, mais un cancer se développa dans sa colonne vertébrale. Quand nous l'avons connu, les médecins lui donnaient six mois à vivre depuis plusieurs années...

Maurice offrait sans réserve son énergie à ceux qui l'entouraient. Je n'avais jamais rencontré jusque-là quelqu'un qui parvienne à me clouer le bec et j'aimais ça. Il ne se fâchait jamais ; sa voix devenait glaciale et je pliais naturellement sous son indéniable autorité. J'avais conscience que cette fermeté était juste et que j'en avais besoin. Par exemple, Cléo continuait à me laver les cheveux alors que j'avais déjà 11 ans. Apprenant cela, Maurice était intervenu fermement pour que je fasse moi-même mon premier shampoing, tandis que ma mère sanglotait, acceptant mal de couper notre cordon ombilical. Il m'avait offert un ouvrage d'éducation sexuelle pour adolescents en me recommandant de poser sans complexe toutes les questions qui pourraient me préoccuper. Après l'avoir lu de façon approfondie, la seule question qui me soit venue à l'esprit fut : « Les femelles ont-elles leurs règles aussi, chez les animaux ? »

Quelque temps plus tard, nous avons déménagé vers Pernety, au sud de Montparnasse. J'aimais ce quartier pittoresque, une espèce de village peuplé à l'époque d'intellectuels de gauche fauchés, d'écologistes, de concierges portugaises et de commerçants arabes. Le « château », comme nous appelions notre appartement (l'immeuble se trouvait rue du Château), consistait en trois pièces mansardées au sixième étage, sans ascenseur, achetées à crédit grâce à Maurice. Ma mère, qui adorait faire de la décoration, avait réussi à créer une ambiance baroque et originale, et entretenait son « théâtre » dans une excessive propreté. Recouvert de papier feutre rouge bordeaux, le couloir de l'entrée était tapissé de livres en français et en anglais, des classiques, des ouvrages sur le mouvement hippy, la culture juive, l'Holocauste, des Norman Mailer et des livres de poche fantastiquement terrifiants. Chaque chambre avait été peinte dans une couleur et un style différents : bleu et colonial pour ma sœur, orange et romantique pour moi, couleur whisky, comme elle se plaisait à dire, pour ma mère. Paprika et style hongrois pour la cuisine, fleurs multicolores psychédéliques et bleu turquoise dans la salle de bains. Le tout rappelait l'Europe centrale, les magasins d'antiquaires et les héritages cosmopolites des familles juives ou françaises d'outre-mer.

Lorsque quelqu'un entrait pour la première fois au « château », il se montrait toujours agréablement surpris par le charme épicé de notre foyer. Tout le monde enlevait ses chaussures en entrant, et on ne fermait pas les portes. Nous sortions beaucoup tous les trois, parfois accompagnés de Nina, qui était encore petite et restait le plus souvent chez Mémé. Nous allions au théâtre, au cinéma, au musée, au restaurant. Lorsque nous avons déménagé, Cléo et moi avions décidé que nous n'aurions pas la télévision. Je lisais énormément, même le dictionnaire, dans lequel je me perdais pendant des heures quand je n'étais pas prise par mes devoirs, les devoirs de Nina ou la danse et la musique. Tous les matins, Maman passait des heures dans la salle de bain. J'avais pris l'habitude de m'asseoir sur le sol à côté d'elle pour bavarder pendant qu'elle se maquillait. Rituel féminin intime, vers 6 h 30 du matin.

Les Tziganes

Je partais fréquemment en colonie de vacances chez la famille Ferré, à Laparade, dans le Lot-et-Garonne, et même hors saison à titre privé. C'était un minuscule village protestant qui avait résisté depuis Henri IV aux sanglantes guerres de religion. La mémoire d'un siège catholique autour de Laparade était encore vive. Les Ferré avaient adopté plusieurs enfants en plus de leurs quatre fils. L'été, ils recevaient dans leur grande bâtisse les soixante enfants de la colonie. C'était ma famille durant les grandes vacances. J'aimais bien participer aux débats religieux dans le temple, je me sentais déjà de taille à tenir tête aux grands et je le faisais sans réserve.

Edgar Ferré avait une stratégie imparable pour épuiser les enfants : nous devions marcher huit kilomètres à pied jusqu'à la piscine de Villeneuve-sur-Lot. Nous en profitions pour voler quelques fruits en chemin. J'avais remarqué une pancarte à l'entrée de la ville : « ENTRÉE INTERDITE AUX ROMANICHELS ». Un soir, nous rentrions de la piscine au crépuscule quand j'ai aperçu, à environ cinq cents mètres des premières habitations du village, un campement de gitans. Un petit groupe jouait de la musique tout près de la pancarte interdisant leur présence. J'ai cru voir une fille danser et j'ai été envahie du désir irrésistible de les rejoindre, de m'approcher de ces gens. Leur pays, c'est toute la terre et je sentais déjà que ma vie serait un grand voyage.

Cette musique, la musique des Tziganes me touchait profondément. Qu'ils soient de Russie, de Hongrie, de Roumanie, ou même de la péninsule Ibérique et de la Grèce, leurs chansons brassaient les tréfonds de mes tripes, comme l'émergence d'un souvenir obscur chez un amnésique, une sauvagerie que j'avais oubliée, des libertés que je ne voulais pas perdre. Vivre en famille sous les étoiles, danser et chanter ensemble, ne pas rester, mais toujours partir.

Des années plus tard, j'ai lu un poème de Fernando Pessoa et j'ai découvert la *saudade*, mot portugais unique au monde qui résume en deux syllabes la longue nostalgie de cette mémoire inconnue, mystérieuse, qui projette des couleurs inédites du passé dans le désir d'un hypothétique futur. Pour un de mes amis, « la *saudade*, c'est toujours maintenant ». Marchant en file à Laparade, il n'était absolument pas question de rejoindre les romanichels. Pas encore.

Le lycée Montaigne

Le lycée Montaigne est gigantesque ! Après ma petite école de la rue de Rennes, tant d'espace, tant de monde, c'est surprenant ! La sève monte doucement dans ces corps au printemps de leur vie. Tout contribue à la folie, à l'excès, à la soif de liberté. Un immense terrain de jeux vient de s'ouvrir à moi ! Juste en face du jardin du Luxembourg, plus de trois mille élèves étudient avec moi dans des bâtiments imposants. Des kilomètres de couloirs bordent d'innombrables salles d'étude, deux cours de récréation servent de terrains de foot ou de basket, mais ce que nous aimons par-dessus tout, ce sont les mystérieux sous-sols dans lesquels nous nous introduisons clandestinement, en écartant les barreaux de fer qui interdisent l'accès aux caves, pour pénétrer les sinueux chemins obscurs sous la terre. Une superbe serre de plantes tropicales fait face au hall de l'entrée principale. Notre lycée est un lieu prestigieux où il fait bon se sentir adolescent.

Jean-Yves est Breton autant qu'on peut l'être et je passe des heures avec lui à écouter de la musique bretonne. Je préfère Cat Stevens, les mélopées tziganes ou les virtuoses classiques, mais quand on aime un Breton, on aime la Bretagne. Un an plus tôt, j'avais flirté avec André, un beau blond d'origine russe, qui avait déjà 12 ans alors que je n'en avais que 10. Je n'avais pas supporté qu'il ouvre nos bisous pour introduire sa langue dans ma bouche. André m'avait quittée pour une grande qui aimait sa salive, pendant que je m'isolais pour pleurer tout mon saoul. Avec Jean-Yves, notre histoire était platonique, car nous étions excessivement timides. Nous nous sommes rapprochés sans nous en rendre compte, puis à force d'échanger des lectures, des musiques et de partager la même table en classe, nous sommes tombés amoureux, sans toutefois oser nous toucher du bout des doigts ou même en parler. Nous échangions de longues lettres passionnées, mais aucun de nous deux ne faisait le premier pas.

C'est aussi au cours de ces années lycéennes que j'ai rencontré Frédérique, une belle et séduisante adolescente, exubérante et extravagante. Nous sommes devenues inséparables, une tumultueuse complicité qui durera plusieurs années, à la grande satisfaction de Simone, la jolie maman de Fredo, qui estimait que j'avais une bonne influence sur sa fille, tandis que Cléo pensait exactement le contraire. Ensemble nous n'avions peur de rien, nous nous consacrions aux pitreries les plus excentriques, à toute heure et en tous lieux. Fredo avait un petit ami, Nicolas, fils de babas cool qui fumaient des joints avec lui. Moins timides que Jean-Yves et moi, Fredo et Nicolas s'allongeaient pour des sensualités plus sérieuses, au son des musiques de Janis Joplin, de Jim Morrison ou de Jimmy Hendrix. Ils se disputaient fréquemment et leur relation chaotique est devenue le thème favori des plaisanteries dans la classe.

Ma mère m'avait toujours dit: «Minou, dis-moi tout, tu dois toujours me faire confiance» – elle m'appelait encore Minou! Je l'avais prise au mot et lui avais parlé des joints chez Nicolas. Catastrophe! Je suis restée candide, mais je n'ai plus jamais parlé à ma mère de choses délicates et j'ai commencé à lui mentir quand cela s'avérait nécessaire. À cette époque, Cléopâtre a sorti des malles une magnifique peau de tigre, un cadeau ancien de mon père, qui recouvre, avec sa gueule grande ouverte, mon lit de petite fille de 12 ans. Fredo, Nicolas, Jean-Yves et moi prenons des photos les uns des autres, allongés sur cette fourrure dans les poses les plus extravagantes, tout en fumant des clopes dont je cache soigneusement les mégots avant que Maman rentre du boulot. De temps en temps, Attila passe rendre visite à sa «meilleure œuvre», comme il l'a écrit à Cléo, en se référant à moi, sur une carte postale: «Chère Madame, je serai ravi de participer à votre proposition et d'exposer mes sculptures... mais mon œuvre la meilleure en votre possession, c'est...» Mon père parle approximativement six langues, qu'il mélange allègrement et ses lettres sont toujours rédigées en un charabia poétique.

Un jour, lors d'une de ses brèves visites à Paris, je l'ai retrouvé dans un café de Montparnasse où il m'a raconté son séjour chez les Esquimaux:

«Ils dorrment tout nus sous peaux d'animaux, tout le monde ensemble en cerrrcle, les pieds verrs l'intérrieurr où il y a les petits chiens pourr tenir chaud. Oune fois, j'étais trrès embêté parrce qu'oune vielle femme me rregarrdait en se brrossant ses magnifiques cheveux noirrs. Je n'ai pas comprris le code ; j'ai dou dorrmir avec elle. »

Au cours de ces rencontres éclairs, où nous élaborons des projets extraordinaires pour sauver le monde de sa triste médiocrité, il se joint à moi pour exécuter des sauts de biche en pleine rue, les bras levés comme une vraie ballerine. Une fois, il a montré à Nina, Cléo et moi, des photos en noir et blanc prises pendant ses vernissages. Sur l'une d'elles, on le voyait en compagnie de Salvador Dalí. Maladroitement, il essayait de cacher quelques clichés. Trop tard. Cléo l'a taquiné : « Allez, montre ! On a bien vu que tu caches quelque chose ! » Visiblement gêné, il nous a montré une photo de lui avec un enfant blond dans un jardin. Sans doute un de mes frères. Ce jour-là, Laszlo m'a donné de l'argent pour que j'aille avec ma sœur au cinéma et qu'on les laisse seuls, lui et Maman, à la maison. J'ai emmené Nina voir le *Frankenstein* de Mel Brooks, auquel nous n'avons rien compris, sans penser à me demander pourquoi il fallait les laisser tout seuls...

Mon petit ami breton était devenu soudain inexplicablement distant et agressif. Des heures de passion et d'attente anxieuse étaient remises en question du jour au lendemain. Je passais des heures en face de chez lui, serrant convulsivement dans ma main un petit morceau de cire fondue qui provenait d'une de ses bougies. Je regardais la fenêtre de sa chambre au premier étage et je pleurais parce que Jean-Yves n'était pas là – il était en vacances en Bretagne. Je crois qu'il n'a jamais su à quel point je lui vouais un culte secret. Il s'est mis à m'éviter, à détourner les yeux, sa voix a pris une teinte amère et désagréable. Du jour au lendemain, il est sorti de ma vie avec sa harpe celtique et tout le joli folklore de sa péninsule, disparaissant de mon esprit comme un arc-en-ciel se dissout dans l'espace.

Pendant ce temps-là, les cours continuaient, le temps filait inexorablement. Malgré nos protestations, le professeur de sciences naturelles nous fit disséquer une souris : un petit cadavre pour deux, crucifié et épinglé sur nos tables comme si sa vie ne comptait pas. Je n'ai jamais pris de plaisir à tuer des animaux et mon plus mauvais souvenir est le meurtre d'un malheureux hanneton, en colonie de vacances, un forfait que je regrettais amèrement. Il s'agissait de présenter un exposé sur la nature. Mon équipe avait gagné le concours en étalant les fruits de nos trouvailles en bord de mer sur une algue gigantesque. Je croyais encore que la science justifiait cette mort, comme on me l'avait implicitement enseigné dans ce monde où la loi du plus fort est l'ultime solution. Tuer un hanneton sans l'endommager ne fut pas une tâche facile : je réussis à le noyer, après plusieurs tentatives infructueuses. Mon cœur battait la chamade. Saisie par une profonde angoisse devant l'agonie de l'insecte et sa volonté désespérée de survivre, je pris la résolution de ne plus jamais tuer qui que ce soit, même pas un insecte.

Au cours de sciences nat', j'ai prévenu mon voisin de table : « Tu te débrouilles comme tu veux, moi je ne touche pas à cette souris ! » Plongés dans la pénombre, nous observions le diaporama tandis que la prof détaillait chaque étape de la dissection : attraper la peau du ventre avec une pince, tirer, couper à la verticale avec les ciseaux, épingler la peau de chaque côté, découvrir les viscères, observer le cœur, les poumons, l'estomac, les intestins, le foie... Il y avait quelque chose d'obscurément sensuel dans notre trouble collectif. Inavouable évidence, j'étais excitée, moi aussi. Une étrange euphorie a explosé après le cours. Les garçons avaient prélevé des morceaux d'encre dans l'intestin et des queues pour menacer les filles et les lancer en douce aux professeurs dans les couloirs. Nous étions tous, sans exception, exaltés. L'expérience prenait subtilement une dimension orgiaque que je notais, ébahie. Ma propre nature dépassait le cadre de ma prétendue identité, j'avais, moi aussi, un potentiel terrible pour produire l'horreur et m'en délecter. Quelque chose d'atavique, sombre et inquiétant, semblait toucher mon incompréhensible sexualité émergente.

Au printemps, le soleil est apparu, les bourgeons et les fleurs ont empli l'air du jardin du Luxembourg. C'est la meilleure saison pour protester, manifester et revendiquer contre la loi Debré[16] qui protège les établissements de l'enseignement privé. Frédérique, Nicolas et notre bande n'étions pas hypocrites, nous nous foutions de la politique, mais voulions profiter des grèves pour nous consacrer à nos véritables objectifs : sécher les cours, prendre l'air, bronzer, nous étendre sur les gazons interdits, en bref, vivre. Parés de chapeaux extravagants, de colliers de perles, de batteries et de tablas, avec force musique et danse, notre petit groupe hantait les kiosques du jardin du Luxembourg, la fontaine Médicis et les squares de l'Observatoire, criant à tue-tête et en chœur : « Debré ne passera pas ! »

Pendant ces beaux jours fleuris, toujours frétillantes et involontairement sexy, Frédérique et moi

16. Loi française de 1959 qui a instauré un système de contrats entre l'État et les écoles privées.

longeons la rue Vavin en demandant un franc par-ci par-là. Nous sommes excentriques et chantons en pleine rue, sans nous soucier du regard des badauds : « Nicolas n'est pas mort, car il bande encore ! » Nous aguichons des inconnus puis les quittons en courant, en faisant semblant d'être prises d'un tic nerveux. En pleine performance rue Bréa, Frédérique me plante là et traverse la rue. De loin, elle se tord de rire en désignant quelque chose derrière moi, ce qui ne m'étonne pas outre mesure – Fredo a toujours eu un style loufoque. Enfin je comprends le message et me retourne. Le choc est brutal : un homme blondasse et à moitié chauve me sourit béatement en exhibant une protubérance abominable. J'ai failli me cogner contre l'énergumène. Je panique. Cela fait visiblement plaisir au bonhomme qui brandit son phallus en semi-érection dans ma direction. Je cours rejoindre Frédérique et nous nous enfuyons en riant convulsivement. C'était la première fois que je voyais un homme nu.

Forget-me-not

L'été 73 avait commencé sous de mauvais augures. Je me sentais préoccupée, hantée par des pressentiments sombres. Maurice s'organisait pour émigrer en Australie : un procès d'ordre financier l'obligeait à quitter l'Europe. Nous devions le rejoindre dans le courant de la même année : j'irais à l'opéra de Sydney poursuivre mes études de danse et Cléo ouvrirait un magasin d'artisanat français. Nous avions déjà les fournisseurs et le nom du magasin : Myosotis, en anglais, *Forget-me-not*. Il y avait un obstacle ; comment faire traverser les frontières à Nina sans passeport, sans l'autorisation de son père? L'autre problème, mon secret à moi : je ne voulais pas partir. Pour préserver le bonheur de ma mère, je ne l'aurais jamais avoué, mais je tenais à ma sœur et mes pressentiments la concernaient directement.

J'étais en vacances pour deux mois à Laparade. Je pleurais sans cesse et dormais à peine. Jean-Claude, un de ces moniteurs dont je tombais amoureuse (platoniquement) à chaque fois, m'a demandé pourquoi je n'allais pas bien. « Ma famille va partir en Australie. Je ne veux pas y aller, mais si nous n'y allons pas, il arrivera un malheur à ma sœur. » Je ne savais pas pourquoi je disais cela, c'était de la pure voyance. Jean-Claude m'avait dévisagée avec étonnement, puis avait marmonné dans sa barbe : « Si tu savais à quel point tu as raison ! » Je n'ai pas pu m'empêcher d'entendre et me suis derechef inquiétée ; des cauchemars dont j'émergeais en sueur, dans lesquels je cherchais Nina, m'assaillaient. Ma sœur était devenue une adorable petite fille de 5 ans, timide et gentille. Ses cheveux formaient de longues anglaises cuivrées, tous étaient conquis par son regard coquin couleur noisette et son sourire désarmant. Je lui avais enseigné l'alphabet sur un tableau noir, tandis qu'elle suivait distraitement mes explications avec un air vaguement amusé. C'était « mon bébé », la prunelle de mes yeux.

Maurice et ma mère sont venus me chercher à Laparade avant la fin des grandes vacances. Au courant du drame qui s'était joué quelques jours auparavant, la direction du centre avait prévenu maman de mon anxiété prémonitoire. En roulant vers Paris, Maurice m'a tout raconté. Le monde s'est écroulé, j'ai sombré dans un puits de larmes. Nina avait été enlevée par son père. On ne savait pas où ils étaient. Alors qu'elle passait ses vacances avec Mémé, à la campagne, son père était venu lui rendre visite, comme tous les ans. Il avait attendu le moment propice pour s'emparer de Nina et la jeter dans une voiture où un complice l'attendait. Mémé s'était accrochée au véhicule qui l'avait traînée sur plusieurs mètres avant qu'elle ne lâche ; elle était légèrement blessée. La route de nuit fut longue, de Bordeaux à Paris. J'étais inconsolable, mon paradis était détruit, jamais plus nous ne serions heureux tous ensemble. Et c'était vrai.

Kramer contre Kramer

Après l'enlèvement de ma sœur, la vive souffrance de l'avoir perdue et l'intuition de notre déchéance ont éveillé en moi un être nouveau, qui dormait jusque-là, un être indépendant des circonstances. Je me suis placée en première position à la barre chez Irina et tout à coup un incroyable geyser d'énergie ascendante a pris mon corps en otage, ce jour-là et les jours suivants, à chaque fois que je dansais. Je me sentais possédée, comme si l'énergie entre le ciel et la terre trouvaient un canal dans mon être. Cela durait tant que je dansais, puis le charme tombait abruptement lorsque je quittais le studio. Ma confusion reprenait les rênes. Madame Irina m'a remarquée. Elle a appelé ma mère pour lui proposer un contrat : je me formerai gratuitement dans son école en échange de l'exclusivité sur ma future carrière de danseuse. Nous avons accepté et l'entraînement intensif pour devenir professionnelle a commencé. Un minimum de vingt heures par semaine pour débuter. Je suis entrée dans la troupe peu de temps après, sous le nom de Souliko Toumanova – Madame Irina tenait à ce que tous ses danseurs adoptent des noms russes. J'étais déjà grande pour mes 12 ans et on m'en donnait facilement cinq de plus, surtout depuis que je me maquillais. La photographe Irina Ionesco, qui accompagnait sa fille Éva aux cours, était volubile. Quelle était la recette de ma mère pour que je sois une telle réussite ? Cléo, qui n'a jamais supporté le snobisme ni les dames aux chapeaux à plumes, lui répondit sur un ton cynique : « Je lui donne de l'engrais. »

La danse a pris toute la place dans ma vie. Je ne pensais à rien d'autre et je m'entraînais comme une acharnée. Des photographes du magazine *Playboy* sont venus assister au cours de danse chez Irina pour choisir une danseuse classique. Rien de très sexy, juste un reportage de mode sur le thème du blanc avec un mannequin style Twiggy[17], légèrement habillée, et des ballerines en tutu blanc en arrière-plan. J'ai été choisie parmi toute l'école avec deux autres de mes camarades. Peu de temps après, j'ai participé à une publicité pour Woolite, tournée avec Sylvie Vartan dans notre studio. Son attitude à notre égard, pauvres petites fascinées par la vedette qui se trouvait chez nous, à deux mètres de distance, se résumait à nous ignorer. Elle avait l'air malheureux et je me suis dit que je ne voulais pas devenir comme ça un jour. Je me préparais à entrer dans l'école de ballet Irina Grjebina et je commençais à découvrir un monde où l'art reposait sur les apparences et les

17. De son vrai nom Lesley Hornby. Mannequin, actrice et chanteuse britannique, emblème des années soixante.

spéculations, aux antipodes de mes aspirations à un amour absolu et mystérieux.

Les mois passaient. Nous étions en procès au-delà de l'Atlantique avec le père de Nina que je ne voyais plus depuis six mois déjà. Maurice a aidé maman à tenir le coup. Nous avons essayé d'engager l'avocate Gisèle Halimi, mais les honoraires exorbitants qu'elle demandait nous ont fait reculer ; elle nous est apparue comme une ardente militante féministe... de luxe. Nous avons trouvé un autre avocat, un Noir américain, pas féministe mais plus clément sur les tarifs. Puis Cléo a décroché un contrat à Montréal grâce à Maurice et je l'ai accompagnée. Nous étions plus près de Detroit ce qui nous permettait de participer au procès. Les juges ne savaient pas quoi décider : GI et Cléo écartelaient littéralement Nina en la tirant chacun de leur côté, sous mes yeux horrifiés. Nous hurlions et nos visages luisaient de chagrin. Le retour à Paris a marqué la fin de l'éden. Maurice ne pouvait plus attendre. Je me souviens du moment de son départ : nous regardions le train quitter le quai et notre seule consolation était d'être ensemble. Il se tenait à la porte du wagon et nous saluait de la main. Il allait prendre le bateau à Marseille pour Sydney, où nous espérions le rejoindre un jour. Maman et moi sommes allées au cinéma juste après son départ voir *Toute une vie* de Claude Lelouch. Nous ne pleurions pas, sans doute nous efforcions-nous de nous épargner l'une l'autre, mais c'était pire sans les larmes.

Cléo hésitait. Rejoindre l'homme de sa vie équivalait à renoncer à Nina. Je ne comprenais pas les enjeux psychologiques des adultes, je ne pensais qu'à retrouver ma sœur. Je l'imaginais soumise à cette éducation abominable dans des maisons clonées, entre *potato chips*, Coca-Cola et *extra-calories*, devant une TV poubelle que j'avais tant méprisée aux États-Unis. Je ne pouvais pas permettre que ma sœur grandisse là-bas. Je poussais ma mère à se battre pour la ramener. Cléo a sombré. Notre vie tombait lentement dans une spirale exponentielle de douleurs accumulées, la souffrance augmentant avec le temps, comme si aucune limite n'arrêterait jamais cette inexorable descente.

Ne sachant comment démêler ce cas inextricable, le tribunal de Detroit avait fini par demander à Nina, alors âgée de 6 ans : «Ton père ou ta mère ? – Je veux vivre avec ma sœur !» avait-elle répondu. Nina est donc revenue à Paris, mais elle avait beaucoup changé. Nous semblions vivre sous le joug d'une malédiction. Le mirage de notre récente prospérité ne faisait qu'accroître notre désespoir depuis le départ de Maurice. Nina ne parlait plus français, elle ne mangeait plus trop, elle n'était plus enjouée, ses yeux avaient pris une teinte voilée comme si leur éclat s'était déjà terni. L'innocence avait péri dans notre foyer. J'étais soulagée de retrouver ma sœur, mais je ne savais plus comment gérer une situation aussi terrifiante. Toutes les trois, nous avions changé, nos ombres prenaient la relève. Je ne voulais plus me charger de gérer autre chose que mes doutes qui s'intensifiaient au fur et à mesure. Notre mère tenait le coup financièrement, avec obstination, tout en perdant résolument foi dans sa propre vie. Nous survivions au jour le jour en nous isolant de plus en plus, Nina dans son mutisme, Cléo dans son désespoir, et moi dans la danse, jusqu'à nous perdre de vue tout doucement. Nous vivions ensemble, mais souffrions chacune de notre côté pendant la nuit.

Faux sourires

Malgré ma profonde tristesse, qui me poussait à me cacher pour pleurer, je continuais à assumer une image enjouée et souriante. J'avais une grande influence sur mes camarades de classe que je poussais à lire les mêmes livres que moi. Tout le monde s'est mis à dévorer du Zola. Un de mes grands triomphes fut d'obtenir que cette bande de gauchos, de rockers en jeans, vienne me voir danser la *Campanella* de Liszt en tutu blanc, avec en prime leurs vigoureux bis. La nuit, dans mon lit, je passais en revue ma journée en pleurant : je voulais changer, je ne voulais pas être exubérante, ni bavarde, ni vaniteuse. Je me critiquais sévèrement en secret, je prenais la résolution de me transformer en une jeune fille calme, posée, patiente, profonde. Mais le constat nocturne me ramenait à une sensation d'échec permanent, un cercle vicieux démoniaque, chaque lendemain sonnait une nouvelle défaite. Je voulais décider de mon comportement, au lieu de me sentir obligée de réagir toujours de la même façon, contre mon gré. Cette frustration me torturait en permanence sans que personne ne s'en doute. Vue du dehors, j'étais une battante dévergondée intrépide et sans complexe, intérieurement, j'étais profondément triste.

J'avais un ami cher, Robert de Quelen, fils d'une famille aristocrate qui possédait un grand château dans la Sarthe. Comme il habitait Montparnasse, c'était facile de me rendre chez lui et progressivement, les Quelen, une famille charmante, m'ont adoptée. Je suis devenue une habituée de la maison. La maman de Robert m'invitait dans leur château pour les week-ends. Je vivais dans ce foyer annexe très naturellement, j'avais déjà pris l'habitude durant mon enfance de vivre chez les gens et de m'adapter. Pour moi le château des Quelen était un peu ma maison de campagne. Éric P., le meilleur ami de Robert, passionné d'architecture et de percussions, me faisait un effet plus intense et je suis tombée amoureuse de lui. Nous avions une relation amoureuse platonique et échangions simplement quelques baisers timides. Nous avons passé ensemble, sages et habillés, une nuit torride au Val-de-L'eau, dans une cabane chez sa grand-mère. Nina était venue, mais, brûlante de passion pour ce jeune homme, je rouspétais d'avoir dans les pattes une petite sœur jalouse. Peu après, Éric a rompu, sous prétexte que notre relation portait préjudice à ses études, mais par la suite, nous sommes restés liés par une vraie et profonde amitié. Je l'ai revu quelquefois à Paris. Robert, Éric et moi formions, à cette époque douloureuse de ma vie, un trio fidèle dans lequel je trouvais quelque réconfort et un peu de légèreté.

Cléo m'avait inculqué ses propres valeurs de rebelle. Dans cette logique, je fumais, puisque c'était interdit. Le goût âpre, sec et agressif du tabac m'avait tellement déçue que je me forçais à fumer pour me donner une contenance. Le goût était vulgaire. À travers mes nombreuses lectures, de Balzac à Edgar Poe, j'avais imaginé que fumer procurerait un plaisir édénique, doux, mielleux, parfumé, envoûtant.

Le Brig

Le Ballet russe Irina Grjebina (Brig), était une compagnie prestigieuse de quarante artistes. Irina ne dansait plus elle-même et son talent de pédagogue à l'Opéra de Paris avait pris toute la place dans sa vie.

Cependant, la troupe tournait un peu à chaque saison et j'allais intégrer la compagnie comme professionnelle pendant que certains de mes partenaires nous quittaient pour rejoindre la troupe de Béjart. C'est ainsi que j'ai pu avoir accès aux coulisses de l'Opéra après *Le Sacre du printemps* de Stravinsky. Un choc dans ma petite tête déchirée par le doute : j'ai vu les visages blafards et livides des danseurs après la représentation, entendu leurs conversations, ressenti leur énergie pesante et triste. Quel glamour devant les projecteurs, quelle tristesse derrière la scène ! Une petite voix off a commencé à me chuchoter : « Est-ce bien cela que tu veux faire de ta vie ? »

C'était ma dernière année à Montaigne. La décision était prise : je rentrerais à l'École des enfants du spectacle, rue Monge, afin d'avoir plus de temps pour ma carrière artistique. Ma vie devenait épuisante : entre la danse, le solfège, la guitare classique, le lycée et mes devoirs, je n'avais plus de temps libre. Je voyais de moins en moins Nina, qui passait plus de temps avec Mémé à cause de nos emplois du temps chargés. Mon professeur de mathématiques, Monsieur Sikombé, un Africain sportif doté d'un grand sens de l'humour, avait décidé de convaincre ma mère de m'orienter vers un futur glorieux de scientifique. Il fallait que je vise Polytechnique, que j'ambitionne de devenir major, surtout pas danseuse, quelle idée ! Il est venu chez nous pour tenter de forcer les choses. Son entêtement m'amusait : jamais ma mère n'aurait contrarié ma vocation.

Le Brig a présenté de nombreux spectacles au cours de l'année 1974... Plusieurs jeunes filles ont intégré la compagnie en même temps : Miranda, une fille d'artistes peintres d'origine anglaise, Fred, Murielle et Macha Apreleff. Paris étant un village, Miranda connaissait bien l'un des fils de mon père, Jean-Pierre Szabo, que je n'avais jamais rencontré. Elle m'a emmenée chez lui un jour, rue Daguerre, mais il était absent. J'y suis passée à plusieurs reprises sans jamais trouver personne. L'univers de la troupe était envoûtant, mais pas vraiment recommandable pour une jeune rebelle de 13 ans, en pleine crise existentielle, jolie qui plus est. Je pouvais aisément devenir la proie des nombreux mâles aux mœurs excessives, pour la plupart Russes, Yougoslaves, Polonais ou autres originaires des Balkans, qui travaillaient dans la compagnie.

Madame Lala s'occupait de tout. Elle était la pierre angulaire, le socle indispensable à la créativité passionnée de Madame Irina. Solidaires, elles avaient créé un univers autonome, fréquentant pendant plus de trente ans les scènes européennes les plus prestigieuses. Elles étaient également le cauchemar du cinéma d'Art et d'essai situé juste en dessous de notre école, qui s'acharnait à passer des films d'Ingmar Bergman, comme *Cris et Chuchotements*, malgré nos exercices sauvages sur le plancher. Aucun de leurs nombreux coups de fil enragés pour se plaindre du bruit n'aurait ébranlé la détermination de Madame Irina à nous faire répéter jusqu'à l'épuisement total. Parfois, après trois heures sur la même danse, sans la moindre pause et sans manger, elle disait : « Allez, on va admettre que c'est bon ! » Ce qui signifiait qu'on avait cinq minutes pour boire, faire pipi et vite avaler un sandwich avant de répéter la pièce suivante. Les répétitions du week-end commençaient vers 9 heures du matin et pouvaient se terminer à 18 heures s'il le fallait. J'aimais cette exigence rude, Cléo était encore plus ravie. Elle trouvait un élan dans l'énergie qui se dégageait du studio. Elle imaginait peut-être que sa fille réaliserait les ambitions artistiques que le destin lui avait interdites avec ma naissance.

Je ne pensais qu'à la danse. J'essayais désespérément de déformer mes pieds pour les cambrer davantage, je rêvais que je m'élevais dans le ciel en tournant sur les pointes, ou que je descendais les six étages de ma maison de la même façon. Nos spectacles étaient impressionnants : des chorégraphies de grande qualité, extrêmement variées, des costumes somptueux, cousus minutieusement à la main par les deux sœurs, des artistes bien entraînés mais souvent à la mesure de leur réputation d'artistes d'Europe centrale : buveurs, dragueurs, joueurs de poker, fêtards invétérés. J'ai été rapidement désignée pour des solos, particulièrement dans les danses tziganes ou kurdes, celles dont je raffolais le plus.

Nous partions à l'aube dans un autocar bondé – je jouissais d'une autorisation spéciale pour manquer le lycée. Je m'installais vers l'arrière, avec les « insoumis » qui sortaient leurs instruments pour jouer pendant tout le voyage. Nous, les danseurs, chantions avec eux. Les accords romantiques de la balalaïka, les rythmes tziganes du violon et des guitares, nous plongeaient dans une atmosphère empreinte de passion où les émotions les plus torrides d'Europe centrale s'arrosaient de vodka. C'était un monde de grands, un monde de réfugiés de la dernière guerre et de fils de réfugiés, de femmes jalouses (de nous, les petites) qui doivent danser dans les casinos pour arrondir leurs fins de mois, d'hommes plus ou moins brutaux, selon leur culture et leur taux d'alcoolémie. J'étais en transe, excitée, allumée et incroyablement naïve malgré mon apparente maturité intellectuelle.

Nous rentrions d'une soirée à Lyon où nous avions présenté la première partie du spectacle d'Annie Cordy. L'ambiance m'hypnotisait et créait en moi une confusion qui grandissait davantage à chaque tournée. J'avais besoin d'affection, je cherchais l'amour et je ne comprenais pas que mon corps était convoité comme le serait un beau fruit mûr. Le livre sur l'éducation sexuelle de Maurice m'avait apporté de façon clinique des informations qui ne me servaient strictement à rien dans ces circonstances. «Tu es très appétissante» m'avait chuchoté Kolya, le musicien, en soulevant mon pull, profitant de l'obscurité pour entreprendre des attouchements plus satisfaisants que nos frôlements de mains du voyage aller. Toute la troupe dormait. Il me caressait et m'embrassait sur la bouche. Mes vêtements s'épluchaient facilement. Nous étions à l'arrière, personne ne nous voyait. J'apercevais ses traits quand notre autocar croisait les phares des voitures ou que nous passions sous les lampadaires d'une ville de province. Je me suis abandonnée à cette nouvelle volupté, tendre et puissante et je me suis offerte à mon partenaire sans trop réfléchir, avec une âme docile. Mon corps s'est cambré, un mouvement ondulé que je ne connaissais pas s'est insinué en moi. C'était tellement agréable ! Des chocs électriques ont contracté mon ventre, la respiration accélérée de mon compagnon m'a submergée, m'a conduite au renoncement. Lui a osé descendre ses mains vers mon pubis, plus près du centre à chaque tentative. Il a ouvert la fermeture Éclair de mon jean. Je ne voulais pas. Non, pas plus loin ! Mon refus muet, que je répétais comme un mantra, a intensifié notre excitation au point de pulvériser toute résistance dans mon esprit. J'ai glissé sur ses genoux, couchée en travers de son giron comme une véritable proie consentante. Au moment le plus aigu, quand toute raison en moi s'était envolée, Kolya s'est penché pour me répéter que j'étais très « appétissante ». Ces mots ont court-circuité ma sensualité. Sans que je le comprenne, le décalage entre la chaleur amoureuse qui me berçait et l'ambiguïté du terme « appétissante » m'a troublée, je ne savais plus dans quel sens penchait ma balance. Appétissante ? Moi ? « Quel âge as-tu, Souliko ? a demandé Kolya, devenu prudent en découvrant ma virginité. – 13 ans. » La lumière d'un phare jaune l'a éclairé et j'ai pu voir son visage. Un de ses sourcils s'est soulevé, ses mains ont tout de suite quitté mon corps. Il a baissé mon pull et refermé la braguette de mon jean en prononçant un seul mot : Dommage.

L'amour

Pierre Riazansky, lui, était d'origine russe, né en France. Nous sommes tombés amoureux – une fois de plus lors d'un retour de tournée, Kolya s'étant rabattu sur une grande avec laquelle il ne courait aucun danger. Je ne comprenais pas mais je m'étais, comme toujours, adaptée à la situation en gardant mes souvenirs enfouis. Avec Pierre, ce fut différent de ce qui s'était passé avec Kolya. Nous avons bavardé sans nous toucher ; arrivés à Paris à l'aube, nous avons trouvé un café ouvert à Edgar-Quinet pour manger, avant de nous quitter, les premiers croissants chauds. Pierre, guitariste, fan de mathématiques, de thé à l'hibiscus et de Debussy, était très courtois. Cléo l'adorait pour ses manières « vieille Russie », en particulier pour ce baisemain qu'il lui faisait à chaque rencontre. Invitée chez lui, à Louveciennes, son père, militaire de carrière, s'est fâché tout rouge en découvrant que je n'étais qu'une petite danseuse de 13 ans. Cet été 1975, en vacances aux États-Unis pour accompagner ma sœur Nina chez son père, mes lettres d'amour pour Pierre traversaient l'Atlantique tous les jours. Je lui avais tricoté un gilet vert bouteille qu'il a refusé en me disant qu'entre nous c'était fini. Son père avait gagné. Quel terrible retour ! J'ai commencé à tenir un journal, ma seule consolation face à mon premier échec sentimental.

Je ne voyais plus Pierre depuis un mois, mais le spectacle que le Brig donnait aux Champs-Élysées nous a réunis. Après la représentation, alors que la production nous invitait à souper, j'ai décidé de me saouler. Pierre était en face de moi, près de notre ami commun, le Grand Duduche, un autre musicien mathématicien attaché au CNRS. Je vidais un verre de vin rouge après l'autre. Tout le monde le voyait, mais personne ne voulait m'en empêcher. Duduche m'a dit : « Si tu frappes tes joues et que tu ne les sens plus, c'est que tu es saoule. » Puisque je refusais d'avaler autre chose, il m'a fait manger du pain. Ensuite, il a bien fallu que je marche pour aller chercher mon sac. J'arrivais tout juste à tenir debout, quant à Pierre, il s'était éloigné. Madame Irina passait par là, elle m'a regardée attentivement : « Souliko ! Tu as bourrrée ! – Non, Madame Irina, je ne suis pas du tout bourrée ! » Un voile est tombé sur mes yeux. Elle m'a confiée à des danseurs qui m'ont fait monter les six étages de mon immeuble dans un état proche du coma éthylique. Le lendemain, elle en a parlé à Cléo en lui disant que cela valait mieux ainsi : avec cette gueule de bois, je n'aurais plus envie de récidiver. Elle avait raison. J'ai fait bien pire.

L'École des enfants du Spectacle

L'École des enfants du Spectacle était un autre monde. Le monde à l'envers ! Après avoir goûté aux grands espaces de Montaigne, aux mille recoins des jardins du Luxembourg, et avoir mené ma barque au milieu de trois mille élèves, je me suis retrouvée dans une école minuscule, dirigée par une méchante femme autoritaire, dans un décor mesquin, laid et gris. Cela me permettait de suivre les cours de danse classique du matin pour les professionnelles, mais à part cela, je détestais ma nouvelle école, les professeurs, tout. À la maison, ma mère était de plus en plus sujette à des crises de nerfs et Nina, qui avait 6 ans, s'était renfermée dans son mutisme jaloux. Je l'aidais avec ses devoirs, je l'aimais toujours autant, mais je ne pensais qu'à me sortir de là. De toute façon, je n'étais pas souvent à la maison. J'étais confrontée à une nouvelle réalité : je n'étais pas la même personne que ma mère, je ne pensais plus comme elle, et je n'arrivais plus à partager son chagrin. Seule la danse me consolait de ces déceptions successives. Nous ne rejoindrions jamais Maurice en Australie. Comment partir sans Nina ? Je voulais fuir ce mauvais rêve.

Rédaction du mercredi 8 octobre 1975. Sujet : « J'ai aimé un être, une chose, un lieu. »

« Samedi matin, dès l'aube, je partirai vers mon amour. Samedi matin, je rirai, je chanterai, je vivrai différemment des autres jours. Je ne penserai qu'à la joie de vivre car je serai sur le chemin des planches. Et je savourerai la route peut-être plus que le but car je pourrai y penser. Et, au moment où j'atteindrai ce but, quand la scène lancera mes pieds, je me donnerai,

je danserai. Je me perdrai dans les tours, m'envolerai dans les sauts, je partirai dans le rire. J'aurai la liberté d'aimer, et j'adorerai. Chaque pas sera un court siècle de bonheur. Et le jour où j'aurai franchi trop souvent ces pas, mon dernier instant heureux sera de finir là ; mourir dans l'amour, c'est beau !»

Tous les élèves de ma nouvelle école étaient des artistes ou des sportifs. Nous avions un point en commun, nous détestions ce lieu. J'avais perdu mes amis en changeant d'école et je ne me sentais pas encline à créer de nouveaux liens d'amitié. La seule qui fit exception fut Nathalie Mazéas, une actrice à qui je pouvais parfois me confier. Cléo ne semblait pas se rendre compte de mes difficultés à me réconcilier avec moi-même et à devenir une femme émotionnellement indépendante. En tout cas, nous n'en parlions pas. J'étais parfaitement autonome, je gérais ma vie et mes études qui n'avaient jamais posé de problème, quelques troubles chez une adolescente paraissaient normaux. J'étais vouée à devenir une artiste, une grande danseuse, peut-être l'héritière d'Irina – comme de nombreux pédagogues, elle souffrait de ne pas trouver celle qui aurait la capacité d'absorber l'encyclopédie de connaissances et de passion qui mourrait avec elle un jour. Un matin, à peine entrée dans la cour de l'école, quelqu'un m'interpelle : « Voilà, voilà ! C'est elle que je veux ! »

Gérard Clément, un réalisateur de télévision, va réaliser un documentaire sur notre école pour France 3. Il cherche le fil conducteur qui lui permettra de raconter la vie des élèves, candidats précoces aux professions artistiques. Il a flashé sur moi et s'est battu pour maintenir son choix quand notre directrice s'y est opposée, allez savoir pourquoi... Gérard l'avait surnommée «le Dragon» et s'amusait à faire défiler le film à l'envers quand je venais au montage. Le reportage est passé sur France 3. Il durait une demi-heure et faisait partager les activités des élèves à travers mon emploi du temps : mes cours de danse, de musique, moi en train de jouer de la guitare dans la rue, chez ma mère, etc. Le «Dragon» est devenue tout miel avec moi dès le lendemain de sa diffusion. Pour la plupart jaloux, mes camarades me toisaient de haut en me critiquant, tandis que mes anciens amis du lycée Montaigne se moquaient de moi. J'étais blessée. Pourquoi réagissaient-ils de cette façon. Afin que nous puissions regarder le reportage à la télévision dans sa petite chambre, Madame Irina avait, exceptionnellement, interrompu la répétition. Son commentaire fut génial : «C'est bien, Souliko. Espérons que tu ne deviendras pas une nouvelle Danièle Gilbert. Bon, dehors ! On continue à répéter !»

CHAPITRE 3

1976-1983 Les bas-fonds

« 19 – Les personnes sont de quatre types
Celles qui passent de la lumière
à l'extrême lumière,
Des ténèbres aux ténèbres extrêmes,
De la lumière aux ténèbres extrêmes,
Et des ténèbres à l'extrême lumière.
Sois comme les premiers. »

Lettre à un ami, Nagarjuna.

L'envoûtement

Pour mon quatorzième anniversaire, Cléopâtre m'a offert une superbe veste afghane brodée à la main. J'ai aussi reçu une longue robe en coton bleu ciel à fleurs comme je rêvais d'en porter. Correspondance du métro à Montparnasse-Bienvenüe ; le long du couloir qui débouche sur le tapis roulant, je marche bien droite, toute pimpante, les sourcils trop épilés, les yeux trop maquillés. Vêtue de ma nouvelle moumoute, je porte fièrement mes longs cheveux divisés en deux tresses égales, la tête couverte d'un foulard en soie rouge noué derrière la nuque. Je n'ai qu'une vague idée de mon aspect et quelques complexes au sujet de mon ventre proéminent et de mon nez un peu large, mais je sais qu'on me donne facilement quatre ans de plus et que je plais. Pourtant ma coquetterie recèle une insécurité profonde. Je vais chercher ma petite sœur Nina qui se trouve chez une amie. Suivant rapidement le flux des voyageurs, le son d'une guitare à douze cordes métalliques se rapproche. Quelqu'un chante en français. « Emmène-moi, mon cœur est triste et j'ai mal aux pieds, emmène-moi, je ne veux plus voyager ! » Vers la fin du couloir, avant les marches qui montent vers le tapis roulant, un petit groupe de jeunes entourent le musicien. C'est un homme d'environ 25 ans, grand, barbu. Il vient brusquement d'arrêter de jouer, l'instrument en bandoulière sur le torse. Je le regarde. J'aime bien les artistes. Celui-ci me paraît sympathique et il chante bien. Il s'est interrompu pour moi. « Eh, attends ! Viens ! » Il me regarde droit dans les yeux. J'accélère le pas en riant. Un mélange de peur et de vanité m'étreint. Il est vêtu d'une belle chemise blanche de corsaire, d'un pantalon en coton et d'un gilet sans manches noir. Plutôt séduisant. « Mais viens, allez ! Juste une seconde ! »

Je me retourne avec un large sourire en continuant mon chemin avec détermination. Pris au jeu, les jeunes chevelus attroupés autour du guitariste s'en mêlent. Ils me crient en chœur de revenir. J'hésite, mais, non, je dois continuer ! Tout à coup une menotte potelée tire sur la manche de ma veste. Ce petit garçon n'a pas plus de 8 ans, peut-être moins. Il est venu forcer le destin pour que je cède. Je ne résiste plus. L'homme a les yeux verts, un regard magnétique, mais hermétique aussi. Son visage est harmonieux malgré l'austérité de ses traits : pommettes saillantes, front bas dégarni vers le crâne, lèvres fines, dents régulières et courtes, nez petit et droit, barbe blonde et cheveux roux longs. Je remarque aussitôt son tatouage au poignet, une sorte de symbole franc-maçon formé de triangles, de croix et de points. Il se dégage de lui une étrange séduction féline. « En te voyant, j'ai eu un flash. C'était comme un éclair. C'est rare de se sentir saisi comme ça ! Il fallait que je te parle, que je sache qui tu es. »

Ses propos sont d'une banalité à toute épreuve, pourtant ils me touchent. Le type ne parle pas avec véhémence. Au contraire, il semble très calme. Profond. Avec un léger accent méridional, convaincu de l'importance de ses paroles, il murmure presque : « Je m'appelle Tomana. Je suis ici tous les jours à cette heure-ci. Tu reviendras ? – Je ne sais pas. On verra. » Mais je suis prise dans le filet. Il a foncé tout droit dans la porte entrouverte de mon cœur en manque de tendresse, d'attention et surtout d'intimité. Je suis revenue dans le couloir, le lendemain, avec Nina. Puis les jours suivants, tous les jours. Je suis envoûtée. Quoi que je fasse, que je mange ou que je dorme, la pensée de ce mystérieux Tomana ne me quitte plus. « Tomana, c'est comme ça qu'on appelle le chef dans certaines tribus des Nouvelles-Hébrides. Je suis à moitié Maori. Ça veut dire "illuminé". Tu parles anglais ? Tu pourrais traduire des chansons pour moi ? Demain, je t'apporterai des choses que j'ai écrites. Je suis en train d'écrire un opéra rock sur l'histoire de Faust. »

Les poèmes sont curieux. Certains sont plagiés de Rimbaud, comme je l'ai découvert plus tard, mais les autres sont peut-être originaux. Je me rapproche de lui spontanément, comme un papillon de nuit se lancerait à corps perdu dans la flamme d'une bougie. Tomana exerce sur moi une irrésistible attirance. Personne ne se doute que derrière l'extravagance et la vanité de l'adolescente se cache douloureusement un désir viscéral de changement. Tomana semble détenir la solution. En sa compagnie, automatiquement et comme par enchantement, je me transforme. Pourtant, il parle de choses bizarres. Il fait des allusions mystérieuses au fascisme, au diable, aux francs-maçons. Il lui arrive de défendre des points de vue totalement opposés à mes idées, mais, au lieu de discuter, j'écoute, au lieu de me montrer, je me cache, au lieu de commander, je le suis. En fait, grâce à lui, je m'aime un peu plus.

Lorsqu'il est près de moi, au fur et à mesure que mes certitudes s'estompent, je me sens plus libre. Je ne suis plus obligée de courir après des idées, je n'ai soudain rien à prouver pour me sentir aimée. Un terrain nouveau s'ouvre à moi, celui de la relativité des idées, de la variété infinie des points de vue. L'effondrement de la tour d'ivoire de mes opinions – que Cléopâtre, l'école, les livres et la télé avaient distillées dans mon esprit au fil des ans – m'ouvre à un champ de liberté intérieure, à une nouvelle sensibilité, à la simplicité du silence. J'ai traduit pour Tomana une chanson de Bob Dylan, *Don't think twice, it's all right.* «Donne, je vais essayer. – Je reprends les cours demain, mais j'ai une heure entre la danse et le lycée. On peut manger ensemble. – On se retrouve au Mazet à midi, alors.»

En 1976, le Mazet est le lieu de rencontre des *buskers*[18]. C'est un petit café à l'angle du passage de l'Odéon et de la rue St-André-des-Arts où les marginaux se retrouvent pour bavarder, draguer, trafiquer, changer leurs pièces de monnaie en billets et boire de la bière. Il appartient à un curieux Henri que les rumeurs prétendent affilié au SAC[19]. Il est vrai qu'au Mazet se côtoient les hurluberlus les plus hétérodoxes des bas-fonds : à côté des touristes, de jeunes femelles en chasse et de pseudo-artistes anglophones camés, on peut y croiser des mercenaires qui ont « travaillé » en Rhodésie, des Malais trafiquants de *brown sugar*[20], des poètes communistes et des délinquants de tous gabarits. Tomana et moi venons y déjeuner tous les jours. Cela me laisse peu de temps pour aller du studio de danse jusqu'à l'École des enfants du Spectacle où j'arrive en retard à chaque fois. Je suis fatiguée, perturbée, perdue. Un jour, pour la première fois, je me confesse à Tomana : « Ce qui m'inquiète, c'est que je ne ressens plus de peine pour ma mère ; elle souffre et ça ne me fait plus rien. Avant je me couchais près d'elle pour pleurer moi aussi, mais maintenant, plus rien ! Pourtant c'est ma mère... je ne veux pas être comme ça ! C'est horrible ! »

Cléopâtre est en effet au bout du rouleau. Elle craque et j'assiste, impuissante, à son désespoir croissant.

18. Ceux qui font de la musique dans le métro.
19. Service d'Action Civique, association au service du Général de Gaulle puis de ses successeurs entre 1960 et 1981. Elle fut souvent qualifiée de police parallèle mais avait à l'origine pour but de « défendre et faire connaître la pensée et l'action du général de Gaulle. »
20. Héroïne d'une catégorie inférieure que l'on consomme par le nez ou en inhalant la fumée.

Maurice est parti définitivement. Son absence a jeté une malédiction sur notre petite famille qui s'effiloche inéluctablement. Nina n'est revenue des États-Unis que pour assister à ce drame auquel elle ne comprend rien. Notre mère s'abandonne fréquemment à des crises nerveuses spectaculaires. Je me sens de plus en plus absente, lointaine. Je suis plongée dans la découverte de ma propre croissance à travers mes passions pour la danse, pour la musique et maintenant pour un mystérieux Tomana, jalousement maintenu dans mon jardin secret. Je viens de réaliser que la vie de ma mère et de ma sœur sont des histoires distinctes de la mienne. Jusque-là, j'avais fusionné les deux. Entre les murs mansardés de ce sixième étage de la rue du Château, trois êtres liés par le sang et par la vie sont en train de devenir des étrangers l'un pour l'autre. Et personne ne pourra rien y faire.

Tomana m'a regardée tendrement. Il est amoureux et il me respecte. Depuis deux mois, nous nous rencontrons le plus souvent possible et il ne m'a jamais touchée. La première fois qu'il m'a tendu la main en souriant, le sang a afflué jusqu'à mon cœur. J'ai posé ma main dans la sienne. Jimmy vient de rentrer au Mazet pour nous rejoindre. Tomana ne répond pas à son salut, il me regarde en pressant doucement sa main dans la mienne. Sans commenter mes douloureux aveux, il dit tout simplement: «Tu viens avec moi, on va manger aux Balkans?» Nous sommes partis en courant comme des gamins à travers la rue St-André-des-Arts. Je sens la paume de sa main dans la mienne et le vent sur mes joues. Jimmy nous suit en poussant des gloussements hystériques.

Jimmy suit Tomana partout, depuis quelque temps et celui-ci l'a naturellement adopté comme esclave.

Jimmy a une case en moins. Un suicide raté : la balle du pistolet ne l'a pas tué, mais a emporté un petit bout de sa raison – on en voit la trace sur sa tempe droite. Il a l'air perpétuellement content quoique son rire ressemble à une vilaine grimace. C'est un homme petit, très laid, serviable comme un Quasimodo, mais dénué de la force et de la poésie de l'original... Il a gracieusement partagé son élevage de poux avec tout le monde. J'ai dû m'asperger de DDT pendant une semaine, tout en rassurant Cléo sur l'hygiène de mes fréquentations !

Jimmy voue un culte à Tomana qui en profite sans scrupules – tout ce qu'il désire, Jimmy se débrouille pour le lui procurer. Tomana a hérité du *mana*[21] de sa mère, une Polynésienne qu'il prétend avoir peu aimée. Effectivement, il semble se servir davantage de son pouvoir de séduction plutôt que de ses autres qualités... Son père, pilote de ligne à Air France, les a abandonnés pour se remarier avec une Josiane qui tient un hôtel à Paris. Un passé obscur dont Tomana parle rarement, par bribes éparses et confuses. Il s'est enfui à l'âge de 12 ans à bord d'un navire de la marine marchande et depuis slalome entre les maisons de redressements, la prison, l'héroïne, la peinture, les stations de métro et la guitare. Au cours d'un petit séjour aux Baumettes pour vol de parcmètres à Marseille, il s'est désintoxiqué de l'héroïne. De vagues rumeurs prétendent qu'il est devenu indic' pour les flics, mais je n'en ai jamais eu la confirmation. Maintenant, il a 22 ans, il vit à l'hôtel en purgeant une peine de liberté provisoire sous

21. Mot polynésien pour désigner la puissance spirituelle qui rassemble un groupe. Il s'agit d'une sorte de pouvoir charismatique.

la tutelle d'une vieille assistante sociale qui tente désespérément de le sortir de la délinquance. De son passé, il lui reste deux trésors : la photo d'un dessin à la craie et le souvenir de son ami Rudy. L'image représente un clown triste, merveilleusement expressif, une œuvre impressionnante que Tomana aurait confectionnée pour son père. Quant à Rudy, c'est un peintre marseillais, d'origine italienne ou tzigane, dont Tomana a fait son maître et son idole.

À l'École des enfants du Spectacle j'ai l'impression d'être retournée à l'âge de pierre. Après la liberté dont j'ai joui au lycée Montaigne, ce nouvel établissement – le seul à Paris dont les horaires soient adaptés à mes entraînements – me semble être un purgatoire. J'ai perdu tout intérêt pour quelque cours que ce soit. Petit à petit, mon entourage s'inquiète. Mon amie Nathalie Mazéas m'invite à passer une soirée chez son petit ami Oscar, un beau garçon argentin, peintre de père en fils. Paëlla, feu de bois, joints à profusion.

« Tu sais Myriam, je vais me faire opérer. J'avais peur d'être enceinte...

– D'Oscar ?

– Oui...

– Tu as couché avec lui ?

– Oui. J'avais plus mes règles. Mon ventre s'est mis à gonfler. Putain, j'ai eu la trouille ! Finalement le gynéco a trouvé un kyste à l'ovaire gauche. Il dit que c'est bénin, que tout ira bien. Je rentre à l'hôpital mardi. Dis, t'arrives tout le temps en retard aux cours. C'est qui ce type qui vient te chercher à l'école ? Tu es amoureuse toi, non ? »

Je lui raconte ma rencontre avec Tomana. « Fais gaffe Myriam ! Je le trouve bizarre ce mec. En tout cas, j'aime pas sa tête. Fais attention. Puis, tombe pas enceinte! Vous avez fait l'amour? – Non. Ça je ne veux pas.»

Mes problèmes scolaires ne s'améliorent pas. J'ai été renvoyée définitivement du cours d'anglais. De toute façon, je parle mieux anglais que la prof qui est une antisémite monstrueuse. Irina a convoqué Cléopâtre pour se plaindre de mon attitude de «cabotine». Toute la journée n'est que torture jusqu'au bref moment où je retrouve Tomana. Rien d'autre ne compte désormais.

La cour des Miracles

Quand on traîne dans la rue et dans le métro, on rencontre sans cesse des gens: les flics, les fous, les voyageurs, les charlatans, les médiums, les Tziganes, les mafieux. Serge est un peu le chef du couloir de Montparnasse, la place qui rapporte le plus. Personne ne travaille dans ce couloir sans sa permission ou celle de Tomana. Fils d'un militaire de carrière, Serge s'est rebellé depuis longtemps contre sa famille, bien que l'âge l'amène à ressembler de plus en plus à son père. Blond, une mèche raide à la Dave sur le front, habillé de noir – de rigueur chez les fortes têtes – Serge se prend suffisamment au sérieux pour épater la plupart de ses interlocuteurs. Si c'est une jolie jeune fille, c'est encore mieux. Il aime bien collectionner publiquement ses conquêtes. Tomana a accepté la pseudo-protection de Serge, une des rares personnes qu'il respecte. Bien qu'il se considère spirituellement supérieur à son aîné, il joue le rôle de second dans le maintien du monopole du couloir. Serge présente mieux, il parle bien, il a fait des études de philosophie, il connaît des gens importants dans les milieux d'extrême droite et francs-maçons, mais il n'aime pas se mouiller. Il sait que Tomana n'a pas peur de cogner, qu'il a un pouvoir mystique sur certains et qu'il connaît le langage des bas-fonds. Sans qu'il existe une amitié véritable entre eux, ils s'apprécient mutuellement. Serge m'aime bien sans approuver ma relation naissante avec Tomana et il m'approche avec prudence à cause de mon âge.

Manolo, lui, est gitan. Il est entré dans le lobby des *buskers* de Montparnasse de force. Il est le seul à avoir réalisé cet exploit. Sa femme, redoutable tzigane très basanée et fluette, s'est installée dans le couloir avec son joli bambin bouclé tout crasseux. Selon la règle instaurée, les musiciens ou mendiants de tous ordres réservent la place par tranche de deux heures et attendent le suivant avant de quitter les lieux. Pas de racket, mais un strict monopole. La gitane est devant nous en train de geindre : les voyageurs ne déboursent pas deux fois. Si Tomana est charismatique, il n'est pas gentil. Il a même un goût prononcé pour les rapports de force, en partant toujours du principe qu'il sera le gagnant. Il commence systématiquement par des manœuvres d'intimidation : c'est plus amusant, très rapide et moins risqué. Dans 95 % des cas, cela donne de bons résultats.

Tomana se plante donc devant la gitane et son bébé, debout contre le mur, s'appuyant sur l'éternelle caisse de guitare qu'il traîne partout. Il la fixe sans bouger avec un sourire cynique. Le rouquin a une tête à problèmes, mais la gitane est une coriace. Sans broncher, elle continue à gémir : « Dôné por lé pétit, dôné ! – Prends le petit, change de couloir ! » Accroupi près d'elle, Tomana lui parle tout bas en sifflant comme un serpent. La gitane baragouine nerveusement en kalo[22]. Elle comprend peut-être le français, mais elle préfère le cacher. De toute façon, Tomana et elle communiquent parfaitement. Le plus fort gagnera. Il se lève doucement et sort de sa poche un flacon en plastique. «Tiens, regarde. Tu sens? C'est de l'ammoniac pur.»

Il s'éloigne un peu de la femme qui se met à vociférer et il dessine tranquillement sur le sol un cercle toxique par petites gouttes autour d'elle. Hystérique, elle court chercher son mari. Tomana s'éloigne. Le couloir sera impraticable pendant un moment à cause des vapeurs d'ammoniaque. Cette arme chimique a empêché plus d'un mendiant indésirable de s'incruster à Montparnasse. La guerre est déclarée. Manolo arrive. Incarnation vivante d'un dessin d'Hergé, Manolo est la caricature d'un gitan espagnol. Toujours en pantalons hypermoulants, style torero, chemise synthétique à poix, un petit foulard noué autour du cou et des bottes pointues. Pour imaginer Manolo, fusionnez le général Alcazar avec Cyrano de Bergerac. Il renifle bruyamment et fréquemment. Manolo, si on ne le connaît pas, on préfère s'en passer. La fin de l'histoire est restée confidentielle. Ce que je sais, c'est que Manolo a réussi à voler la guitare de Tomana, a imposé le respect et obtenu son admission dans le couloir. Ils sont tout de suite devenus potes. S'il faut assurer dans un moment difficile, Manolo est là pour aider les copains. Tomana m'a offert le terrifiant flacon que j'ai gardé dans ma poche comme arme de défense pendant des années.

22. Nom de la langue gitane espagnole.

Parfois, les flics font des rafles dans le couloir. Ce fut le cas ce jour-là. Serge et Tomana ne jouaient pas, ils savaient qu'une patrouille arrivait. « Vos papiers ! » Je ne me sens absolument pas concernée. Les autres donnent leur carte d'identité comme s'il s'agissait d'un ticket de métro. Je n'ai pas ma carte d'identité sur moi. J'ai juste une carte orange. « Vous vous appelez comment ? Qu'est-ce que vous faites ici ? Vous avez quel âge ? Vous venez avec nous au poste. – Mais, je ne fais rien d'illégal ! Je suis en train de bavarder avec mes amis ! Je ne suis pas obligée de me promener avec mes papiers ! – Mais si Mademoiselle, depuis que vous avez 12 ans, vous devriez avoir vos papiers d'identité sur vous. »

Les flics m'embarquent, moi seule, jusqu'à un commissariat du quinzième arrondissement. Ils fouillent mon sac, je me sens humiliée. Mon cartable contient pêle-mêle justaucorps en nylon, collants, chaussettes, chaussons pointes, pinces à cheveux. Ayant trouvé mon nom, mon adresse et mon téléphone dans le Bottin, ils m'ont relâchée.

L'engrenage

Le printemps est arrivé tôt en 1976. Sans doute les prémices de la canicule. Tomana et moi flânons autant que possible entre Montparnasse et le Quartier latin. Nous flirtons un peu. Tomana prend tout son temps pour que je ne lui résiste plus, le moment venu. Cléopâtre commence à poser des questions. Je lui mens, réponds évasivement et sèche les cours. Tomana loge dans la chambre 14 d'un petit hôtel de la rue de la Gaîté. Un modeste établissement propre et tranquille, tenu par un vieux couple de retraités qui pensent, comme tout le monde, que je suis majeure. Depuis deux jours, je passe l'après-midi avec lui au lit. J'arrive vers 11 heures, je repars à 18 heures. La première fois qu'il m'a déshabillée, il était assis derrière moi. Sous mon gros pull, qu'il fait passer par-dessus ma tête, la robe bleue, sans manches. Je l'ai mise pour lui. Il admire mes épaules. Et il me caresse doucement le buste, la poitrine, le ventre. Très doucement. Très progressivement. Lui-même ne se dévêt pas. Je n'ai pas peur, mais je pense : « Surtout ne pas aller jusqu'au bout ! » Attentive, je le laisse faire sans rien entreprendre. Le temps file. Chaque journée passe vite, comme par enchantement. Trois jours après, me voici nue près de lui. Il m'a montré sa verge, il m'a expliqué comment elle fonctionne. Tout est très simple, doux, intime. Il s'allonge sur moi. Je murmure : « On ne peut pas, je pourrais tomber enceinte. – Ne t'en fais pas. Je sais faire attention. Fais-moi confiance. »

J'ai eu l'impression qu'une balle en caoutchouc venait d'éclater, après quelques secondes de résistance. Comme la porte d'une forteresse qui tombe sous les coups de bélier, une douleur aiguë mais très brève. Bientôt, je me sens envahie de bonheur. Je suis soudain grande. Le sentiment timide de la petite fille fait place à l'instinct de la mère. Il est dans mon corps, je le protège, je l'enveloppe, c'est moi qui le prends. Dans l'ombre des heures tièdes, j'oublie tout ce qui n'est pas lui, tout ce qui n'est pas ici et maintenant. Les sensations elles-mêmes deviennent difficiles à cerner, tellement ma conscience s'est mêlée à nos corps. Tomana m'a offert le meilleur de lui-même. Quoi qu'il arrive, je sais que c'est rare. C'est l'âge d'or. Jamais je ne me suis sentie aussi heureuse. Même mes préoccupations filiales ont cessé de me faire culpabiliser, j'ai totalement débranché du cauchemar familial. Le mystérieux objectif que je cherche depuis toujours se rapproche. Finalement, ce n'était pas la danse. C'est sûrement l'amour.

Minuit et quart. L'hôtel ferme ses portes à minuit et demi. Tomana rentre tous les soirs avant le couvre-feu. Je suis montée avec lui chercher ma besace. Il m'embrasse, me retient. Je m'agite à cause de l'heure. Je descends. Trop tard, impossible d'ouvrir la porte de sortie. Je suis coincée à l'intérieur. Tomana est content, son piège a fonctionné. Pas moyen de dormir, j'angoisse. Cléo m'a toujours laissé une grande liberté. Souvent, de retour des spectacles donnés par la troupe, je rentre vers quatre ou cinq heures du matin alors qu'elle dort profondément. Mais cette fois, elle attend dans ma chambre. Je suis plutôt ponctuelle d'habitude et j'appelle si j'ai du retard. Nina dort. Ma mère se rappelle que ces derniers temps je suis bizarre, irritable, distante, absente, pressée, distraite. Tous les symptômes d'une passion dissimulée. Une cigarette, deux cigarettes, trois, le cendrier est plein de mégots, toujours personne dans la rue, personne dans l'escalier. L'insoutenable calme plat des attentes nocturnes. Cléo fouille dans mes papiers, cherchant une piste avant d'appeler la police. Dans un des tiroirs de mon bureau, un petit carnet chinois noir est à moitié rempli de gribouillis au Bic bleu ou noir. La première page commence par « *Chère Lili* », c'est mon journal avec tous les détails depuis la rupture de Pierre jusqu'à aujourd'hui. Coup de massue. Ma mère ignore presque tout de moi, l'être qui lui est le plus cher se révèle être une proche inconnue. Elle entre en guerre. L'agressivité lui redonne de la force.

Elle adore cette fille aînée qui va réaliser tout ce dont elles ont rêvé ensemble. Elle l'a élevée pour ça. Et ce n'est pas encore un *mec* qui va tout gâcher. À part quelques rares exceptions, les hommes sont des salopards libidineux sans scrupules. Ce petit voyou doit être pire que tout. Un musicien raté qui traîne dans le métro.

Il est 5 heures du matin. Le téléphone sonne dans la petite chambre de l'hôtel. Tomana répond. Le nœud dans mon estomac se serre encore jusqu'à provoquer une souffrance lancinante. Le séisme qui couve depuis des mois va-t-il sévir cette nuit? Qu'en attendre d'autre que la destruction, la douleur, la calamité? Tomana a délibérément provoqué cette crise, mais, devant la teneur du désastre, son teint commence à jaunir. Ses lèvres se pincent, les muscles latéraux de sa mâchoire marquent le battement rythmique de ses nerfs. De l'écouteur du téléphone sort une voix stridente. Il me demande de sortir de la chambre. L'escalier de l'hôtel est recouvert de moquette bleue. Tout le monde dort. Je m'assois sur une marche, la tête entre les genoux. Les larmes commencent à couler. À 14 ans, folle amoureuse et passionnée, me voici comme une inculpée qui attend le verdict du jury.

Tomana me rappelle, il est blême: «Ta mère est chez Josiane, ma belle-mère. Elles nous attendent.» La confrontation promet. L'hôtel est lugubre à 6 heures du matin. Un grand établissement ni trop luxueux ni trop glauque, mais un peu louche. Cléopâtre attend, toutes griffes dehors, assise sur le sofa de la réception. Josiane a pris la situation en main; c'est une femme de tête, élégante, au sang-froid remarquable. Sous la pellicule de courtoisie, il est difficile de discerner sa véritable personnalité. Tomana l'aime bien. Josiane semble être le seul membre de sa famille qui le considère encore un peu. Au premier regard, Tomana et Cléopâtre se haïssent. Cléo est très belle, mais très seule. Tomana est un machiavélique manipulateur d'émotions. Entre la mère et l'amant de la fille naît une ambiguïté malsaine : ils sont sur la même longueur d'onde, ils se battent et leur duel est plein de rage. Josiane les conduit prudemment en haut, dans son appartement personnel. Les négociations commencent. J'affirme ma fidélité en me collant à Tomana. Épuisée, j'observe la scène à travers le brouillard de mon trouble émotionnel.

Tomana s'est accoutré d'une veste à épaulettes en velours vert bouteille cintrée à la taille qui lui sied mal. Elle lui donne une apparence anachronique mal assortie à sa barbe, ses cheveux, ses sabots danois noirs. Il est extrêmement tendu. Pour la première fois, je le trouve laid. Mon amour inconditionnel pour cet homme ne m'empêche pas d'observer la nouvelle facette qu'il révèle ce matin. Le félin séducteur cache un vilain serpent. Il se sent acculé, mais il veut la fille. Il a tout misé sur elle. Sans elle, il perd son repère principal, sa source vitale. Tomana manipule son entourage, mais il ignore son propre objectif. Il est lui-même la première victime de sa fascination. Cette fille l'aime, envers et contre tous, pour le meilleur et pour le pire. Il n'a jamais rien connu de semblable. Il n'a rien d'autre. Il ne la lâchera pas. Josiane sert de médiatrice entre lui et Cléo. Si tout le monde pouvait ressortir de chez elle satisfait de l'accord établi, ils lui ficheraient la paix à l'avenir. Ce Tomana, fruit du premier mariage de son ex-mari, lui a déjà causé assez de tracas. S'il pouvait se caser,

Sans domicile fixe

Il pleut des cordes. Trempés, Tomana et moi errons depuis des semaines d'hôtel en hôtel, cherchant un havre pour notre amour. Il nous faut deux cents francs par jour pour vivre : cent pour le toit et cent pour manger, boire et fumer. Deux heures dans le couloir de Montparnasse suffisent en général, mais parfois les gens passent sans donner un sou. Ils déboursent pour une seule chanson, il ne faut surtout pas varier. Il y a des jours où rien ne marche, et je ne parle pas des rafles. Serge chante en boucle *Here comes the sun*, notre rengaine à nous, c'est *Emmène-moi, mon cœur est triste et j'ai mal aux pieds.* Je tiens le chapeau en chantant. Je suis une des meilleures pour la quête. Parfois, je travaille pour d'autres *buskers.* Quand une fille tient bien le chapeau, on gagne plus du double.

Nous nous installons à l'hôtel Saint-Jean, rue du Roi-de-Sicile. Le patron est un arabe alcoolique qui se fout de la qualité du service dans son établissement. Les inconvénients ont leurs avantages : si on apporte du matériel de cuisine dans une chambre, personne ne réagit. Nous avons enfin trouvé un lieu pour vivre paresseusement notre lune de miel. Le soleil d'été a plombé Paris. Les gens traînent en cherchant des points d'eau. Les rues, les terrasses, le métro et les queues de cinéma sont les terrains de chasse des saltimbanques. Il y a DD le fakir qui se coud les yeux, se perce les joues ou les biceps avec des aiguilles à brochettes en acier inoxydable ; Fifi, grande perche imperturbable avec son chapeau haute-forme noir, qui avale nonchalamment les lames de rasoirs ; Zénon qui se promène avec un ouistiti sur l'épaule gauche ;

Vincent, sympathique musicien irlandais dont la peau est recouverte de psoriasis ; Henri et son orgue de Barbarie qui arrondit ses fins de journée en faisant le gigolo sur les terrasses du Flore ; Louis, voyant de quatre sous qui « symphonise » pour un public pété au haschich en jouant toujours la même note sur une guitare. Il y a aussi les barbouzes de Mitterrand qui traînent au Mazet avec leurs potes du Front national. Nous connaissons tout le monde, les mercenaires, les mendiants, les flics, les politiciens, les voleurs, les dealers, les religieux, les putains, les romanichels, et le professeur Choron, qui sillonne parfois le Quartier latin avec la bande de *Hara Kiri*. Désormais, je fais partie de cette faune hétéroclite qui oscille entre le vieux rêve californien des *flower children* ou le crime et la déchéance de la cour des Miracles.

Par ce temps de canicule d'août 1976, Paris est devenu une île tropicale, on peut même faire du bateau-stop. Tomana et moi passons des heures au lit. Quand nous ne trainons pas au Quartier latin, nous mangeons des pêches par kilos et nous nous arrosons en hurlant de rire avec des seaux d'eau qui inondent le plancher – le lit dégouline sans que cela dérange qui que ce soit. Sur les mélodies lancinantes de Dylan, Leonard Cohen, Pink Floyd, ou Joe Cocker, nous lisons Henry Miller et Castaneda, et nous fumons des joints en faisant l'amour... Tomana pleure sur la chanson *C'est pas facile d'être amoureux à Montréal* du groupe québécois Beau Dommage. Je lui caresse doucement les cheveux. Il dévoile parfois un coin de sa vie sans donner de suite chronologique à son récit. J'ai arrêté de prendre la pilule, on verra bien. Lors de nos vadrouilles, nous suivons le hasard qui nous conduit à des rencontres inattendues ou dans des salles de cinéma qui passent des séries B ou X, des westerns, des policiers ou des films de karaté. Nous ne regardons même pas les titres.

Nous étions allés voir un western dans un cinéma du boulevard Sébastopol, quand Tomana m'a frappée pour la première fois. Le film est fini. Il me chuchote un truc que je ne comprends pas, il répète, sa mâchoire se crispe, tout à coup, son bras se détend. Le poing fermé laisse dépasser la phalange du doigt majeur afin que le coup soit pénétrant. Il vise juste derrière mon épaule, à la jonction de l'articulation, un point particulièrement douloureux. Je le regarde avec les larmes qui coulent déjà. Je ne bronche pas. Les jours passent. J'essaye de renouer des rapports amicaux avec ma mère. Tomana m'accompagne chez elle, nous offrons un petit chat à Nina. La rencontre tourne au vinaigre. Cléo me frappe, Tomana frappe Cléo. Je ne l'ai jamais vu comme ça : il est bizarre, haineux, pervers, et je suis enceinte.

Afin de me protéger des décisions légales de ma mère, je demande la protection d'un juge pour enfants. On me met sous la tutelle du juge Flamand. On me dit de rendre visite à une assistante sociale chaque semaine, mais je n'y vais pas. Un matin, je me réveille dans un lit plein de sang, sans réaliser tout de suite que je fais une fausse couche. Chaque jour, je perds plus de sang. Je vole des draps à l'hôtel que je déchire pour absorber l'hémorragie. Je souffre de violentes contractions, je suis pâle, et Tom est devenu distant, méchant. Il affirme que je feins d'avoir mal. Un gynécologue a refusé de me soigner à cause de mon âge, alors je n'essaye plus. Peu à peu, je guéris, mais notre lune de miel s'est transformée en une véritable traversée de l'enfer. Comment lui que j'aime, qui a été adorable depuis un an, peut-il se comporter à présent comme un démon ? Son regard glacial s'est durci, il ne joue plus de musique dans les couloirs du métro. Il s'assied par terre et regarde passer les gens en les insultant.

Une fois, dans un wagon, une contrôleuse nous a demandé notre ticket de métro. Nous lui avons donné tout de suite notre carte d'identité. Elle était touchée car nous lui avions souri. Elle nous a rendu nos papiers sans nous pénaliser. Dès qu'elle est partie, Tomana a allumé un joint qu'il venait de rouler devant une passagère. Soudain, il a donné un coup sec sur la fenêtre du wagon, qui a volé en morceaux. Sa bonne humeur a refait surface quand il a constaté les dégâts. Il était fier. Nous sommes descendus à la station suivante sans que personne ne nous dise rien. Pour nous habiller, nous volons dans les magasins. Nous sommes experts en la matière. Un jour, au BHV, Tom s'arrête devant une petite vendeuse blonde, pose la caisse de la guitare au sol et, s'appuyant nonchalamment dessus, lui sourit délicieusement : « Je voudrais voler des pantalons, comment est-ce que je peux faire ? » Mademoiselle BHV, sous le charme, tourne la tête à droite et à gauche et chuchote : « Mettez-vous dans la cabine d'essayage, mais faites vite, mon collègue est parti déjeuner et il revient bientôt ! » Nous avons emporté deux pantalons noirs en velours côtelé. Lors de nos déambulations, nous rentrons parfois voir ce qui se passe dans les sectes en vogue. Je suis portée sur le mysticisme mais je n'ai rencontré aucune religion qui me convienne : les Enfants de Dieu sont sympathiques quoiqu'un peu simplets, les scientologues se croient clairs alors qu'ils sont nerveux, les Hare Krishna cuisinent bien, mais sont trop folkloriques. Je les mets à l'épreuve pour tester leurs théories. C'est tellement facile de les désarçonner, de les amener à se contredire ou de les énerver, que pour moi c'est devenu un exercice ludique.

Le patron du Saint-Jean nous expulse car il y a plus d'un mois que nous n'avons pas payé la chambre. Sans argent ni domicile, nous nous postons devant la gare Montparnasse. Une fille nous propose de venir chez elle, nous devons la rejoindre à 22 heures, rue Delambre. En chemin, nous trouvons un caddie de supermarché abandonné en pleine rue. Je monte dedans avec les bagages, Tom pousse l'engin en courant. La fille nous a posé un lapin. Soudain, je me rappelle que mon père possède un atelier dans cette rue. Nous y allons et par l'escalier de bois qui mène aux ateliers, j'arrive à me glisser à l'intérieur par la fenêtre. Il n'y a personne. Nous nous installons pour la nuit. De bon matin, une Walkyrie à l'accent germanique prononcé nous réveille brutalement : « Qu'est-ce que vous faites ici, qui êtes-vous ? » J'explique à la déesse teutonne que je suis la fille du propriétaire. La Walkyrie exige des preuves. Après un interrogatoire minutieux, elle me croit. Elle travaille pour mon père et couche avec lui, bien entendu. Elle appelle Laszlo à Hajduszoboszlo en Hongrie. Il lui demande de nous loger au château de Ravenel puisque nous sommes à la rue.

Là-bas, je retrouve le fantôme de mon père, qui est pourtant bien vivant. J'avais toujours imaginé Ravenel, selon les descriptions de ma mère, comme un zoo pittoresque : une chienne dalmatienne sourde, une renarde apprivoisée et des pigeons dans les chambres, tout en haut. Par amour pour les chevaux, Laszlo les sauvait de l'abattoir. Maman m'avait aussi dit qu'il rentrait à cheval dans le château et montait les escaliers sur sa monture. Je suis ravie d'habiter ici, un rêve devenu réalité ! J'adore les arbres, la terre, le ciel, les chevaux, et leur proximité. Trois jours plus tard, Walkyrie nous prie froidement de partir : je suis mineure et je n'ai aucun document indiquant que je serais émancipée. Il ne nous reste plus qu'à retourner à l'hôtel de la Gaîté.

Tom a réussi à charmer une jeune blonde qui ressemble à la Vénus de Botticelli avec ses longues boucles dorées et ses seins menus. Odile a 15 ans, elle est douce, blanche comme la neige et d'une virginité intégrale ; même ses pensées sont celles d'une innocente pucelle. Elle est fine comme un roseau, presque maigre et tout à fait docile. Elle vient de rater le train qui part de la gare Montparnasse. Tomana l'a envoûtée facilement. Je ne savais plus comment lui rendre sa bonne humeur et retrouver notre bonheur d'antan. Pour payer la chambre d'Odile, je vends mon superbe manteau afghan soixante francs. Tomana est fanatique des filles nubiles et vierges, il ne parle que de cela, de séduire de nouvelles filles.

J'assiste passivement à la scène dans un coin du lit, tandis que Tom déshabille Odile et la caresse exactement de la même façon qu'il l'avait fait avec moi un an auparavant, dans la même chambre. Il est transfiguré, sa beauté régénérée. L'innocence et l'abandon d'Odile le touchent profondément. Les heures passent sans qu'aucun des deux ne remarque ni ma présence ni mes larmes. Je ne ressens aucune animosité envers la jeune fille ni envers mon amant, je pleure la perte de mon enchantement. Je ne trouve pas de solution à ma situation et reste suspendue à l'espoir que l'amour revienne, à force de m'y consacrer avec dévouement. Odile a disparu le lendemain. Je ne l'ai jamais revue.

Steiner, le manager de Laszlo, est venu à Paris sur la demande de mon père pour nous emmener en Hongrie. Ayant complètement oublié que j'étais sous la tutelle du juge Flamand, j'ai demandé à ma mère mon passeport. Elle me l'a donné, espérant que mon père me sauverait, mais nous avons été arrêtés à la frontière : un juge marseillais avait émis un mandat d'arrêt contre Tomana et moi, j'étais recherchée par le juge de Paris. Steiner a continué seul vers la Hongrie, Tomana a été transféré à Marseille. Après vingt-quatre heures passées sur une chaise au poste de police, on m'a placée dans un foyer pour mineurs à Metz.

Depuis que je vivais dans la rue, j'avais vu des dizaines de mineurs qui se droguaient, se prostituaient, vivaient de vol ou de deal. Les autorités ne faisaient pas grand-chose puisqu'ils ne savaient pas où les mettre. Je m'estimais en meilleure forme que les autres, je n'étais pas héroïnomane et j'avais encore un peu de jugeote malgré tout. Dans un squat à Paris, des filles de 13 ans se shootaient avec la même aiguille, qu'elles avaient un mal fou à introduire dans leurs bras troués comme des passoires. J'étais partie de là en courant car l'odeur de la drogue combinée à ce que je voyais me donnait envie de vomir. Au foyer de Metz, les jeunes étaient relativement satisfaits de vivre ensemble parce que chez eux, de toute façon, c'était abominable.

Cléopâtre est venue me chercher trois jours plus tard. Nous nous sommes rendues à la convocation du juge Flamand, au Palais de justice de Paris. Il m'a demandé mon nom et a saisi un énorme dossier posé au sommet d'une pile sur son bureau. « Tout ça pour moi ?» me suis-je exclamée en éclatant de rire. Cléo s'est joint à mon fou-rire. Nous avons dû faire un effort surhumain pour juguler notre amusement inapproprié. Le juge Flamand ne plaisantait pas et il avait hâte d'en finir avec les deux cinglées que nous étions. L'affaire fut réglée en quelques minutes et Cléopâtre est redevenue ma mère aux yeux de la loi. Par contre, Tomana était dans de beaux draps. Il était en détention préventive aux Baumettes pour tentative de viol, ce qui était impossible car il était avec moi à Paris à la date des faits qu'on lui reprochait (un de ses vieux amis l'avait dénoncé pour épargner le véritable coupable).

Décidée à sauver mon homme et au grand désespoir de Cléo, qui essayait tant bien que mal de me remettre sur les rails, j'ai loué un appart minable, avenue Ledru-Rollin, à un couple qui travaillait dans les sex-shops de la porte de Clichy. L'immeuble était sinistre (c'était une ancienne prison), il y avait encore des grilles sur les fenêtres des escaliers, l'atmosphère étouffante, les chiens des voisins hurlaient à la mort tous les jours. J'ignorais ces signes, maintenant, tout allait redevenir merveilleux. Tom se remettait en question dans ses lettres. Il avait pris conscience des injustes traitements qu'il m'infligeait, il regrettait, tout allait changer, il m'aimait. Je savais qu'il reviendrait puisqu'il était innocent. J'astiquais mes illusions de bonheur en frottant vigoureusement les murs crasseux et tordus du sinistre studio. Irina avait essayé de me convaincre de revenir au cours de danse, les écoles proposaient de m'inscrire à nouveau, mais l'amour est aveugle.

Quand Tom est revenu, j'étais folle de joie, nous nous sommes installés avenue Ledru-Rollin et nous avons repris notre place à Montparnasse. Deux mois plus tard, je suis à nouveau enceinte et heureuse, prête à tout et pleine d'espoir. Quelques jours après le test, j'ai fait une fausse couche et Cléo m'a fait hospitaliser pour un curetage. Je me suis réveillée sur un brancard poussé par une infirmière. J'ai voulu me lever, j'ai dit : « Bon, c'est fini, je m'en vais », mais finalement je suis restée à la clinique où on a autorisé Tomana à rester près de moi. Les infirmières le plaignaient : il souffrait de violents maux de tête et avait l'air plus malade que moi. En revanche, elles ne supportaient pas que je me pavane dans les couloirs dans une vaporeuse chemise de nuit transparente – je refusais de porter le pyjama qu'elles me proposaient et me pavanais dans les couloirs comme une Elizabeth Taylor en pleine chasse. Avant de me relâcher, le médecin me supplia de prendre la pilule pendant au moins trois ans.

Tom et moi lisons *Aï GüO*, un petit livre de science-fiction érotique de Claude Sourdoire, hymne utopique à l'amour et à la sexualité libres de tout concept. Nous adoptons ce roman, il sera notre bible tantrique. Tomana veut devenir le héros, lui aussi, d'une épopée sexuelle mystique. Cette fois, je joue le jeu activement. Sophie vient tous les jours avec ses copines boire un pot au Mazet. Nous devenons amies. Elle a des cheveux magnifiques, le teint blanc, de petites lèvres charnues et des gestes nerveux. De taille moyenne, elle dégage ce mélange charmant d'insécurité et de maladresse typiques de certaines adolescentes. Son corps méditerranéen, taille étroite et hanches généreuses, respire la fraîcheur. Tomana me suggère de lui offrir de jeunes vierges, comme on le ferait à une divinité capricieuse. Sophie est imperceptiblement attirée par mon mystérieux compagnon. Tomana est toujours patient quand il faut conquérir, inexorable et résolu comme l'araignée qui tisse une toile.

Sophie nous rejoint en cachette de ses parents autant qu'elle le peut. Elle perd sa virginité exactement de la même façon qu'Odile et moi. Elle est tellement amoureuse de Tomana que son père se rend compte de quelque chose et la fait suivre par un détective privé. Dans l'intervalle, Tomana est redevenu despotique et cruel avec moi par intermittence. Cléo me prévient, nous avons la police à nos trousses : Sophie a tout raconté à ses parents. Nous déménageons dans la petite chambre de bonne du 149 boulevard Montparnasse. Pendant que je transporte nos affaires toute seule en métro, je rencontre mon ancien petit ami, Éric P. J'éprouve une sensation étrange, comme si le doux écho d'une autre réalité voulait me rappeler.

Sophie négocie avec ses parents pour qu'ils ne portent pas plainte. En échange, elle promet de ne plus jamais nous voir. C'est le début de notre déchéance. Nous glissons inexorablement vers le désastre le plus profond. Tomana me torture : il passe chaque jour de l'extrême bonté à la perversion la plus cruelle. Et puisque je ne gagne pas assez en mendiant dans les rues, il organise des cambriolages minables chez des particuliers pauvres. Quand il le peut, il vole aussi ce qu'il trouve chez les gens qui nous invitent gentiment chez eux. Je lui suis totalement soumise, je n'approuve rien de tout cela, mais une force étrange m'attache à lui. Je suis engluée dans son piège. Les jeunes filles passent par notre lit puis disparaissent, nous laissant seuls dans notre cauchemar. Même de cela, Tomana commence à se lasser.

Serge, le «chef» du couloir de Montparnasse, est en pleine effervescence. Il a inventé un pouvoir imaginaire qui dominerait les méandres du métropolitain ; il espère que les âmes crédules se laisseront appâter. Il rêve de réussir et de percer grâce à son expérience de la rue. Indubitablement le roi du métro, il parvient à intéresser un groupe de journalistes avec son histoire sur les bons, les brutes et les truands de la bohème. La conjoncture ne peut être meilleure : les balayeurs de la RATP sont en grève. Le scoop est vite trouvé pour Serge : «Les Buskers en ont marre, ça pue, alors ils balayent.» Nous devenons casseurs de grève ! Drôle d'idée, mais ça marche, nous avons notre photo dans les journaux, balai en main. Serge réussira à publier un livre, *Les Buskers*, chez Robert Laffont.

La sombre histoire

Tomana ne veut plus travailler. Ni musique, ni casses, rien du tout. Il a décidé que je devais subvenir à nos besoins, alors je mendie tous les matins, du haut de la rue de Rennes jusqu'à Denfert-Rochereau. Des hommes qui pourraient être mon père m'abordent presque tous les jours pour me proposer un autre type de cachet. Je refuse systématiquement, mais cela intéresse Tomana qui parle vaguement de m'y obliger. Un jour, le visage baigné de larmes, je suis entrée dans les locaux de France 3, errant dans les couloirs à la recherche d'un sauveteur. J'ai eu de la chance, j'en ai rencontré un : Guy Saguez, le réalisateur de la série télévisée *L'inspecteur mène l'enquête*. Il m'a demandé pourquoi j'étais dans un tel état et m'a donné un peu d'argent ; par la suite, il nous a engagés ponctuellement, Tomana et moi, comme figurants dans plusieurs de ses films. Quand je ne mendie pas, je vole des livres chez Gibert Jeune, que je revends dans leur propre magasin. C'est comme ça que je suis tombée sur un livre de Chögyam Trungpa, *Au-delà du matérialisme spirituel*. Je l'ouvre, lis quelques pages, j'ai l'impression que l'objet de ma quête est résumé dans ce livre qui décrit ce qui se passe en moi comme si j'avais été scannée. Je le dévore, je le relis, je réfléchis en silence. J'ai décidé que je deviendrai bouddhiste le plus tôt possible et que j'irai en Inde.

Quelque chose en moi a toujours su que j'étais née pour découvrir quelque chose. Quoi ? Je n'en savais rien et c'était une torture que de ne pas même pouvoir définir ce que je cherchais. Danser m'avait rapprochée de mon intuition, comme si une porte s'ouvrait. J'ai cru ensuite que l'amour de Tomana était ma voie, mais mon erreur est vite devenue flagrante. Quand j'ai ouvert le livre de Trungpa, c'est comme si un flash très puissant avait implanté une certitude en moi : ce que je devais trouver, ce que la danse me montrait naturellement, c'était le Dharma, la nature de mon esprit et le moyen de le réaliser.

Lorsqu'il ne me suit pas afin de me surveiller, Tomana reste au lit à dessiner, à lire ou à compter les mouches. Il est devenu très exigeant, rien ne le satisfait jamais, la moindre contrariété est sujet de querelle. Plus je me plie à sa volonté, plus il conçoit de caprices pour me soumettre. Il me bat parfois, m'humilie, me menace. Je suis docile, pas comme ma mère aux États-Unis. Un soir, en pleine crise, je suis tellement terrorisée que je dépose un saladier en verre sur une plaque électrique allumée. Le récipient explose dans un fracas assourdissant, se répandant en débris dans toute la pièce. Je hurle de toutes mes forces et je me mets à trembler. Tomana siffle comme un serpent. Il a eu peur lui aussi. Il me tire violemment par les cheveux et me gifle parce que décidément, je suis bien trop distraite et maladroite.

Nous allons parfois aux Puces, le week-end, pour vendre des objets volés. À la porte de Vanves, nous rencontrons Jasmine, une fugueuse de 14 ans, Algérienne. C'est une gentille fille, petite, jolie et bien en chair, avec de longs cheveux noirs roussis au henné et une peau cuivrée. De temps en temps, elle s'enfuit du foyer où elle vit pour se promener jusqu'à ce que les autorités la repêchent. Jasmine passe quelques jours chez nous, dans la minuscule chambre de bonne. Elle fait l'amour avec Tomana sans le moindre complexe, comme si c'était la chose la plus naturelle du monde. Curieusement, par sa présence simple et sereine, Jasmine instaure un cessez-le-feu dans notre ménage. Tomana est plus calme. Soulagée, je respire et je profite de cette nouvelle compagnie. J'aimerais bien que cette petite reste avec nous, que la tranquillité dure. Quand nous rentrons du café un matin, Jasmine n'est plus là. Elle a laissé un petit billet gentil, bref et léger comme son passage. Ce sera la dernière femme à partager notre intimité.

Une bestiole transparente comme un minuscule crabe se promène sur le bras de Tomana, c'est un morpion. Une colonie de ces parasites s'est concentrée exclusivement sur sa nuque. Il se rase tous les poils du corps, cheveux, barbe, mais pas les sourcils. Pas un seul morpion n'est venu sur moi. Le comité des locataires du 149 boulevard du Montparnasse exige que nous quittions l'immeuble. Je sais que Laszlo possède plusieurs ateliers abandonnés à Paris. L'un d'entre eux est situé rue de la Tombe-Issoire. Comme mon père refuse de me donner les clefs, malgré mes demandes répétées, je décide de le squatter. Bien que délabré, c'est un superbe espace de 100 m^2 recouvert d'une immense verrière, avec une mezzanine, une cuisine et d'autres pièces au rez-de-chaussée. Tomana et moi nous installons dans l'atelier avec Mimi, ma nouvelle petite chatte noire et blanche. C'est l'hiver, il faut bourrer la salamandre de combustible pour dégeler l'atelier. J'achète le charbon en face de chez mon frère, Jean-Pierre Szabo, que j'ai enfin réussi à rencontrer ! Il habite dans un des ateliers de notre père, surplombant le marché de la rue Daguerre, un univers magique, caché dans les replis de Paris. On se croirait dans une cabane au cœur d'une forêt scandinave, chez des Lapons modernes ou des artistes californiens. Des mosaïques à la Gaudi, des estampes orientales, des tissus multicolores, des photos, des sculptures, des instruments de musique, une gigantesque carapace de tortue, des peaux de bêtes sauvages ornent les pièces dans une confusion extraordinairement colorée et lumineuse ! Habituée à ne jamais le trouver chez lui, j'ai sursauté lorsque Jean-Pierre a ouvert la porte :

– Qui êtes-vous ? Que voulez-vous ?

– Je suis ta sœur, enfin, je suis une fille de Laszlo. Myriam. C'est incroyable ce que tu lui ressembles !

Je ne peux détacher mes yeux de mon nouveau frère, tellement sa ressemblance avec notre père me fascine. Jean-Pierre a une belle voix, veloutée, chaleureuse et enthousiaste. « Ah ! Rentre ! Rentre ! Oui, oui ! Laszlo m'a parlé de toi ! Ça tombe bien, justement,

Yana est là. Tu vas connaître une de tes sœurs par la même occasion. D'une pierre deux coups. Ah ! Ah !»

Une jolie brune me salue du haut de la mezzanine, au fond de l'atelier, avant de descendre nous rejoindre. Elle est grecque et la propriétaire d'un des ateliers de la rue de la Tombe-Issoire. C'est donc ma voisine. Le grand cerisier dans le jardin a été planté par notre père pour célébrer sa naissance. Un cerisier pour elle, pour moi un caoutchouc. Jean-Pierre et Yana n'ont pas l'air surpris de rencontrer une demi-sœur. Je passe un moment agréable avec eux en oubliant mes malheurs et en occultant les mauvais traitements que m'inflige Tomana.

Je viens d'avoir 17 ans. Mimi est devenue ma consolation. Je dorlote cette petite chatte aux yeux émeraude comme si c'était mon enfant. Elle me rend mon affection et me suit partout. Notre jeu favori, c'est une grosse boule de papier que je lance du haut de la mezzanine ; Mimi se précipite vers elle avec une expression de panique indescriptible et la rapporte le plus vite possible, puis elle attend que je recommence ce manège. Notre histoire d'amour est devenue mon tendon d'Achille et Tomana l'exploite en martyrisant Mimi avec de l'eau glacée ou à coups de pied. C'est ainsi que je me lie avec les voisins. Inutile de commenter l'enfer de notre vie, ils ne connaissent que trop les cris, le vacarme des objets cassés, les pleurs qui résonnent dans la cour commune. Personne n'ose interférer dans ce drame privé ; parfois une petite tasse de café accompagnée de biscuits me permet de me détendre quelques minutes pendant que Tom s'isole de plus en plus. Il n'exige plus de filles, mais exprime souvent sa déception que je ne ramène pas un inconnu à la maison. Il lui arrive de me menacer pour que je le fasse, mais je ne cède pas, pas encore. Un jour, c'est lui qui ramène un homme à la maison. À peine est-il entré que Tomana se met à lui taper dessus ! Le type n'a rien compris et s'est enfui, terrifié.

Un matin glacial de janvier, une buée blanche s'échappe de nos bouches. Tomana fulmine : depuis une demi-heure, j'essaie en vain d'allumer le poêle à charbon. Je ne sais jamais à quel moment va se déclencher cette violence qui le submerge. Il me frappe brutalement avec les pieds d'une chaise, je suis toute noire du charbon que j'avais dans les mains. Comme d'habitude, je me recroqueville en fœtus et je pleure abondamment en poussant des piaillements hystériques. Mon corps sécrète probablement un analgésique naturel car je ne souffre pas des coups. Mon martyre, c'est de ne pas comprendre, ma blessure, que *lui*, mon grand amour, se retourne contre moi. Comment peut-il m'aimer et me battre aussi cruellement ? Je n'arrive pas à croire que ce soit lui. Est-il possédé ? Ma raison chavire. Je doute de moi-même, de lui, mais aussi de ce monde dans lequel je suis née et qui est devenu à mes yeux un asile d'aliénés. Il s'est calmé. Ses crises augmentent progressivement en intensité, mais heureusement elles durent rarement plus de vingt minutes. Après, il redevient tout doux. Je pleure en me lavant le visage devant le miroir. Comment un corps humain peut-il déverser autant de larmes ? Je frotte une tache de charbon sous mon œil. Rien à faire, la peau reste noire. Je me contemple de plus près : le visage rouge, ravagé par les émotions et les doutes, les cheveux hirsutes, des cernes profonds, surtout à gauche... Ça gonfle, c'est un hématome. Le lendemain, avant de sortir, je me dissimule derrière mes cheveux. Une nouvelle fossette me creuse la joue pour toujours.

Un beau matin, Laszlo débarque sans prévenir. Nous dormons encore sur la mezzanine. De là, à travers la baie vitrée, on peut contempler le cerisier enneigé du jardin et le ciel froidement ensoleillé. J'ai le sommeil léger. Il gravit les marches. « Eh ! Il y a quelqu'un ? Rrréveillez-vous ! C'est Laszlo. J'avais dit que je ne voulais pas que vous veniez ici ! » Attila est furieux. Il déteste Tomana, mais il ne s'est jamais trop mêlé de mes affaires, même si je pense qu'il aimerait me prêter secours. « Viens ! On va prrendree lé pétit déjeuner. » Tout en redoutant qu'il nous expulse, je suis contente de voir mon père. Avec lui, le monde devient fantastique. Au bistrot, il me fixe de ses yeux sombres. Ce regard me déroute, c'est comme s'il déshabillait mon esprit, comme s'il voyait absolument tout en moi. C'est très différent du charisme ambigu de Tomana. Tous les deux, mon père et moi, on se regarde vraiment. « Je vais avoirr bésoin de cet atelier. Alors, on va fairre comme ça : vous occupez le rrez-de-chaussée, le rreste, c'est pourr moi. Faut pas toucher. »

Il me raconte ensuite des histoires de sa vie en ignorant la présence de Tomana : « Quand j'avais l'école rue du Montparrnasse, j'ai laissé une bande de jeunes Hollandais dormirr là pendant quelques jourrs. Ils sé drrogaient. Ils étaient tous allongés parreterre comme ça, tous gagas. Pouis, une fille magnifique marrchait. Une déesse blonde avec des grrands cheveux. On voyait son corrps carr elle porrtait une chemise trransparrente sans rrien en dessous. Et bien, les types drrrogués, ils l'ont même pas rregarrdée la fille. Ils voyaient rrien du tout ! C'est terrrible la drrogue ! »

Laszlo est reparti le jour même. Un ami de Jean-Pierre Szabo est passé nous voir peu après.

Impressionné par ce qu'il s'y passait, il a surnommé l'atelier «la Sombre histoire».

Paule et Christine sont lesbiennes. Elles ont besoin d'un endroit pour «crécher», alors nous les hébergeons. Elles sont hyperdynamiques, très volontaires et féministes. Devant Tati, rue de Rennes, Christine fait la manche avec moi. Je suis ravie d'avoir une compagne aussi joviale. Elle se balade en stop, le plus souvent seule, à travers toute la France; elle n'a peur de rien. J'essaie d'analyser ma propre situation. Retourner chez ma mère, reprendre la danse? Non, je ne peux pas revenir en arrière. En attendant, j'observe attentivement certains gestes, les mots que Christine emploie. Elle est peut-être barge, mais rapide, maligne; son indépendance farouche est une inspiration.

Tomana a retrouvé Sunny, un dealer malais qu'il a connu plusieurs années auparavant, en lui passant des messages à travers ses compatriotes. Les Malais sont efficaces, discrets et dangereux. Sunny propose un deal à Tomana: «Toi bien gagner argent, moi te faire très bon prix *brown sugar*, pur, très bonne qualité. Toi couper avec lactose et vendre double. Comme ça, tu payes pas haschich, mais toi pas prendre *brown sugar*! Bon vendeur pas prendre, après, accroché!» Sunny est petit, mais les larges articulations de ses mains puissantes et la souplesse de sa posture bien centrée trahissent l'expert en arts martiaux. Il est intelligent et très prudent.

La mafia orientale est solidement implantée dans Paris. Elle dissimule ses activités illégales derrière des commerces tenus par des familles de réfugiés respectables. Sunny pense que Tomana peut lui être utile s'il n'est pas trop camé. Pour le contacter, il faut dessiner un soleil sur le panneau publicitaire d'un abribus. Il se manifeste quand il veut. De sombre, l'histoire devient ténébreuse : Tomana se replie encore davantage sur lui-même, passe des journées entières au lit. Les conseils de Sunny ont abouti au résultat inverse : nous sniffons le *brown sugar* avant de le couper, quand il est encore pur, et les visites des amis deviennent de plus en plus rares. Seul le fidèle Marc B., dont la présence calme Tomana, vient encore.

Marc est grand, très beau avec ses longues boucles brunes, ses yeux vert noisette, sa voix grave, son éternel accent parigot et son sourire coquin. Fils d'un boulanger du faubourg Montmartre qui le maltraitait, il a quitté la maison à 14 ans. C'est un garçon aux émotions incontrôlables, à fleur de peau, avec un cœur en or. Marc a bourlingué, il connaît la vraie castagne, la méchante. Tom et lui partagent la passion des arts martiaux et du dessin. Leur complicité est née d'anciennes vadrouilles, de bagarres mémorables et surtout de cet inoubliable épisode « initiatique » souvent rappelé par Marc : « On voyageait en stop, Tom et moi. Un soir Tom jouait d'la guitare. Je lui ai demandé de m'enseigner. J'savais pas sortir une note. L'air le plus sérieux du monde, Tomana me tend l'instrument et il me dit : "Prends la guitare et joue !" Incroyable le mec ! J'ai pigé, et maintenant je joue ! »

Je passe des heures entières avec Marc. Il m'enseigne sur des tablatures des morceaux complexes à la guitare sèche de J.-J. Cale et de James Taylor. Témoin de mes malheurs, un voisin propose de m'aider, mais je refuse en le remerciant : je dois m'en sortir par moi-même, je ne suis pas encore libre. Au cours d'une de ses crises, Tomana donne un coup de poing dans une des fenêtres de l'atelier. Il me montre sa main ensanglantée : « C'est de ta faute ! C'est toi qui me fais faire ça ! » Il a raison, c'est à moi d'agir, à moi de rompre le cercle vicieux où nous sommes enfermés.

J'ai mis des années à comprendre quelle était ma participation dans notre scénario de dupes. Un jour, sous LSD, je tombe sur un évangile qui traîne dans la maison. Une phrase attire mon attention : « On reconnaît l'arbre à ses fruits. » J'ai pensé : « Voilà une bonne méthode pour distinguer sans préjugés la sagesse de la folie : chercher les fruits. » Un lent processus de libération s'est enclenché. Claude, un ami écolo, un idéaliste au cœur d'or, reste parfois dormir à l'atelier. Tomana s'arrange pour qu'il dorme avec nous, dans notre lit qui est assez grand pour trois. Il insinue qu'il aimerait que je couche avec Claude. Cette fois, ce n'est pas un étranger, Claude est amoureux de moi, c'est pour ça qu'il vient si souvent. Je l'aime bien aussi, et les rapports sexuels avec Tomana sont devenus pénibles. Je n'ai jamais connu d'autre homme que lui, alors pourquoi pas ? En sandwich entre les deux hommes, je me colle à Claude qui a saisi le message : Tomana a tout manigancé, donc tout va bien. Claude me caresse doucement les cheveux et le visage. Il se penche pour m'embrasser, mais à peine nos lèvres se sont-elles effleurées que la voix de Tomana siffle : « Tire-toi avant que je te casse en petits morceaux ! » Comme il estime qu'il ne réagit pas assez vite, Tomana se lève et lui assène de violents coups de poings. Claude s'enfuit.

Yana vient de louer son atelier (mitoyen au nôtre) à un couple de lesbiennes avec deux enfants. Avec les loyers, elle va pouvoir vivre en Inde. Chaque matin, en faisant les courses, je me jure de ne plus rentrer à la Sombre histoire. Je suis presque libérée. Au retour d'une transaction avec Sunny, nous rencontrons dans un wagon du métro aérien Rosario, une Colombienne enjouée qui bavarde avec une copine. Tomana leur sourit et demande : « Tu ne sais pas où je pourrais trouver du shit ? » Les filles se marrent en espagnol. « Viens chez moi, je te donne mieux ! De l'herbe, de la colombienne compressée. »

Rosario habite à cent mètres de chez nous. C'est une petite brune débordant de tempérament. Elle a un délicieux accent sud-américain : « Tiens. Voilà un peu, mais demain matin je t'en ramène plus si tu veux. » Chose promise, chose due, Rosario rapplique le lendemain matin avec une grande bouteille de Coca-Cola – elle est accro. Nous sommes encore couchés. « Voilà ! Cadeau ! dit-elle en déposant dix grammes d'herbe compressée sur la table. Je viens de rencontrer un Français, très beau, je l'adore. Je suis vraiment amoureuse. Je vais lui parler de vous et vous vous arrangerez. Moi je ne vends pas. » Quelques jours plus tard, nous rencontrons Jacques chez elle, un beau garçon de 22 ans, brun, qui ressemble à Willem Dafoe, avec de grands yeux bleus et une bouche sensuelle.

Il parle posément, d'une voix grave. Il écoute très attentivement ce que lui dit son interlocuteur. Un type intelligent et honnête, qui rentre immédiatement dans la catégorie des « respectables » pour Tomana. Rodolphe, le grand ami de Jacques, n'a pas cette chance : à la première occasion, Tomana lui pique une grosse quantité de shit dans sa propre maison, presque sous son nez. Les deux dealers sont potes, ils économisent pour acheter une maison dans les Cévennes. Jacques dort parfois chez Rosario. Depuis qu'il nous avance du shit, je vais souvent les voir pour prendre la marchandise. Je parle avec eux de Tomana. Pour la première fois, je m'ouvre à quelqu'un. Je me sens en sécurité avec eux.

Un peu plus tard, je fais la connaissance de Jean-Paul qui arrive du Laos. De tous les junkies que j'ai connus, c'est certainement le seul qui soit resté honnête, malgré son grave degré de toxicodépendance. Même défoncé à mort, Jean-Paul conservait une certaine dignité. Tomana a fait sa connaissance au bar-tabac au croisement de la rue de la Tombe-Issoire et du boulevard Saint-Jacques. Jean-Paul buvait un demi avec sa femme thaïlandaise, c'est lui a entamé la conversation :

– Dis, tu ne saurais pas où je peux trouver de la blanche ?

– Si, mais c'est du *brown.*

– À la bonne heure ! Je m'appelle Jean-Paul ! Qu'est-ce que tu veux boire ?

Jean-Paul consomme au moins un gramme par jour. C'est énorme. Il se shoote devant le lavabo, parfois je dois le soutenir pour qu'il ne s'écroule pas sur la seringue enfoncée dans son bras. Sa femme me supplie de ne pas révéler que je l'ai vue sniffer en cachette, elle est enceinte. Jean-Paul nous raconte ses aventures en Extrême-Orient où il a vécu quinze ans ; il lui arrive d'interrompre son récit en plein milieu d'une phrase parce qu'il pique du nez sous l'effet du « fix[23] ». Il avait fondé une famille au Laos avec une femme qu'il adorait. S'étant absenté pour quelques jours en Thaïlande, il n'a plus jamais revu sa femme ni sa fille : le Laos était en guerre et on ne pouvait plus traverser le Mékong. Depuis, il se shoote à mort.

23. Dose de drogue destinée à être injectée.

C'est un grand barbu au nez aquilin et aux lèvres fines, sympathique et très maigre. Frank Zappa en rouquin. Je l'aime beaucoup et mon cœur se serre de le voir dans cet état.

Un matin, alors qu'il dormait au rez-de-chaussée, Tomana a commencé à me frapper. Jean-Paul est arrivé immédiatement, à poil, les cheveux en pagaille. Il a brandi une chaise sur la tête de Tomana en hurlant : « Tu la lâches ! Tu la laisses tranquille ! » Tomana s'est calmé sur-le-champ alors que Jean-Paul est un gringalet dont il pourrait ne faire qu'une bouchée avec sa pratique des arts martiaux. Quelques minutes après, ils sont à nouveau les meilleurs amis du monde. Jean-Paul-du-Laos, comme je l'appelais, est le seul qui m'ait protégée, parmi les nombreux témoins des brutalités dont j'étais l'objet. Lorsque j'ai raconté cet épisode à Rosario, elle m'a dit avec son véhément accent colombien : « Quitte-le ! Il est fou, il va te tuer. » Je n'ai rien répondu.

Au début du printemps 1979, je travaillais avec un Anglais, un des meilleurs *buskers* de Paris, sur les terrasses de café du boulevard Saint-Michel. Tomana nous suivait pour nous surveiller. Lawrence chantait bien, c'était un jeune homme très brun, très poilu, calme et stable. Nous nous entendions bien, trop bien. Un soir, il est venu dormir à la Sombre histoire et Tomana a exigé que je couche avec lui en sa présence. Cette fois, j'étais d'accord. Il nous a laissé faire jusqu'au bout ; ensuite il s'est recroquevillé sur lui-même, comme un vieillard rongé par la jalousie.

Ça y est, je suis libérée, je sors de mon cocon, j'ai la sensation qu'un grand vent vient d'enterrer mon passé. Depuis que j'ai fait l'amour avec un autre homme, Tomana a perdu son pouvoir sur moi. Le lendemain, Lawrence et moi avons chanté sur la terrasse du café de Flore, mais sentant venir l'orage, il a décidé de quitter Paris pour continuer son voyage. Il me raccompagne à la Sombre histoire. Tomana traîne derrière nous, à deux cents mètres environ. Nous le semons délibérément et en chemin, je raconte mon histoire à Lawrence. Nous arrivons près du métro Saint-Jacques. «Tu ferais mieux de me laisser ici, Tomana ne doit pas être loin. Je vais le quitter, je ne sais pas encore où aller, mais voici l'adresse de ma mère. Si tu reviens à Paris, appelle-moi. Tu as un stylo ?» Je m'appuie contre un tronc d'arbre pour écrire. Il s'approche de moi pour lire ce que je note, prend la feuille de papier et part. Je marche vers l'atelier quand j'aperçois soudain Tomana qui fonce vers moi. Prenant son élan, il saute et me lance ses deux pieds sabotés dans le ventre, ce qui me coupe la respiration. Ensuite, pendant que je suis allongée par terre, en pleine rue, il me bourre de coups de poing et de pied. Il a cru que j'embrassais Lawrence, que nous nous enlacions contre le platane.

Quelques jours après, c'est Philippe, l'éboueur, qui dort chez nous. Sous un prétexte absurde, un de plus, Tomana m'arrose de chocolat au lait et me frappe. Philippe tente timidement de le raisonner, mais Tomana n'a jamais été hors de lui à ce point. Il referme la trappe de la mezzanine et la recouvre avec un matelas. Il veut me couper les cheveux avec une lame de rasoir. Philippe a peur de lui, mais il craint que Tomana ne me tue. Pour la première fois, je hurle, je me défends sauvagement. Nous dévastons la chambre. Je suis concentrée sur un seul point : il ne me coupera pas les cheveux ! Je n'ai plus peur de lui. C'est curieux que je réagisse ainsi pour mes cheveux alors que jusque-là rien n'avait réussi à me faire bouger. Philippe réussit à ouvrir la trappe encore une fois. Il tremble : « Tomana, calme-toi ! Arrête, s'il te plaît ! Je t'en supplie, arrête ! – Fous-le camp ! – Regarde autour de toi, il y a du sang partout ! »

Ces paroles nous ramènent à la réalité. Tomana est en slip et c'est vrai, il y a du sang partout. Je ne sais pas d'où ça vient, je regarde mes mains, j'ai une profonde coupure sur le dos de la main droite. Tomana se calme instantanément, la lame de rasoir est dans sa main, un verre cassé gît sur le sol. Qu'est-ce qui m'a coupée, la lame, le verre ? C'est fini. Le lendemain matin, je sors pour aller faire la manche et les courses, comme d'habitude. Tomana dort. Je me demande quoi emporter ? Pas de sac, il pourrait regarder par la fenêtre et soupçonner quelque chose. J'ai peur, je ne sais pas où aller. Il me reste vingt centimes dans mon porte-monnaie. J'embrasse tendrement Mimi, que je dois abandonner. La chatte pourra se réfugier chez les voisins. Je prends mon carnet d'adresses afin que Tomana ne puisse pas me retrouver et je quitte sa vie pour toujours.

Le vaste monde

En quittant Tomana, le monde s'est ouvert devant moi. Je n'avais rien, pas le moindre projet, mais je me sentais heureuse, neuve, vivante. Je n'avais ni besoins ni inquiétude. Maman, que je suis allée voir, m'a donné des vêtements et un peu d'argent, mais pas question de retourner chez elle. Tomana allait me chercher et il passerait certainement voir si j'étais chez ma mère. Jacques et Rosario m'ont mise à l'abri chez un oncle de Rosario, Luis Caballero, un peintre colombien célèbre, qui m'a accueillie dans son grand atelier tout blanc, rue d'Alésia. Il écoutait de l'opéra en peignant des nus d'hommes de deux mètres sur trois et déclarait que j'étais la seule femme qu'il pouvait supporter.

Rosario, Jacques, Rodolphe et moi avions prévu de passer quelques jours à la campagne, en Normandie, dans la forêt. Je les attendais dans un café pour mettre au point les détails du départ quand j'ai vu à la table à côté de la mienne Éric, le garçon dont j'étais amoureuse au lycée ! Il m'a invitée à partir le jour même au Val-de-l'Eau, en Picardie, lieu de nos ébats innocents quand nous étions au lycée Montaigne. Pendant les jours qui ont suivi, je suis entrée dans un état de conscience particulier : je pouvais deviner ce que pensaient les gens avec qui je parlais ; si je lançais des fléchettes, elles tapaient toutes dans le mille ; si un objet tombait, je voyais sa chute au ralenti ; je pouvais le rattraper avant qu'il ne touche le sol. Je n'avais aucun projet, aucun désir, aucun regret.

Cet état n'a duré que quelques jours, un état extrêmement réel, comme un rêve extralucide, dont la source était ma propre perception des choses. Les coïncidences se succédaient au quotidien. J'avais l'impression d'avoir sauté dans une autre dimension. Je ne ressentais aucune haine contre Tomana, seulement encore une trace de peur. Je me sentais heureuse alors que rien ne laissait présager un futur rassurant. J'expérimentais un nouvel état de conscience, un potentiel s'était développé spontanément en moi. Ma blessure à la main droite était profonde, elle aurait dû être suturée, mais c'était trop tard. Je trempais ma main tous les jours dans du

Synthol et j'essayais de ne pas trop l'utiliser pour ne pas empêcher la cicatrisation.

Après deux jours merveilleux au Val-de-l'Eau, je suis partie en Normandie avec Jacques, Rodolphe et Rosario et nous avons partagé une « araignée rouge », sorte de LSD. Le « trip » s'est déroulé alors que nous marchions en forêt. Il faisait froid, le ciel était dégagé, la forêt immense et nous nous sommes perdus. Mon esprit s'est retrouvé en osmose avec la nature, j'ai lâché prise. Plongée au cœur des éléments, j'ai contemplé pendant des heures le ciel, le feu, les arbres, les pierres, en écoutant leur message qui me parlait de sagesse, de la source de l'énergie, de la mort, de la vie. Je ne me rendais pas compte de ce qui était en train de se produire à mon insu : Jacques était tombé amoureux de moi et Rosario, dont c'était l'anniversaire, fulminait de jalousie ; Rodolphe assistait à la situation sans y participer. Je n'avais rien vu venir. Je me fondais dans l'univers tout en étant le centre d'une pièce de boulevard.

Le lendemain, n'ayant encore rien compris, je me demandais pourquoi Rosario se comportait de façon étrange. Je m'étais réveillée tôt pour me promener en forêt. Jacques m'a rejointe et nous avons traversé un verger de pommiers dans lequel broutait tranquillement un cheval. Nous communiquions intensément, étions sur la même longueur d'onde. Je crois que j'étais pour lui un objet de fascination qui le laissait entr'apercevoir une issue vers autre chose. À notre retour, Rosario a attrapé un papillon vivant entre ses doigts, elle m'a regardée et a dit en le déchiquetant : « Toi, tu vas payer pour tout le monde. » Nous avons rejoint Paris plus tôt que prévu et Jacques m'a donné la clef de son studio car je n'avais nulle part où aller.

Lui est resté chez Rosario. C'est le lendemain que notre histoire a commencé.

Tomana m'adressait des graffitis dans le métro, d'énormes messages d'amour: «Reviens Myriam, je t'aime!» auxquels Rosario ajoutait des insultes: «*Myriam, puta, cabrona!*» Ne réussissant pas à me retrouver, après avoir essayé de cambrioler Cléopâtre sans succès, Tomana s'est attaqué à toute ma famille et à tous mes amis dont il a systématiquement dévalisé les domiciles. Jacques y avait échappé car Tomana le respectait et ignorait que je vivais là. Un jour, il est passé pour acheter du shit et c'est moi qui ai ouvert la porte. Le choc! J'ai accepté de sortir pour lui parler. Il me suppliait en pleurant de revenir vivre avec lui. Je ressentais de la peine pour lui, mais j'étais ailleurs, je n'avais plus peur. Le même homme qui, un mois plus tôt, me tyrannisait, n'avait plus aucune prise sur moi. Une semaine après, il nous a cambriolés.

Jacques et Rodolphe dealaient du hasch pour acheter leur maison. Un autre ami s'est joint à notre cause, Franck, qui, lui, vendait de la blanche qu'il ramenait d'Afghanistan. Nous faisions pot commun pour la maison, pas pour le commerce, car Jacques et moi ne voulions pas toucher à l'héroïne. Je suis retournée danser chez Irina, j'ai fait des petits boulots alimentaires et je me suis plongée compulsivement dans des livres sur le bouddhisme. Avec l'accord de Laszlo, nous nous sommes installés provisoirement à la Sombre histoire, Franck, Rodolphe, Jacques et moi. Mimi, ma chatte noire et blanche adorée, est revenue. Elle avait vécu chez les voisins depuis ma désertion soudaine, mais m'a reconnue dès mon retour. Mon père m'a chargée de vendre l'atelier. Il me donnerait une commission de 10 % sur la vente.

Le projet de partir vivre à la campagne m'enthousiasmait. Je voulais changer de vie, ne plus entendre parler de drogue, me rapprocher de la nature. Je voulais ressentir la douceur de la vie au lieu de me heurter sans arrêt contre les murs de la jungle urbaine, d'autant que l'une de nos dernières aventures dans le monde glauque des dealers avait failli se terminer très mal : trois voyous armés nous avaient braqués pour de l'argent. J'avais joué la fière au péril de ma vie pendant que Jacques tremblait de peur. Ils s'étaient finalement enfuis avec ce que nous avions comme argent liquide, après nous avoir ligotés avec des câbles électriques. Pour la maison, je pensais au Portugal, on disait qu'on y trouvait des moulins à vendre, mais Jacques préférait rester en France.

Au mois d'avril, nous sommes partis prospecter à moto dans les vallées auvergnates. Il faisait terriblement froid. Près de Thiers, nous nous sommes arrêtés dans un champ, près de la route, pour nous reposer. Nous espérions trouver un endroit où dormir. Nous avons croisé un homme d'environ 50 ans, aux cheveux blancs, et une jeune femme blonde aux joues toutes rouges. Le type nous a lancé : « Bonsoir ! Bienvenue, on vous attendait ! » C'était René Papon, l'inventeur de la fourche-bêche, un jardinier hors pair et un magicien de la terre. Il vivait en communauté avec une femme et quelques jeunes à qui il enseignait l'agriculture biologique. Ils nous ont invités à dîner et à dormir gratuitement chez eux.

Papon cultivait son potager comme un véritable artiste, il connaissait les plantes qui s'entraident, celles qui repoussent les parasites, la meilleure façon de les disposer pour que l'ensemble soit harmonieux et pour que les aliments restent purs et vivants. Il nous a fait visiter son potager, parsemé de sentiers recouverts de sciure de bois afin d'éviter la boue. «Vous voyez ce potager circulaire? Eh bien, chaque légume est disposé en fonction de sa compatibilité avec la rangée suivante, jusqu'au centre qui abrite les plantes les plus fragiles. Regardez cette grosse plante ici, qui délimite tout ce cercle; elle éloigne les taupes. C'est un code naturel qui dit aux taupes: ici pas de terriers!»

Le dîner était simple. Au menu: carottes, lentilles et pommes. Chaque légume était succulent, extraordinaire, le meilleur repas de ma vie. Je n'aurais jamais cru qu'une carotte pouvait avoir un goût si délicat. Jacques était aux anges, il s'intéressait beaucoup à l'agriculture, à l'artisanat et au compagnonnage. Cette rencontre nous a comblés et nous a permis de récupérer. Le matin, à l'aube, Papon et son amie ont pris un bain glacé dans le torrent près de chez eux. Dans ce royaume, il y avait une menuiserie, des chèvres, un atelier de peinture, du matériel pour l'artisanat, et une immense bibliothèque. C'était une oasis fantastique et harmonieuse, mais nous devions poursuivre notre voyage. Nous sommes repartis vers les Cévennes. Jacques et moi avons commencé à nous disputer. Il voulait que je change, que je pense autrement, que je parle autrement. Il avait raison sur certains points mais je ne savais que faire. Il me reprochait surtout de dire des inepties lorsque je parlais du bouddhisme. Nos divergences grandissaient au fur et à mesure et mon caractère exubérant reprenait le dessus.

Nous sommes rentrés bredouille de notre périple à travers la France. Nous avions rencontré des gens incroyables, merveilleux, un ermite qui caressait des abeilles, des communautés de jeunes aventuriers qui vivaient en autarcie dans la montagne, des villages abandonnés reconstitués par des agriculteurs écolos, mais nous n'avions pas trouvé la maison de nos rêves, pour la somme dont nous disposions. Tout était trop cher et nous ne voulions plus acheter en commun avec Rodolphe et Franck, ce qui diminuait évidemment notre budget. J'ai continué à chercher. J'ai finalement repéré une annonce dans le *Journal des alternatives* : une grange était à vendre en Ariège, les propriétaires cherchaient des candidats à leur goût. J'ai reçu une réponse positive, ma lettre avait été sélectionnée. Jacques et moi sommes donc descendus dans les Pyrénées, chez Luc et Brigitte, au domaine des Mandratères.

Après le col du Port, nous avons cherché notre route dans la brume épaisse, en suivant des chevaux sauvages qui se promenaient, libres de tout enclos. Nous avons trouvé la fameuse grange. Elle était très abîmée, il fallait refaire le toit, mais les propriétaires étaient sympathiques et les montagnes alentours nous avaient conquis. Nous l'avons donc achetée. En attendant que La Coume – c'était le nom de notre future maison ! – soit habitable, nous pouvions occuper une minuscule mansarde, au-dessus de la réserve à outils. On y tenait tout juste, couchés sur un matelas. Aux Mandratères, on vivait à la dure : pas d'électricité, pas d'eau courante, pas de chauffage, exception faite de la cheminée. Loin de nous effrayer, l'austérité de ces montagnes sauvages nous attirait mystérieusement.

Jean-Pierre, mon demi-frère, venait d'avoir un fils. Depuis que je vivais avec Jacques, nous étions devenus de proches amis. Il nous a aidés à trouver un acheteur pour l'atelier de Lazlo, et nous sommes partis nous installer en Ariège. Comme convenu, j'ai reçu les 10 % de la vente, juste assez pour les travaux et un grand voyage. Quel bonheur de quitter enfin Paris ! Irina m'a invitée à participer à une tournée en Corée, en me promettant plusieurs solos. Jacques a essayé sans succès de me convaincre de refuser cette proposition, mais plus jamais aucun homme n'entravera mon chemin. J'ai accepté le contrat pour la Corée avec joie, je montais régulièrement à Paris pour les répétitions, l'hiver approchait, la tournée était programmée pour la fin de l'année. Le Brig était l'invité officiel du gouvernement sud-coréen. À notre arrivée à l'aéroport, la presse nous attendait. Je jubilais en découvrant les villes et les villages entre Pusang et Séoul avec mes deux amis, Pavel, le chanteur, et Mika, le musicien. Les Coréens nous contemplaient en levant la tête avec curiosité car tous trois nous étions des géants pour eux. Nous buvions jour et nuit du thé ginseng et du champagne. Ce voyage a représenté une parenthèse ludique dans ma vie, en renforçant ma conviction que la liberté, sa propre liberté, est primordiale. En effet, les Coréens du Sud étaient soumis aux mauvais traitements de la police. Le gouvernement maintenait le couvre-feu arbitrairement. Sous une démocratie de façade, j'ai vu la souffrance d'un peuple opprimé. À mon retour de tournée, Jacques était fâché et il neigeait en Ariège. Nous ne pourrions commencer les travaux qu'en été. Du jour au lendemain, nous sommes alors partis en Inde pour trois mois, un voyage qui a changé définitivement le cours de ma vie.

Le pays de Siddharta

Fin janvier 1980. Jacques et moi venions d'arriver à Delhi, vaste monde d'odeurs et de couleurs. La vie, en perpétuelle union avec la mort, semblait tout imprégner dans ce pays. Nous n'avions pas eu le temps de nous préparer au choc du dépaysement. Le mercredi, nous étions encore en Ariège en train de parler d'un hypothétique voyage et le samedi nous voilà dans l'avion avec 3 000 francs en poche et un minuscule sac pour deux. La ville semblait terne et morte à notre arrivée. Il faisait nuit, nous distinguions dans les rues des corps endormis, enroulés dans des tissus de coton. On aurait dit une ville fantôme. Le lendemain matin, en jetant un coup d'œil par la fenêtre de la chambre d'hôtel, je me suis rendu compte que Delhi était une fourmilière. Les rues grouillaient d'une foule multicolore très active. Des millions de détails nous fascinaient littéralement : une vache à cinq pattes, un lépreux, un vendeur de thé, le regard sombre et lumineux d'une belle femme en sari multicolore, un sadhu le corps enduit de cendres, accroupi par terre, le croassement des vautours dans le ciel...

Nous sommes sortis, avec un mélange de panique et de curiosité, découvrir la densité de cet univers cru. À côté des cireurs de chaussures et de leurs incroyables poudres à astiquer, des « cureurs d'oreilles », des rickshaws et des masseurs en tout genre, des familles entières demandaient l'aumône aux touristes, des enfants squelettiques couraient pieds nus sur la terre battue, entre les poubelles, les vaches, les loirs... Impressionnés, nous sommes passés une fois encore devant l'office du tourisme – nous le cherchions depuis des heures pour nous procurer une carte de la ville – sans le voir.

Nous avons déambulé quelques jours dans Delhi avant de partir pour Agra, la ville du Taj-Mahal, la capitale des sultans moghols, où un rickshaw est parvenu à nous convaincre de le prendre pour guide.

Il nous a conduits dans des bouis-bouis populaires, nous a appris à manger les ragoûts piquants avec notre main droite tout en préservant sous la table la propreté de la main gauche, réservée aux ablutions intimes, nous a raconté l'histoire de Ganesh, le dieu à tête d'éléphant... Cela revenait un peu cher – il prenait des bakchichs de tous les côtés – mais sans lui, nous n'aurions pas trouvé ces coins pittoresques, exempts de touristes.

Après Agra, nous avons fait route vers le sud (Bombay) dans un vieux train à vapeur, atterrissant dans un wagon de troisième classe bondé. Heureusement, une ambiance animée égayait ce long, très long, voyage de trente-six heures à travers l'Inde. Une aventure épuisante et incroyablement poussiéreuse : les paquets de beedies circulaient, les chants folkloriques et religieux s'élevaient dans le wagon, d'innombrables colporteurs venaient offrir leurs multiples services. On ne pouvait pas marcher. Le sol était jonché de gens assis. Tel un acrobate, il fallait se frayer un chemin au-dessus des bancs si on voulait atteindre les toilettes – dans un état de saleté incommensurable. Un couple d'Indiens nous avait généreusement offert une place auprès d'eux, sur un porte-bagages, tout en haut du compartiment. Ils avaient eu pitié de nous en nous voyant, affolés, debout devant la porte et évidemment incapables de nous intégrer dans cette jungle sur roulettes. Ils ne connaissaient pas un mot d'anglais, mais à force de gesticulations, Jacques et le mari se comprenaient et semblaient même parfaitement s'entendre. La femme quant à elle, m'a silencieusement montré comment enrouler ma longue chevelure en formant un nœud, sans aucune épingle...

Tout ce petit monde se montrait joyeux et animé, malgré les conditions de voyage effroyables, partageant la nourriture, parlant entre eux comme s'ils se connaissaient depuis toujours, chantant fréquemment ou bien jouant aux cartes. Bombay m'a semblé être une ville plus agressive que Delhi, plus mouvementée, asphyxiée par les nombreuses voitures, les commerces, la prostitution et la mendicité. Encore une fois, nous sommes tombés sur un guide hors du commun (il me rappelait Dustin Hoffman dans le film *Macadam Cowboy*) qui nous a orientés dans le labyrinthe effrayant des faubourgs. Ce Dustin-là dégageait une sorte d'honnêteté et d'énergie qui nous incitaient à lui faire confiance. Autodidacte, il connaissait son job parfaitement et profitait de ses contacts avec les étrangers pour apprendre les langues européennes. Il connaissait déjà le français, l'allemand et l'anglais. Sur un petit carnet qu'il avait toujours dans sa poche, il notait les réponses aux questions qu'ils posaient à ses clients pour enrichir ses connaissances. En Inde, j'ai eu l'impression que ceux qui se cultivaient par eux-mêmes étaient ceux qui finissaient par s'en sortir...

J'avais proposé à Jacques d'aller visiter des coins retirés, loin des circuits touristiques, mais il avait peur. Tandis que lui rêvait de « vraies » vacances tropicales, de sable chaud, de soleil et de mer, je ne pensais qu'à Siddhârta Gautama, le Bouddha historique, né 2 500 ans avant moi à la frontière de l'Inde et du Népal. Nous avons coupé la poire en deux. Nous sommes d'abord allés à Goa, dans les terres rouges de l'Inde catholique portugaise, pour nous prélasser sous les cocotiers. Là-bas, j'ai appris à marchander, à cuisiner avec de l'huile de coco et à devenir paresseuse. Après Goa, direction Katmandu où nous avons rejoint ma sœur Yana, pour que je puisse satisfaire ma quête spirituelle. Yana nous a recommandé de louer une maison à Bodhnath, l'un des principaux sanctuaires bouddhistes de la région. Nous la partagions avec deux élèves de Chokyi Nyima Rinpoché : Dan, un Américain excentrique déguisé en yogi, et Simon, un oculiste britannique, réservé, sérieusement engagé dans sa pratique. Après ce voyage, j'ai mieux compris ce que Trungpa appelle le « matérialisme spirituel » : de nombreux Occidentaux, qui étudient sérieusement le bouddhisme tibétain, paraissent développer une mystique exacerbée par des accoutrements folkloriques, se vantent de leurs expériences spirituelles, comme s'il s'agissait d'un jeu. Ce n'était pas du tout le cas de Simon qui devint mon interlocuteur principal sur la philosophie bouddhiste et une sorte d'exemple.

Dans les champs qui entouraient encore le stūpa de Bodhnath, avant que le village ne se soit progressivement transformé en grande ville, la chaleur montait. Il y avait des serpents venimeux et certains chiens errants qui mordaient avaient la rage. Jacques était au supplice. Il ne s'intéressait à rien de tout cela et détestait ce coin poussiéreux dénué du moindre confort. Moi, au cœur de la communauté tibétaine, j'étais aux anges. J'aimais profondément ce village de pagodes, de cloches et de divinités qui surgissaient du sol en brandissant des épées. Mon imaginaire voguait avec aisance dans l'espace de la folle sagesse des yogis itinérants. Tout cela semblait représenter mon vrai monde à moi...

Au début, je tournais autour du grand stūpa en singeant les autres pèlerins, sans rien comprendre à la signification du rituel. Comme eux, je faisais tourner un moulin à prière en récitant « OM MANI PEME HUNG » ; je n'avais pas la moindre idée de ce que ces paroles signifiaient, mais je me sentais à l'aise dans ces gestes et dans ces attitudes, vaguement familiers à mon cœur. Simon m'a suggéré de rejoindre son groupe d'étude au monastère. La première fois que j'en ai franchi la porte, j'ai ressenti une paix et une simplicité indéfinissable, comme si je retrouvais une famille que j'avais perdue de vue depuis la nuit des temps. Les enseignements avaient lieu dans une grande salle lumineuse, ornée de sculptures de bouddhas et de bodhisattvas[24], de peintures traditionnelles représentant des maîtres célèbres...

Voyant les autres joindre les mains, s'incliner et se jeter par terre à trois reprises, je tentais maladroitement de les copier. Le reste du temps, je le passais à lire Chögyam Trungpa et à réviser les enseignements que je prenais en note tous les matins, dans la salle d'études du Rinpoché, assise en lotus sur le tapis en soie décoré de dragons en relief, sans même comprendre le sens des mots que je notais. Une jeune et charmante tibétaine nommée Jampa, dont les parents tenaient un restaurant, m'enseignait l'alphabet tibétain en échange de mes explications sur la langue française. Elle allait se marier avec un médecin tibétain réfugié en Suisse, qu'elle ne connaissait pas encore, mais cela lui semblait un excellent projet. Elle voulait donc apprendre sa future langue. Pour la première fois, quelque chose avait un sens pour moi et ce « quelque chose » donnait une direction à mon avenir. Soudain, ma vie n'était

24. Héros de l'esprit d'éveil ; ceux qui, renonçant au Nirvana, se destinent à devenir des Bouddhas en œuvrant pour le bien d'autrui.

plus un enchaînement plus ou moins malheureux de hasards et d'insatisfactions bricolées, mais un vaste champ de découvertes que je voulais explorer à fond et dont la lignée des maîtres possédait un plan détaillé.

Jacques et moi nous disputions souvent. Il devenait clair que nos chemins avaient coïncidé pour une période de transition qui touchait à sa fin. Nous faisions semblant qu'« un jour ça marcherait », tout en ayant la certitude que notre relation était vouée à l'échec. En découvrant le bouddhisme de plus près, j'avais le sentiment mystérieux d'appartenir à un destin que j'avais oublié. Je reconnaissais dans mon entourage des ambiances qui résonnaient. Je me sentais chez moi, bien plus qu'à Paris ou au sein de ma propre famille quand j'étais petite et que je regardais « les adultes » parler de politique depuis mon rocking-chair. L'Inde fut pour moi un choc, mais aussi un retour sur moi-même. Je n'avais pas envie de courir pour visiter les lieux de pèlerinage et accumuler les bénédictions des lamas, je voulais méditer au pied de ce stūpa magique, plonger dans la profondeur simple du moment. Jacques ne comprenait rien à mes délires métaphysiques et je me rebellais. Il avait peur, cela se voyait. Peur du pays, des serpents, des chiens, mais surtout de mon évolution qui présageait une rupture inévitable. Pour tenir le coup financièrement, car nos économies fondaient, j'ai vendu toutes mes affaires, ma montre, mes jeans... Nous avions un compte d'épargne en France, mais aucun moyen d'y avoir accès. Nos familles ne voulaient pas nous dépanner. Nous avions tout juste assez d'argent pour atteindre l'aéroport de Delhi et prendre l'avion de retour pour Londres, surtout pas déambuler dans les rues de Delhi, déjà surpeuplées de mendiants.

Il fallait partir. Une fois à Londres, nous verrions bien comment rentrer à Paris. Il faisait très froid quand nous sommes arrivés et je suis tombée malade : une terrible dysenterie m'a clouée dans une auberge de jeunesse, moi qui n'avais rien attrapé en trois mois de voyage en Inde. Malades et fauchés. La situation paraissait sans issue. Je me souviens parfaitement de m'être assise dans le réfectoire de l'auberge avec ma cithare rapportée d'Inde. Ayant complètement lâché prise, avec Jacques coincé dans son inquiétude, je ne cherchais plus de solution, je regardais la salle et les gens ; instinctivement je voulais la sérénité au lieu de continuer à m'affoler. Par miracle, comme dans un film, quelque chose a changé : un métis a marché vers nous – je l'ai vu venir de loin vers moi. C'était un Brésilien. Il avait remarqué la cithare et voulait me l'acheter. J'ai réfléchi très vite et j'ai dit : « Cette cithare ne m'appartient pas, je ne peux pas vous la vendre. Je l'ai ramenée pour un Basque qui s'est fait voler en Inde et qui me l'a confiée le temps qu'il réussisse à rentrer en Europe. Voici ce que je vous propose : je vous prête la cithare, vous me prêtez l'argent. Je pars en train à Paris demain, puis je vous ramène l'argent le jour suivant et vous me rendez la cithare. Vous nous sauvez et je vous en serais reconnaissante. »

Jacques est resté avec le Brésilien qui a tout payé. Je suis partie le lendemain. Nous étions tirés d'affaire. De retour en France, nous avons appelé les Mandratères : il neigeait encore. Pas question de descendre en Ariège, il fallait attendre le beau temps pour commencer les travaux. Nous avons alors décidé de partir au Portugal. L'Inde, puis le Portugal, comme des prémonitions d'un futur à portée de main.

La Fourche

Jacques et moi nous sommes finalement séparés après notre retour du Portugal. Je me suis mise à écrire pour déballer mes émotions, comme au temps de mon adolescence. J'ai dû retourner à Paris, je n'avais plus d'argent et je ne pouvais pas vivre à La Coume sans voiture, sans permis et sans revenus. Jacques a gardé la maison. Nous avons terminé la toiture avec l'aide de mon frère Jean-Pierre. J'ai passé l'été à travailler de l'aube jusqu'au soir auprès d'Olga, mon ânesse chérie, que Luc nous a prêtée pour charrier les matériaux à travers la montagne. La route est à trente minutes de marche de la maison, il a fallu transporter les planches, le sable, le ciment. Jean-Pierre m'a hébergée dans une annexe de son atelier rue Daguerre en attendant que je trouve un appartement et surtout de quoi le payer. Entre les voyages et les travaux, il ne me restait plus rien. Les spectacles du Brig étaient trop rares pour subvenir à mes besoins et je n'avais pas envie de me lancer dans le show-business de la danse alimentaire : les filles qui dansent au Crazy Horse ou qui rentrent dans des compagnies où la vie est un concours perpétuel.

En attendant de trouver ma voie dans le bouddhisme et de quelle façon la poursuivre, j'ai décidé de devenir mannequin pour assurer le paiement de mon loyer. J'ai contacté des gens, mais on me répond qu'il faut que je sois dans une agence, que j'aie un book, de belles photos. On me dit que c'est difficile, proche de l'impossible, je suis trop petite, pas assez blonde, etc. En septembre 1980, je suis enfin engagée par une agence ! Après avoir entendu qu'il fallait me teindre les cheveux, maigrir ou être plus conventionnelle, quelqu'un me tend la main. Il travaille dans la publicité et s'appelle Jonas. Il m'emmène chez Claude Haddad qui dirige l'agence Prestige. Celle-ci regroupe en fait deux agences en une seule : Mademoiselle pour les juniors, Prestige pour les femmes glamour.

Claude m'a examinée de long en large et a décidé que je deviendrais une star, formule qu'il répète avec conviction. Il m'a surnommée le « corps-beau ». Bref, je suis en catégorie junior et les castings ont commencé. Jonas m'a aidée jusqu'au bout, sans jamais rien me demander en échange. Un ange ! Ma bookeuse s'appelle Renée. Assise avec sa collègue Ingrid devant un immense fichier circulaire rempli de dossiers sur les filles de l'agence, elle vend les mains de l'une, le profil de l'autre, les fesses de Monique, les jambes de Cécile, d'une voix nasillarde et militante. C'est une vraie bookeuse. Elle ne lâche pas le client sans lui trouver la fille idéale et elle les connaît toutes par cœur.

Renée me fait penser à l'écrivain Colette avec son look des années music-hall. Elle m'examine en détail, des pieds à la tête, de face, de dos, de profil. Elle me pèse, me mesure, me demande de me couper les cheveux et veut que je prenne le nom de Tatiana. J'ai refusé les deux options. Je suis partie faire les vendanges, histoire de gagner rapidement un peu d'argent, dans la région de la blanquette de Limoux, l'Aude. Le patron des vignobles, un notable hyperchrétien, essaye de me sauter dessus, dans son bureau, avant de me donner mon salaire, mais je réussis à m'en sortir et à être payée. Vivre parmi les hommes est un art difficile pour une femme libre. Au retour des vendanges, Jacques et moi renonçons à nos vaines tentatives de raccommodage. Je trouve un petit appartement, modeste et charmant, un deux-pièces dans une impasse près du métro La Fourche. Mon immeuble n'a qu'un étage et je suis la seule locataire en haut de la cage d'escalier. Il y a assez de place, de la lumière, c'est silencieux et propre. Le sol est en pente, je n'ai pas de meubles – j'ai opté pour la simplicité.

Ma vie prend une nouvelle tournure. J'aurai bientôt 19 ans, je me sens adulte et je gère ma vie toute seule. J'ai repris la danse, et j'ai commencé le yoga dans un centre de bouddhisme tibétain. Je rencontre par hasard Marc B. dans la rue. Il ne fréquente presque plus son pote Tomana qui s'enfonce dans la folie. Marc est devenu bouddhiste lui aussi. Il a rencontré un lama belge qu'il veut me présenter, mais je ne suis pas très enthousiaste. Un lama blanc ? Pas un ambassadeur du pays des neiges ? Je me rappelle mes incursions parmi les farfelus mystiques en tout genre. Je cherche un apprentissage authentique, pas une version édulcorée de la religion pour consommateurs fascinés par des gadgets spirituels. Je m'y suis finalement rendue, pour voir...

J'ai été reçue par un type sympa qui m'a expliqué que chez eux, pas de bouddhisme ni de méditation sans passer par le Hatha yoga[25] ! J'ai râlé, je ne voulais pas faire de yoga, je croyais que c'était un truc pour les snobs du Club Méditerranée, mais le type a été inflexible. J'ai essayé son cours de yoga qui, contre toute attente, m'a plu. Il insistait sur la respiration, les postures étaient simples, néanmoins c'était un travail exigeant, sérieux, pas une pseudo-gymnastique asiatique. Je me suis inscrite. J'ai décidé de

---

25. Forme particulière du yoga, codifiée en Inde et arrivée en Occident au XXe siècle.

rencontrer ce fameux lama belge (que je surnomme le lama «blanc») quand il viendra à Paris pour une conférence. Marc vient au yoga avec moi et nous avons sympathisé avec d'autres élèves, en particulier avec Catherine C., une actrice qui est aussi thérapeute naturopathe et Jean-Luc, un gars rigolo, ingénieur en informatique. Nous sortons tous ensemble après les cours pour boire un verre ou dîner.

Renée est parvenue à me convaincre de me faire couper les cheveux. On m'a envoyée chez Maniatis pour des photos genre avant et après. Le maître est si enthousiaste que j'ai aimé la coupe tant que j'étais dans le salon, beaucoup moins une heure plus tard – je n'avais jamais eu les cheveux courts ! De plus, en m'adressant à lui, j'ai fait la gaffe de l'appeler Matignasse ! Je n'y peux rien, je ne connais rien à ce monde fashion, je ne lis jamais les journaux, je ne regarde pas la télé et j'ai horreur de la radio ! Je navigue de casting en casting et je gagne tout juste de quoi payer mon loyer, mais je suis optimiste pour le futur. Claude Haddad a essayé de me faire des avances, comme il le fait avec toutes les autres ! Dans l'agence il y a des types qui traînent juste pour draguer. Les filles nordiques sont assez dociles, elles se laissent prendre dans leurs filets, les Françaises moins. Certaines filles sont très chouettes, surtout celles qui travaillent pour payer leurs études, comme Serena, Sabine et Hélène. J'ai envoyé paître Claude en lui disant : «Touche pas ! Je ne suis pas une Suédoise, moi ! Tu ne m'auras pas.» Il a eu l'air d'apprécier ma rébellion. Il répète que je suis un «corbeau juif» et que je vais devenir une star.

Jonquille

J'ai rencontré Jonquille lors d'une fête organisée par l'agence. Je suis obligée de participer à ces réunions mondaines alors que je les ai en horreur, surtout quand l'ambiance glisse vers une session de drague généralisée. Je pars systématiquement au bout d'une heure. Je n'ai jamais assisté, ni participé aux fins de nuits orgiaques et sauvages dont je soupçonne l'existence. Je fais acte de présence en début de soirée puisqu'il semble que cela fasse partie de mes obligations envers l'agence. Après avoir mangé du saumon et bu quelques coupes de champagne – toujours trop, moi qui suis supposée maigrir – je me faufile en douce vers la sortie. J'abhorre encore plus les sorties en boîte de nuit. Perpétuellement entouré d'un essaim de filles qui espèrent faire du cinéma, Roman Polanski est souvent présent dans ces soirées. Je ne lui dis jamais bonjour, je n'ai aucune envie de le connaître. Parfois ces fêtes grotesques me rappellent les images baroques de *La Montagne sacrée*, un film de Jodorowsky où la vanité des puissants, prêts à tout pour satisfaire leur désir de luxure, est cruellement caricaturée.

Claude a accepté mon profil d'outsider, mais cela ne l'empêche pas de tenter de m'intégrer davantage à son cercle. Je crois qu'il aime bien que je résiste à ses manigances, il apprécie ma façon d'imposer le respect de ma dignité. Je commence à bien gagner ma vie, mon book s'est étoffé de photos pour *Elle* et de pubs importantes, les clients n'ont plus peur de m'engager. Lors de la dernière fête, Claude m'a présentée à Jonquille en croisant les doigts pour que ça marche. Il a tapé dans le mille. Jonquille est un des photographes importants du milieu. Comme je lui avouais combien je m'ennuyais dans ces cocktails, il m'a emmenée dans la cuisine et s'est fourré la tête dans le congélateur. J'ai éclaté de rire et je n'ai pas arrêté pendant le reste de la soirée. Nous avons fui l'Élysées-Matignon, où Claude nous avait forcés à l'accompagner, pour finir la nuit sur un banc public place de la Concorde. Nous nous sommes embrassés aux premières lueurs du jour et, vers quatre heures du matin, je suis rentrée chez moi.

Depuis quelque temps, je vis à moitié chez Jonquille, mais je garde mon appartement. Quand on ne fait pas l'amour dans tous les coins de l'atelier, il me photographie nue. Avec lui, poser est simple et facile. Il suffit d'être naturelle et de suivre ses instructions, car il sait ce qu'il veut. Il travaille toujours en noir et blanc, à la lumière naturelle. Il mouille mes cheveux pour donner l'impression que je viens de sortir de la douche. Les sessions sont rapides car il shoote au moteur. Il sait valoriser cette sensualité particulière qui n'est pas affectée, mais spontanée et détendue. Je crois que c'est lui qui a fait les plus belles photos de moi. Et puis, lentement mais sûrement, ma relation avec Jonquille a basculé. Ce qui était une liaison légère, fraîche et presque enfantine, a chaviré dans une atmosphère glauque de non-dits inconfortables.

Plus je le connaissais, moins je le comprenais. Nous passions de merveilleux moments. J'étais sa maîtresse, mais aussi son amie, pourtant, il me mettait dans des situations ambiguës. Il faisait tout pour me pousser dans le lit d'autres hommes. Parfois, sans rien me dire, il invitait un couple de ses amis chez lui avec l'intention de finir la soirée dans des échanges à quatre. Je n'ai pas de préjugés sur la sexualité, je ne crois pas spécialement à la morale chrétienne, je ne me sens pas soumise à un code de conduite patriarcale quel qu'il soit, mais je crois à l'amour et à l'amitié. À 19 ans, j'avais connu le paradis et l'enfer, ceux des enfants et ceux des adultes, je ne savais pas ce qu'il fallait faire pour que nos vies deviennent meilleures.

Dans les années 1970, les « enfants fleurs » avaient découvert la liberté sexuelle. Cela n'avait pas donné grand-chose. Le sacro-saint modèle américain du mariage, avec maison, enfants, télé, voiture, piscine, poisson rouge et petit chien, ne m'avait pas plus convaincue. Je l'ai vu de très près : la plupart du temps, derrière le vernis, se cache un abîme sans fond. Je veux goûter au monde, expérimenter par moi-même les choses pour les comprendre, les mettre à l'épreuve et découvrir pourquoi je suis née. Lorsque Tomana m'a embarquée dans son délire, je l'ai aimé jusqu'au bout, mais maladroitement, alimentant ainsi sa folie. Dès que j'ai compris le processus, je l'ai libéré en me libérant aussi. Cependant, je n'ai toujours pas trouvé la formule. Avec Jacques, nous avions bien commencé, mais notre relation était devenue un jeu de pouvoir qui ne pouvait mener à rien.

Je n'étais pas amoureuse de Jonquille, mais je le respectais, j'admirais son art, je lui voulais du bien. Ce qu'il me proposait, c'était de vivre en union libre en réalisant nos fantasmes. Pourquoi ne pas essayer ? Que savais-je au juste de tout cela et comment le découvrir si je n'essayais pas ? J'ai compris que cela ne m'intéressait pas, ni quand les filles me caressaient langoureusement le genou à la fin du dîner, ni quand Jonquille me jetait littéralement dans les bras du mari de la fille en question. Tout se passait comme dans un rêve.

La drogue, j'ai essayé aussi, mais quelque chose m'a protégée ; je n'ai pas accroché, même pas à l'héroïne. Une fois, j'ai demandé à Franck, le dealer d'opium qui vivait chez moi, à la Sombre histoire, de me faire un shoot, un seul. Je voulais connaître ce fameux « flash » qui perd les junkies pour toujours. Pourquoi le flash de la première injection amorce-t-il la dépendance ? Je n'ai pas eu de flash et je ne suis jamais devenue dépendante, malgré un environnement propice. La conclusion de tout cela est une certitude : il n'y a rien à tirer des drogues, sauf, pour moi, quelques souvenirs sensoriels de mes hallucinations sous LSD ou psilocybine.

Sommes-nous plus heureux en union libre qu'en couple monogame ? Trouvons-nous une réelle et profonde satisfaction en concrétisant nos fantasmes sexuels ? Mon expérience avec Jonquille était venue confirmer l'échec de ces tentatives qui intensifiaient ma frustration sous-jacente. Il n'y avait pas de beauté, pas d'harmonie. Ces gens ne savaient pas faire l'amour, c'est certain. Les ébats des mannequins, des publicitaires, des photographes, des producteurs, de tous ces gens glamour que les spectateurs admirent à la télévision ou dans les magazines, n'avaient aucun intérêt. Ils me montraient l'exemple d'une vie fondamentalement frustrante, sans idéal, sans bonté, une immense fraude dans laquelle ils se perdaient. J'avais l'impression que tous, nous courrions après notre ombre. De plus en plus malheureux, Jonquille buvait sa vodka en cachette. Parfois, il boudait pendant des jours entiers. Je lui avais demandé s'il était jaloux, il avait répondu oui. « Alors, pourquoi tu fais tout ça ? – Je ne sais pas. »

Peu de temps après, nous sommes descendus, sur l'invitation de Simone V., shooter un reportage de mode à Porquerolles pour le *Matin de Paris.* Nous étions invités par Elie et Jacqueline Jacobson, le charmant couple qui avait créé la ligne de vêtements Dorothée Bis. Jonquille me faisait la gueule et j'en avais marre de ses humeurs. Je ne voulais plus de relation avec des hommes qui compliquent tout sans même essayer de se comprendre eux-mêmes. Un jour de grand mistral, je suis partie en bateau de Porquerolles vers une autre île. Pour ma première virée en haute mer, nous avons navigué par force 9, la voile trempait dans l'eau tellement nous penchions. Le capitaine était un jeune homme passionné, je n'oublierai jamais son regard brillant qui scrutait l'horizon. Je ne connaissais pas la mer ni le mistral ni les bateaux. J'ai demandé : « C'est normal ? – Y a un coup de vent. » Quelle merveille ! La mer aurait pu nous engloutir si facilement. Quelle puissance ! Quand nous sommes rentrés à Paris, le monde tanguait encore.

Purification

Peu de temps après ma rencontre avec Jonquille, mon prof de yoga m'a appelée pour m'inviter à la conférence du lama belge dont m'avait parlé Marc. Sa présence élégante, simple, et son discours sur le Dharma m'ont convaincue de poursuivre mes études auprès de lui. J'avais décidé d'aller en août prochain à Soleils, le monastère laïc près de Draguignan, pour un séminaire. Le lama nous demandait de nous purifier avant notre arrivée, c'est-à-dire de limiter notre consommation de viande, de ne pas fumer, de ne pas boire et de cultiver une éthique de vie vertueuse, selon les principes du Dharma. Je me suis sentie concernée :

je fumais, je buvais et n'avais aucune espèce d'idée de ce qu'était la vertu, mais cela m'intéressait. Dans le milieu de la mode, tout le monde prend de la cocaïne et fait l'amour comme des lapins. J'étais mise au défi de changer radicalement mes habitudes. Quand j'ai fait part à Jean-Luc et Marc des contradictions de ma vie, ils ont ri. «Tu vois, tu ne t'es pas installée à La Fourche par hasard !»

Ma décision était prise. Je comptais m'engager dans la voie du Vajrayana[26], j'allais me préparer pour le séminaire à Soleils et dans cette perspective, j'allais me purifier. J'ai demandé des conseils à mon prof de yoga, j'ai relu le livre de Trungpa, *Au-delà du matérialisme spirituel*, mais aussi *Le mythe de la liberté* et *Méditation et Action*, je suis devenue végétarienne, je me suis mise au tabac à rouler pour limiter ma consommation, j'ai arrêté l'alcool et j'ai annoncé à Jonquille que je le quittais car son influence m'empêchait de pratiquer la vertu. Le célèbre photographe n'en revenait pas. Moi je suis tombée des nues devant sa colère. Il faisait sans cesse la gueule, cela voulait bien dire qu'il ne m'aimait pas, non ? Il s'est fâché et n'a plus voulu me voir.

Enlever le haut et le bas

À la fin du printemps 1981, Pierre Riazansky, le guitariste russe de mon adolescence, m'a invitée au Raspoutine, un restaurant de nuit des Champs-Élysées, où jouaient et dansaient plusieurs de mes

26. Bouddhisme tantrique particulièrement important dans la tradition himalayenne ; cela signifie «la voie de diamant».

amis du Brig. Il y avait une Tzigane, brune comme un corbeau, qui chantait avec une chaude voix rauque, les mains sur les hanches, insolente, agressive et provocante. Les clients l'adoraient. Elle levait le menton et les regardait en souriant avec arrogance. Pierre me raconta qu'elle insultait les spectateurs en romanès dans ses chansons. Lui et moi avons repris notre flirt de 1974, moitié chez lui, moitié chez moi à La Fourche. Comme il était persuadé d'avoir été la cause de tous mes problèmes durant mon adolescence, nous nous rattrapions et progressivement, sa présence adoucissait mon instabilité affective. Pierre ne parlait jamais de ses sentiments, moi non plus. J'étais contente qu'il soit là, mais je n'étais plus amoureuse, j'imagine que lui non plus. Nous ressemblions plutôt à des amis. Il a installé une radio Citizen Band à canaux banalisés chez moi. Il passait des heures à bavarder avec des inconnus sous des pseudonymes extravagants. Cela m'a d'abord amusée, puis ennuyée et irritée.

Ma bookeuse, Renée, m'a appelée un matin pour m'envoyer en casting chez Joël Leberre pour l'agence de publicité CLM. Celui-ci m'a d'abord montré un croquis en triptyque du projet : trois affiches d'une jeune fille sur fond de mer tropicale. Sur le dessin, la femme se tient bien droite, les mains sur les hanches et sourit. Sur la première image, elle porte un bikini deux-pièces ; sur la deuxième, identique à la précédente, elle n'a que le bas du maillot, mais son attitude est rigoureusement la même. Sur la dernière affiche, elle s'exhibe de dos, entièrement nue, toujours dans la même posture. Joël était gentil. C'était un homme mince, décontracté, doté d'un sens de l'humour délicieux et d'un nez conséquent. Nous avons tout de suite sympathisé. Il a pris trois Polaroïds de moi recto verso. Apparemment, j'avais fait très bonne impression, j'avais le profil idéal pour cette pub. Il m'a demandé si j'accepterais le boulot. Il faudrait partir bientôt aux Bahamas pour shooter et les affiches sortiraient en septembre. Je n'attendais que ça, un boulot qui paye bien pour financer mes deux mois entre Soleils et l'Ariège. Il fallait absolument que je sois retenue par le client. Joël me trouvait parfaite. La pub ne me paraissait pas manquer de dignité, elle avait même l'air drôle, sinon je n'aurais pas accepté. L'obstacle majeur, c'était le photographe, Jonquille... J'ai croisé les doigts et prié pour qu'il ne mette pas de bâtons dans les roues. J'avais besoin de cet argent. Deux jours plus tard, Renée m'annonçait qu'une autre fille avait été choisie... Mais le jour-J, elle m'appelle en catastrophe : « Myriam, tu peux partir demain au Bahamas ? Ils ont besoin de toi, les deux autres filles se sont désistées ! » Je jubilais, c'était à moi de faire cette photo, pas à cause de la pub, dont je n'avais rien à cirer, mais pour organiser mes projets de retraite durant l'été. J'ai retrouvé Joël dès le lendemain matin et nous sommes allés acheter un bikini vert bouteille, simple et discret.

Jonquille nous a rejoints à l'aéroport. Aux Bahamas, on nous a installés au Club Méditerranée Columbus, sur une île entourée d'une mer turquoise et transparente, avec une plage de sable rose. Un lieu de travail idéal ! J'ai d'abord dû bronzer intégralement le plus vite possible : Joël et Jonquille guettaient la police sur la plage pendant que je me faisais dorer entre les dunes. Nous avons ensuite shooté au moteur, une ou deux heures par jour. Le reste du temps, j'avais l'impression de passer des vacances dans un lieu paradisiaque. Comme je m'y attendais, Jonquille me boudait. Je m'en moquais et l'ignorais sans scrupules, profitant au maximum de la situation ; je n'avais plus envie de m'efforcer de comprendre les hommes ou même de les aimer. Il était temps de profiter de ma vie. Bien sûr, j'étais ravie d'avoir obtenu ce contrat, mais ni moi ni Jonquille ni Joël Leberre ne nous doutions que ces affiches allaient devenir un cas d'école dans les agences de publicité. J'avais accepté un forfait peu avantageux, pour un nombre limité de panneaux. Je m'en fichais royalement puisque cela me suffisait pour réaliser mes projets. En août, comme prévu, je suis partie pour Soleils, accompagnée de Marc et de Jean-Luc.

Refuge

Soleils, c'est le nom du hameau où se trouve le monastère de l'association OKC[27]. Nous sommes au cœur des magnifiques gorges du Verdon, entre Draguignan et Castellane, dans une vallée chargée d'histoires mythiques. Certains racontent que le domaine était autrefois un bastion templier et que les fameux chevaliers chrétiens y ont enterré un fabuleux trésor... Le château de Soleils surplombe le hameau. C'est sur ces hauteurs que le séminaire va se dérouler. Après une marche à pied fatigante, j'ai été reçue par Isabel, une Portugaise des colonies, qui accueille les visiteurs avec son bambin tout frisé coincé sur les hanches. Quelques minutes plus tôt, j'ai croisé son mari, Fly, ancienne star du rock au

---

27. Ogyen Kunzang Chöling, ensemble de centres bouddhistes tibétains.

Mozambique, converti au bouddhisme, qui a fondé une famille dans ce bled perdu des majestueuses Alpes-de-Haute-Provence.

Après qu'Isabel nous a montré où dresser nos tentes, nous avons découvert une vallée extraordinaire où vit en harmonie une communauté d'une cinquantaine d'habitants. Les installations sont spartiates, sans électricité, mais avec un bloc sanitaire qui offre de l'eau chaude deux fois par semaine. La nourriture est végétarienne, copieuse et excellente. Nous avons le temps de nous adapter avant que le séminaire ne commence une semaine plus tard. Nous avons donc participé aux travaux de la communauté : jardinage, cuisine, nettoyage, garderie, confection de fromages, cueillette, menuiserie et maçonnerie. Il y a de quoi faire ! Nous devons nous plier aux horaires de la communauté : la première session au temple débute à 4 h 30 du matin, le petit-déjeuner est à 8 heures et nous finissons la journée vers 21 heures. Après le déjeuner, nous nous promenons dans la montagne ou nous descendons nous baigner dans les eaux couleur émeraude du Verdon.

Je suis heureuse et comblée, je vois la vie en rose. Pour moi, ces gens sont des bodhisattvas ; je suis enfin arrivée à la terre pure des Bouddhas. Je ne me souviens même plus des Bahamas, de Claude Haddad, de Jonquille et encore moins des affiches qui vont être placées en septembre. Beaucoup d'enfants vivent à Soleils. Je les envie, j'aurais aimé avoir eu une enfance comme la leur. Malgré tout ce que j'ai déjà appris, il me reste à découvrir les choses les plus essentielles de la vie : respirer, manger, regarder le ciel, prier, méditer. Cet été, le lama expliqua l'offrande du Mandala en 37 caractéristiques. C'est une pratique très compliquée et je n'y ai pas compris grand-chose, mais je suis heureuse. Le lama est un extraordinaire instructeur de yoga et il nous enseigne aussi le karaté Shotukan[28] que nous pratiquons tous les jours sur l'aire sacrée devant le château.

À la fin des enseignements, nous pourrons «prendre refuge» si nous le désirons. Cela officialise notre engagement à devenir bouddhiste et à pratiquer le Dharma. Jean-Luc, Marc et moi avons pris refuge en même temps que dix autres personnes. Je pleure tellement que je ne vois plus rien, mes larmes coulent convulsivement sans que je puisse les contrôler. Je ne suis pas triste, je suis en état de grâce et je pleure de joie. Je sais que je viens de trouver ce que je cherche depuis toujours : ma voie, ma famille, ma connexion. Je suis née avec une mission, je ne la connais pas encore, mais j'ai trouvé le chemin pour y parvenir. Cette certitude absolue est une sensation nouvelle. Pour la première fois, je me sens à ma place et dépourvue de toute peur, comme si mon passé s'était volatilisé et que je n'avais jamais vécu autrement. Je n'ai pas envie de retourner à Paris. Pourtant il faut bien finir par partir. Le lama m'a dit de passer le voir à Bruxelles. J'ai quitté Soleils et mes amis, et me suis rendue à La Coume où j'avais prévu de retrouver ma sœur Nina et de persévérer dans ma pratique.

---

28. Style de karaté créé par le Japonais Gishin Funkoshi (1868-1957).

Ermite en Ariège

Comme prévu, me voilà dans ma grange ariégeoise. Dans ce lieu magnifiquement isolé, je retrouve ma sœur Nina, Jacques, mon «ex», ainsi que Jean-Pierre qui, sous mon influence, vient d'acheter deux granges au Carol juste à côté du pic des Trois-Seigneurs. La Coume est désormais à peu près habitable à l'étage, grâce au travail effectué par Jacques, mais le reste de la grange est un vaste chantier. Malgré le pincement de regret pour la série d'échecs que fut notre histoire d'amour, Jacques et moi restons bons amis. Entre nous, il est clair que je ne suis là que de passage et qu'il gardera la grange comme domicile, s'il le souhaite. Je n'y viendrai qu'occasionnellement. Je passe mes journées à me promener, à lire et relire les notes que j'ai ramenées et à essayer d'apprendre par cœur des prières et des mantras. Au creux des forêts sauvages environnantes, coule une petite rivière, l'Arac, qui signifie eau-de-vie en arabe. J'y ai facilement trouvé les moments et les endroits propices à la tranquillité. Une tranquillité qui fut de bien courte durée. Début septembre, alors que nous déjeunions aux Mandratères par un beau jour ensoleillé, le calme dont je m'étais entourée a volé en éclats. «Il paraît qu'on parlait de toi à la radio ce matin!» J'ai haussé les épaules: «De moi? Ça m'étonnerait! Qui t'a dit ça? Tu as dû confondre! – Non, non, ils parlaient bien d'une Myriam qui a posé nue pour des affiches, ça fait un sacré scandale. Tout le monde en parle.»

Je m'en fiche totalement. Perdue dans les montagnes ariégeoises, je suis loin des panneaux publicitaires et des médias. Priorité aux éléments: la source, le soleil, le feu de bois pour cuisiner, le silence, les animaux, le chant du silence. J'ai rapidement oublié la rumeur de la ville pour me consacrer à la préparation de la fête que nous organisons le soir même chez Vincent, un nouvel habitant du hameau, qui s'est courageusement installé dans la grange la plus éloignée de la route. Pour l'occasion, nous avons concocté une sangria aux épices dans de grands tonneaux en bois. La fête fut magnifique. Au milieu de la clairière, au creux des plis de la montagne et sous le regard bienveillant des étoiles, certains jouent de la musique, d'autres bavardent presque en chuchotant, les enfants gambadent, les chiens dorment. Une tranquillité pacifique. La sangria porte ses fruits et rapidement, nous sommes tous ivres. Nina et moi redescendons chez nous très tard dans la nuit, en riant aux éclats, comme cela nous arrive souvent.

Un tsunami médiatique

Le lendemain, un télégramme est arrivé et j'ai dû quitter précipitamment mes vacances pour répondre à l'engouement soudain de la presse à mon sujet. Première bourrasque du cyclone, *Le Matin de Paris* a donc publié un article au titre évocateur: « J'ai dit oui tout de suite », commentaire qui accompagne une photo que Jonquille avait faite de moi à Porquerolles. Mon prénom se retrouve en majuscules et en gras dans toutes les unes de la presse française qui s'intéresse intensivement à la publicité Avenir. Comme un leitmotiv, une phrase revient sur mes lèvres au fur et à mesure que je découvre les gros titres: « Ils sont fous ! » Je ne réalise ni l'ampleur ni la force du phénomène, d'autant plus que je n'ai encore vu aucune des trois fameuses affiches. Cette notoriété subite, brutale, me paraît étrange. Pourquoi parlent-ils de moi? Pourquoi tant de bruit pour une publicité qui ne vend que de l'espace? Avenir n'a aucun produit à proposer, elle veut simplement montrer à ses clients qu'elle est une entreprise qui tient ses promesses. Alors pourquoi tant d'effervescence?

Me voici médiatisée malgré moi. Je ne comprends pas ce que les féministes trouvent de dégradant pour la femme dans cette photo. J'y suis plutôt affirmée, libre et saine, pas aguicheuse malgré mon sourire un peu ironique. Je n'ai pas l'air de demander quoi que ce soit, ni du sexe, ni une autorisation pour faire mon striptease. En plus, toute la presse est pleine de femmes à poil ou demi-nues, avec des bouches qui font la moue et des yeux de chatte en rut! Ces femmes qui insinuent à tout bout de champ leur soumission au désir masculin me choquent bien plus. Sur les affiches, je n'ai pas l'air de dire: «Viens, Coco, avec moi tu fais ce que tu veux si tu payes bien!» Pour moi ces photos parlent juste de la nature, du soleil, de l'eau pure et de l'absence d'inhibition d'une jeune femme. Il n'y a pas de quoi avoir honte.

La campagne Gini, elle, représente une fille en bikini allongée sur un matelas gonflable dans une piscine, les jambes bien écartées, suçant une bouteille, avec un type qui semble plonger directement vers elle. Cette publicité, explicitement sexuelle et glauque, est sortie en même temps que la campagne d'Avenir, mais non, tout le monde s'en fout de Gini! Madame Halimi, l'avocate féministe, veut que l'on cache mon derrière... Elle a du temps à perdre. Quel gaspillage! Il est trop tard, tout le monde a eu le temps d'observer la photo!

Je n'ai pas oublié que ma mère n'avait pas pu engager cette avocate de luxe pour défendre notre pauvre petite cause féminine quand Nina a été enlevée par son père. Et en parlant d'argent, je me suis rappelée avoir signé un forfait pour des affiches dans trois villes de France : Paris, Lyon, Toulouse et non six villes. J'imagine que tout ce joli monde, mon agence comprise, engrange de toutes parts un paquet de fric, mais cela ne m'intéresse pas, ma passion ardente pour le Dharma me suffit. À Paris, je dépose Nina chez notre mère, puis je me retrouve chez Jonquille devant une salade niçoise, m'efforçant de répondre gentiment aux questions de journalistes insatiables. Je me rappelle les avoir dévisagés, l'un après l'autre, me demandant ce qu'ils pouvaient bien me vouloir. Ils prétendaient s'intéresser à moi, alors qu'aucun contact véritable ne s'établissait. On me regardait, on me détaillait sous toutes les coutures, mais la situation était vide de sens, d'authenticité. J'étais devenue monnayable du jour au lendemain. J'aurais pu croire que j'étais devenue le centre du monde et que tous m'aimaient. Alors que nous ne sommes plus ensemble depuis longtemps, Jonquille prétend que je suis sa petite amie. Il fait entendre que c'est pour cette raison que j'ai été choisie pour la campagne ; je n'aurais même pas été convoquée au casting...

Je suis entourée de gens qui ne pensent qu'à leurs besoins égoïstes, que ce soit l'argent, le sexe ou la renommée. C'est étonnant de mesquinerie et cela me rend triste. Parfois, pour m'amuser un peu pendant les interviews, j'imagine qu'au centre des pupilles des journalistes brille le symbole du dollar, comme dans les yeux de l'oncle Picsou. En tant que nouvelle figure populaire, j'alimente les rêves d'une population qui a perdu le goût de la poésie et se nourrit de faits divers pour remplacer les dieux et déesses d'autrefois. La presse remplace les contes de fées partagés autour du feu, les chants des troubadours, elle colmate les trous de la solitude urbaine et l'incapacité à communiquer des familles modernes. Un magnifique attrape-nigaud pour moi qui suis assoiffée d'amour: j'aurais si facilement pu y croire ! En fait, je ne le sais que trop, tout le monde se fiche bien de moi, je ne suis qu'un investissement.

À l'époque, je me demandais ce que devenaient ces jeunes filles que mon agence allait pêcher à l'autre bout du monde pour en faire des mannequins. Les agents, tels des missionnaires, se baladaient dans les campagnes du monde entier pour y découvrir les prochaines couvertures de magazines. Ces filles, très jeunes et pour la plupart fascinées par leur propre pouvoir de séduction, discernaient rarement la nature du manège dans lequel elles tournaient. On les plaçait dans un appartement à Paris, on leur serinait qu'elles deviendraient des stars, puis, on les invitait à des fêtes orgiaques auxquelles participaient des jet-setters de tous bords. Les petites se tortillaient comme on le leur demandait, leurs yeux brillant d'un trop-plein d'espoir. Elles voulaient réussir à tout prix. Moi, à 19 ans, je me demandais ce qu'ils entendaient tous par « réussir »: réussir quoi ? réussir comment ? pour qui ? dans quel but ?... Depuis que je circulais dans le milieu, je n'avais pas encore rencontré une seule personnalité, célèbre ou richissime, qui m'aurait donné envie de lui ressembler.

Malgré la folie qui bourdonnait autour de moi, j'ai réussi à maintenir ma discipline. En toutes circonstances, même si j'étais en voyage pour un reportage photo, je me levais à 6 heures pour faire cent huit prosternations, du yoga et quelques exercices d'arts martiaux. Entre la presse, mon travail, les mille et une sollicitations sans intérêt dont ma petite personne faisait l'objet, j'essayais plus que jamais de ne pas perdre le fil de ma quête. Je me rendais plusieurs fois par semaine au centre de la rue de Montmorency pour pratiquer. C'était mon havre de paix. Là-bas, j'ai pu me ressourcer, prendre le large, loin de cette perpétuelle turbulence chaotique de rendez-vous, d'appels téléphoniques, de questions, de projets, dans laquelle ma vie avait brusquement plongé. Malheureusement, le centre a fermé et je me suis retrouvée seule, suspendue dans le vide, avec mon apprentissage balbutiant d'un programme immense que je voulais à tout prix approfondir. Mon refuge avait disparu.

L'emballement des médias à mon égard bat son plein durant les mois de septembre et d'octobre 1981. La plupart des journaux publient des bobards. Dans un magazine, une fille qui prétend être ma jumelle se plaint de voir son corps – donc semblable en tout point au mien – affiché sur trois mètres sur six ! Un autre, mon soi-disant fiancé, se lamente de n'avoir plus l'exclusivité de ce spectacle. *Libération* a été l'un des rares journaux à publier un éditorial décent sur le phénomène de société qu'est devenue la publicité Avenir. Mes interviews sont toujours plus ou moins caricaturées. Deux reporters de *Paris-Match* m'ont rendu visite à La Fourche. Je leur ai fait ôter leurs chaussures. Agréables et corrects, ils ont respecté ma demande de ne pas photographier le petit autel dans ma chambre et l'article était innocent.

Plus déplaisant par contre, le directeur de la revue *Photo* me pria de venir le rencontrer. Il avait besoin de mon autorisation pour publier des nus choisis parmi la collection personnelle de Jonquille. Une de ces photos devait paraître en couverture d'un numéro spécial. J'avais demandé que ce soit un portrait et non un nu. C'était un accord verbal et mon interlocuteur souffrait de problèmes d'audition. Le magazine est sorti avec une photo de moi nue. Non seulement «Dur d'oreille» m'avait menti, mais en plus, l'article était dégradant pour moi. Ce numéro spécial bénéficiait d'une grande campagne de promotion, ce qu'il m'avait bien entendu caché: «Myriam nue pour la première fois, les photos que toute la France attendait.»

Le magazine *Zoom*, pour sa part, n'a même pas pris la peine de me demander mon avis; ils ont carrément publié des clichés inédits du shooting des Bahamas. Comment les ont-ils obtenus, sinon de Jonquille lui-même? J'ai refusé catégoriquement la couverture de *Playboy* et toutes les propositions semblables. Parfois, je pensais qu'il y avait un concours entre la radio et la presse écrite, c'était à qui gagnerait le prix de la question la plus idiote!

J'ai refusé de participer à une émission avec Madame Halimi qui, très certainement, aurait voulu me dévorer toute crue en public et, sur ma lancée, j'ai refusé toutes les télés, afin de ne pas être reconnue dans la rue. Seul *Hara-Kiri* ne m'a pas déçue. Je me demandais ce qu'ils allaient bien pouvoir publier; j'avais connu le professeur Choron quand il traînait dans les mêmes rues que moi. Je me triturais le cerveau à la recherche d'une idée d'article qui serait à leur mesure. Ce qu'ils ont sorti était impeccablement «bête et méchant», glauque, macho et scandaleux, mais génial ! Le titre : « La vérité sur Myriam », était accompagné d'une reproduction de la seconde affiche (sans le haut). Pour découvrir cette fameuse vérité, il fallait retourner le journal pour découvrir un montage de la même photo avec un phallus entre mes jambes : « *Myriam est un homme ! Avenir, les salauds nous ont fait bander pour un mec !* »

J'ai trouvé cela hilarant. Renée, ma bookeuse, roulait des yeux horrifiés et hurlait que je devais leur faire un procès. Je lui ai répondu que je ferais volontiers un procès à tout le monde sauf à *Hara-Kiri*, les plus honnêtes journalistes que j'avais rencontrés jusque-là. Eux au moins, ils étaient cohérents et ils avaient le mérite d'être drôles. Heureusement, malgré tout ce battage médiatique, on ne me reconnaissait pas dans la rue, exception faite de ma marchande de journaux qui s'est exclamée un matin : « C'est fou ce que vous ressemblez à Myriam ! »

On pouvait trouver facilement mon adresse et je craignais le pire. Par miracle, je n'ai reçu qu'une seule visite : celle d'Yves Simon qui voulait me proposer le rôle féminin dans un projet d'adaptation pour le cinéma de son livre, *L'Amour dans l'âme*. Bien que le film ne se soit pas fait, nous avons sympathisé et sommes restés amis. Un matin, Simone V. m'a téléphoné : « Écoute, j'ai reçu un coup de fil d'un jeune garçon sympathique. Il affirme qu'il est ton frère. Il a vu le nom de votre père dans mon article du *Matin* et il veut te rencontrer. Il s'appelle Ivan. Il m'a demandé ton numéro de téléphone. Tu sais, normalement je ne l'aurai pas donné, mais il était vraiment très gentil. Tu me raconteras après, hein ? »

Adolescente, j'imaginais que je tomberais amoureuse d'un de mes frères sans même le savoir ! Ivan m'a appelée le jour même. Beau jeune homme de presque deux mètres de haut, né peu de temps après moi, il avait 19 ans et étudiait le droit. Il tenait de sa mère, une jolie française d'Algérie, son teint mat et de Laszlo, sa prestance. Son beau-père était un illustrateur de bandes dessinées, mais contrairement à la plupart des autres membres de la fratrie que je connais – tous plus ou moins artistes – lui était plutôt conformiste. Peu après, Laszlo m'a envoyé un autre frère qui répondait au joli nom de Tibor. Encore un géant Szabo : dans la famille, nous sommes tous grands et partageons avec notre père une sorte de majesté ostentatoire. Tibor, qui est allemand et vient de Hambourg, incarne la version viking des Szabo. Avec ce battage médiatique qui n'en finissait pas, ma vie entrait dans une zone de turbulences, alors que je souhaitais tout à fait autre chose. C'est en moi qu'il me fallait trouver les réponses.

Ras-le-bol

La revue allemande *Stern* m'a engagée pour un reportage et la couverture du magazine. Nous shootons à Ibiza où Claude Haddad, qui m'a toujours seriné que je deviendrais une star, nous accueille dans sa luxueuse résidence en bord de mer. Bien sûr, il a fait tout son possible pour lutter contre mon mépris spontané pour la presse. Je commençais à déprimer sérieusement. L'agitation des derniers mois influait sur mon psychisme et je me demandais dans quelle mesure l'énergie de ces gens qui fantasmaient sur mes photos me portait préjudice. Leurs pensées malsaines agissaient sur moi comme une mauvaise magie, me semblait-il. J'étais devenue une extraterrestre parmi les photographes et les mannequins en soif de gloire, j'étais noyée dans la superficialité de la jet-set. Tout cela me rendait triste comme la mort. Le soir de mon retour à Paris, je souffrais d'une terrible gueule de bois de la célébrité. J'avais donné une interview catastrophique à la radio et un fan était venu me saluer. Le pauvre était reparti complètement démoralisé : afin de me démystifier, je lui ai dit de bien me regarder, que je n'avais rien de spécial qui justifiait son admiration. Involontairement, je l'avais humilié et je le regrettais. Dans le même temps, Michel Polnareff a pris rendez-vous avec moi. Il voulait que nous enregistrions un duo puisque nous avions un point commun : nos fesses sur des affiches. Je l'ai trouvé particulièrement antipathique, ce qui m'attristait puisque j'admirais sa musique.

Polnareff parlait d'un CD, Yves Simon d'un film, Claude Haddad d'une star, tous les jours on voulait m'inviter à la télé, la France me réclamait à poil et moi, je voulais retourner à Soleils. J'ai décidé de quitter Paris le plus tôt possible. Pierre habitait encore par intermittence chez moi les nuits où il jouait au Raspoutine, mais je ne pouvais plus supporter sa radio CB. Je lui ai demandé de partir : j'avais prévu d'aller vivre à Bruxelles. La valse des interviews continuait, chaque jour apportant son lot de surprises. L'animateur Patrick Sabatier a demandé à me rencontrer pour parler d'un projet et nous avons déjeuné sur la terrasse d'un petit restaurant proche des Champs-Élysées. Il n'a jamais explicitement parlé du projet ; en revanche, je me souviens avoir dégusté pour la première fois de ma vie un crottin de fromage de chèvre chaud en salade, pendant qu'il monologuait.

Quelques jours après, il me proposait de dîner avec Marie-Paule Belle. Nous devions nous retrouver dans son somptueux appartement du sixième arrondissement avant d'aller au restaurant. Je ne comprenais pas ce qu'il me voulait, peut-être que je m'efforçais surtout de ne pas comprendre ! Monsieur Sabatier m'a parlé de sa famille, de ses principes et – je ne lui avais rien demandé – assuré qu'« il ne draguait jamais ». Il parlait beaucoup. Durant sa logorrhée, j'ai compris qu'il évoquait des collègues « au courant de l'invitation à dîner ». Je me suis demandé si j'étais l'objet d'un pari et j'ai continué à faire l'idiote. Nous sommes enfin partis retrouver Marie-Paule Belle au Lucernaire, mais la situation était devenue tellement surréaliste que j'ai fini par me lever pour aller aux toilettes. Je ne suis jamais revenue à table.

Peu après, je suis partie à Bruxelles en voyage de reconnaissance. Jean-Luc, Marc B. et moi avions décidé d'émigrer puisque notre centre de la rue de Montmorency venait de fermer. J'ai été reçue par le lama blanc pour la première fois en privé. Il m'a transmis des *lungs* de pratique – il m'autorisait à faire certaines prières par la lecture d'un texte – et m'a recommandé d'arrêter définitivement le tabac (je fumais encore un peu). J'ai immédiatement suivi son conseil. De retour en France, j'ai suivi les enseignements de Tulku Pema Wangyal Rinpoché dans le centre OKC de la rue de Livourne, une étape décisive qui m'a décidée à partir le plus tôt possible. Jean-Luc et moi étions devenus amants. Nous avons emménagé ensemble en Belgique.

21 000 prosternations

Au début de l'hiver 1982, nous avons quitté Paris dans une Simca verte dont Jean-Luc venait d'hériter. Avec l'argent que j'avais gagné comme mannequin, j'avais loué un grand appartement qui faisait partie d'une ancienne ferme à Wezembeek-Oppem, un bled paumé près de l'aéroport de Bruxelles. Le reste du bâtiment était occupé par une entreprise de produits biologiques tenue par des amis bouddhistes. J'avais prévu de passer un mois en retraite juste après les festivités traditionnelles du nouvel an lunaire qui commençait en février. Mon travail de mannequin me permettait de gérer mon temps sans me soucier des problèmes financiers. Je vivais très simplement et je me sentais heureuse. Le lama blanc m'a donné les instructions nécessaires pour pratiquer vingt et un jours durant à Soleils. Des pratiques simples, à étaler tout au long de la journée, selon mon propre rythme. Je participerai à la dynamique du monastère en ayant fait vœu de silence et en pratiquant mille prosternations par jour. Mon premier pas dans le Vajrayana.

Soleils. Les étoiles à 4 heures du matin en plein hiver, l'aube bleue d'un mois de février glacé, les montagnes sauvages ocre jaune autour de nous qui baignent dans les lueurs naissantes du soleil levant, l'air frais vif sur mes joues... Mon cœur est rempli de plaisir à l'idée de consacrer tout mon temps à ces pratiques. Je me sens renaître au monde. Jean-Luc aide à la construction du chöten[29] sur un terrain que Sa Sainteté Dudjom Rinpoché avait consacré à cet

29. Construction reliquaire symbolique typique du bouddhisme.

effet des années auparavant. J'aide en silence aux divers travaux d'entretien du temple. À force de répéter mes génuflexions mille fois de suite chaque jour, je souffre des genoux et des mains. Expiration en descendant, inspiration en montant, mes muscles se tendent, les projections mentales affluent. Je dois parvenir à accumuler un minimum de cent mille prosternations. C'est le chiffre d'accumulation traditionnellement recommandé dans le Vajrayana. Ce sera difficile, mais j'y suis bien résolue et puis, on m'a offert des genouillères de sport rouge vif. Ce n'est pas discret, mais c'est efficace !

Petit à petit, je comprends la profondeur de la pratique du Dharma et le processus de transformation qui se met en place en moi. Je m'applique à répéter les exercices consciencieusement, mais deux minutes plus tard, voilà que je pense à autre chose... Je dois joindre pensées, images et paroles avec les mouvements. Je n'y arrive pas ! Mon esprit glisse, il s'échappe, il s'agite ailleurs qu'ici. Debout, les mains jointes au-dessus de la tête, je recommence. Je récite les syllabes-germes représentant l'essence des divinités et associées à chaque chakra[30] : OM blanc, à la gorge AH rouge, au cœur HUNG bleu. Je plonge en ouvrant mes bras vers la terre et je prends tous les êtres avec moi dans cet élan. Mon père se trouve à ma droite, ma mère à ma gauche, mes amis près de moi, même mes ennemis, tous sont autour de moi, des êtres innombrables que j'ai croisés à travers des vies et des vies d'errance dans le Samsara[31]. Je les vois qui

30. Centre d'énergie dans le corps.

31. Cycle de renaissances soumises à la loi du karma. Vision duelle des phénomènes qui conditionnent la renaissance.

prient, le cœur ouvert et le visage paisible. Cette foule d'êtres, d'hommes, de femmes, d'animaux, d'insectes, de plantes, pratique à mes côtés. Je les invoque et les accueille dans mon esprit. Je m'applique à élaborer une œuvre solitaire, une symphonie dont les musiciens sont mes yeux, mes oreilles, ma peau, et mon esprit le chef d'orchestre. J'ai reçu une partition dont les instructions colorent l'expérience d'«être» avec des saveurs intrinsèques à mon corps humain, des saveurs inavouées, délicieuses, sublimes. La trame sur laquelle je travaille en me prosternant consiste à revoir tout ce qui me fait me sentir «moi», mais en le transformant, en le sculptant, en choisissant de redessiner le scénario invisible de mon univers secret. La vertu est délectable. Je n'attends rien. Je savoure l'amour qui a toujours niché dans mon cœur, et je me sens paisible, confiante, pleine d'une énergie créative indicible. Apprécier la vertu consiste à ressentir la vérité nue de son cœur quand il est libre de plaintes, sans rien y ajouter. Je chante mon vœu pour le bien des êtres, je les imagine heureux et je me réjouis de leur bonheur, assise sur un coussin, consciente de l'endroit où je me trouve et des pensées qui m'habitent. La vertu n'est pas une action vers les autres, elle préexiste en moi. Je me délecte de la simplicité de cette expérience qui consiste à être présente.

Les prosternations que je pratique, à raison de mille par jour pendant vingt et un jours, sont mes premiers pas vers un entraînement qui engage l'intimité de mon corps, de ma parole et de mon esprit. Il transforme ma façon de voir les «autres», il me dit que j'ai le pouvoir de choisir ma façon de vivre. Il me montre qui je suis en ce moment: une jeune fille qui réalise l'ampleur de sa propre confusion et les dégâts que cette inconscience a projetés dans sa vie jusque-là. La légende de mon univers danse dans mon esprit éclairé par la bonté que je cultive parce qu'intuitivement, cette sensation lumineuse d'ouverture m'attire. C'est cela qui m'a attirée vers le Dharma du Tibet : la magie. Une méthode pour me transformer. Une méthode intelligente, poétique, pragmatique, et résolument magique. On m'a proposé ces pratiques. Je les ai acceptées. Alors, je m'entraîne en toute confiance à les expérimenter et ce que je découvre, c'est moi-même. De corps, de parole et de tout cœur, je prends refuge dans les Trois Joyaux : le Bouddha, le Dharma, la Sangha. Le Bouddha, l'« esprit éveillé » qui vit en moi et dans tous les êtres ; le Dharma, l'ensemble des entraînements qui me permettent de développer le potentiel de cet éveil et de me libérer de mes habitudes rétrécissantes ; la Sangha, les êtres innombrables qui ont déjà fait ce voyage, ceux qui sont en train de le faire, ceux qui vont le faire. Le Refuge, c'est la découverte de ma maison, celle qui offre une protection, celle dont la porte s'ouvre sur la grotte secrète, immense et précieuse de mon propre cœur, celle où dansent tous les êtres, mes parents et les autres.

Encore et encore, je me prosterne. Les mains glissent sur le sol en triangle devant mon corps pour se rejoindre pendant que je m'étale par terre. Couverte de transpiration, à plat ventre sur la terre, je soulève mes mains jointes au-dessus de ma tête en veillant à garder mes jambes serrées. Je suis danseuse, je soigne les détails de ma posture, je cultive sa beauté. Le moment que j'aime le plus, petit suspense dans le va-et-vient des génuflexions, c'est l'ouverture de mes doigts majeurs. Ils s'écartent légèrement pour laisser sortir la graine, l'amour et la sagesse concentrés qui s'échappent de mes mains vers le ciel, figurant ainsi l'heure de ma mort, quand l'énergie s'échappera de ma fontanelle[32] pour rejoindre l'espace. Front contre terre, allongée de tout mon long, les coudes pliés autour de la tête et les mains levées vers le ciel, toc ! Une syllabe-germe s'échappe. La syllabe qui contient l'essence de la Bodhi, la graine de l'éveil. Mon éveil et celui de tous les êtres.

Les exercices sont chorégraphiés en détail, mais je suis invitée à vivre dans leur cadence, une poésie qui m'est propre. Je suis envahie d'émotions pures, la joie, l'amour, la reconnaissance... Ma respiration, moteur des mouvements visibles et invisibles, a la puissance de tous les vents, des tempêtes et des brises de printemps. Ce n'est que mon propre corps, pourtant tout l'univers émerge dans mon esprit grâce à lui : les cinq éléments, les cinq sens, les cinq sagesses, les cinq poisons[33]. Vue de l'extérieur, je suis une femme en train de faire de rapides génuflexions, comme une échevelée fanatique, mais en moi un autre temps s'installe petit à petit... quand je ne suis pas distraite. Mon esprit s'est de nouveau échappé ! Je me retrouve à Paris, à Bruxelles, à Milan, en pleine conversation avec un ami ou en train de penser à une friandise.

Recommencer, encore et encore, comme si j'apprivoisais un cheval sauvage. Pour la première fois,

---

32. Dans le bouddhisme, la fontanelle, au sommet du crâne, est l'endroit par où sort l'énergie après être passée par les canaux et les chakras de notre corps.
33. Les cinq sagesses correspondent à la Sagesse comme miroir, la Sagesse qui embrasse tout, la Sagesse du discernement, la Sagesse de l'équanimité et celle de l'action, qui accomplit toute chose. Quant aux cinq poisons, ce sont les émotions perturbatrices : la haine, l'obsession passionnelle, l'ignorance, l'orgueil et la jalousie.

je prends conscience de mes propres mécanismes mentaux et de mon absence totale de contrôle sur eux ! C'est une découverte curieuse, comme si j'étais étrangère à moi-même. Je viens d'avoir 20 ans et je viens de faire ma propre connaissance en me prosternant. Découvrir ces réalités renforce ma motivation. Progressivement, ma pratique évolue. Je rencontre Chantal, une instructrice de yoga qui devient mon amie. Elle a entrepris d'aider ceux qui souhaitent étudier et apprendre par cœur l'offrande du Mandala en 37 caractéristiques. Il faut imaginer les richesses de l'univers, ses propres possessions et ses propres plaisirs, et les offrir aux Bouddhas des trois temps, ceux du passé, ceux du temps présent et ceux du futur, les potentiels êtres éveillés. Cent mille fois au minimum. Beaucoup d'entre nous ne sont pas encore parvenus à apprendre de bout en bout le rituel. Synchroniser la récitation et les gestes s'avère extrêmement compliqué et laborieux ! Pour ma part, je n'ai jamais osé me lancer dans cette manipulation symbolique du riz safrané, accompagnée d'une longue liturgie en tibétain. L'aide offerte par Chantal arrive à point.

Après l'office du matin, alors qu'il fait encore un froid glacial, nous nous réunissons dans une vieille maison basse, emmitouflés de pulls et de couvertures, pour étudier, à la lumière de la bougie, les pratiques transmises de maître à disciple depuis des millénaires. C'est à la fois rude et romantique. Avant ce moment de pure intimité, nous prions et nous pratiquons, pieds nus sur la rosée gelée, des exercices physiques inspirés des arts martiaux, le Vajra yoga. Nous sommes encore à jeun, il est 6 heures du matin, mais je suis en pleine forme. Tout en accomplissant le rituel dans son intégralité, nous récitons la liturgie en tibétain et sa traduction correspondante en français en très peu de temps. Chantal est une femme énergique, intelligente et très belle. On dit qu'elle a travaillé pour les services secrets français avant de partir vivre à Soleils. Je dois m'enfuir de chez elle si je veux respecter mon vœu de silence, difficile à tenir quand deux aventurières avides de se connaître sont réunies.

La mue

Au retour de Soleils, j'ai décidé de freiner mes relations avec la presse française. J'ai même envisagé de rester définitivement au monastère, mais j'ai décidé d'attendre un peu. Je souffre d'un problème embarrassant pour un mannequin. Depuis que je me suis astreinte à une nouvelle discipline de vie, je ne fume plus, je ne bois plus, je ne me drogue plus, mais... je mange de plus en plus ! Les coutures commencent à craquer. Si je continue de la sorte, on ne m'invitera plus à des programmes dédiés à la beauté, mais à la gastronomie. Mes revenus se trouvent menacés, les belles rondeurs d'antan n'ayant jamais trouvé place dans les agences de mannequins... Je tente des régimes amaigrissants draconiens avec une détermination supérieure à l'effort produit. Ayant maigri à la demande d'une styliste de *Freundin* pour un reportage de mode au Kenya, j'ai repris du poids dès la fin du séjour. Une autre fois, je suis renvoyée d'un tournage parce que mes courbes dépassent le cadre admis par l'esthétique contemporaine.

J'ai décidé de vivre seule. Jean-Luc l'a senti. Plus il tente de me retenir, plus je souhaite fuir. J'éprouve une répulsion sauvage envers tous ceux qui veulent «se coller» à moi. Je ne supporte plus son regard ni sa peine, je me montre agressive et insensible, c'est plus fort que moi. Pour résoudre vite le problème, je demande aux responsables de l'école OKC une chambre dans leur bâtiment de Bruxelles, tout en maintenant mon activité de mannequin à Paris. On me propose une chambre mitoyenne à la salle de yoga. Je quitte Wezembeek-Oppem tandis que Jean-Luc part, bon gré mal gré, vivre à Soleils pour aider à la construction du chöten et s'empresser de m'oublier. Peu après, il s'est marié avec une Portugaise qui lui a donné deux enfants.

Le bouddhisme Mahayana explique qu'en cultivant un amour pour les autres supérieur à l'obsession qu'on centre tout naturellement en soi-même, on se libère des tendances habituelles. La prison que je suis en train de démolir, c'est la croyance en la solidité de mon ego. Vaste entreprise. Les autres seraient donc la même chose que moi-même, des versions intérieures/extérieures ? Depuis ma plus tendre enfance, je cherche comment exprimer cet amour gigantesque qui tambourine douloureusement dans mon cœur.

Jésus a dit «Aimez-vous les uns les autres», cependant, je ne trouve pas les moyens de vivre dans l'amour. Comment me gérer moi-même ? Comment me transformer ? Je me souviens qu'à l'âge de 12 ans, je pleurais en cachette dans mon lit en voyant à quel point mon comportement différait de mes intentions. Je voulais changer et je disais à Jésus : «Oui, j'aime ce que tu racontes, mais on fait comment ?» C'est à cet amour gigantesque que je désirais accéder, il n'y avait pas de place dans mon esprit pour une vie de couple étriquée. Et je venais de découvrir une philosophie dont les préceptes résonnaient avec mon besoin le plus profond, celui qui me faisait danser, celui qui avait la priorité sur toutes mes décisions : le besoin de trouver le véritable sens de ma vie.

Mon père à Soleils

Après ma semi-retraite de trois semaines à Soleils au mois de février, j'ai rendu visite à mon père avant de remonter à Paris. Laszlo avait déjà 75 ans, la maladie de Parkinson commençait à le détruire. Il possédait une maison dans le vieux Cannes où il habitait avec ses deux femmes du moment et les trois enfants qu'il leur avait fait.

Ce soir-là, mon père est rentré de vadrouille alors que je l'attendais depuis quelques heures en compagnie de ses concubines. Sigghi, peintre allemande de 30 ans, le teint pâle, une peau fine et impeccable, les cheveux mi-longs sombres, me fixe de son regard froid bleu acier et caresse son gros ventre tout rond. L'autre, une magnifique Hongroise aux yeux de braise, dont la longue chevelure noire bat les reins, ne parle pas un mot de français. Elle porte dans ses bras le petit Sébastien. Sigghi, à qui Laszlo a parlé de moi, m'a reçue aimablement dans leur maison étroite de deux étages où règne un désordre absolu. De très belles chemises, des robes et des vestes hongroises sont pendues sur des clous, pêle-mêle, dans toute la maison. Les broderies de fleurs multicolores, rouges, brunes et vertes sur fond de coton blanc ou de laine beige, égaient le lieu sombre et délabré. Les volets sont fermés. Pour la première fois de sa vie, mon père s'occupe de ses enfants et les entoure d'attentions excessives ; l'un d'eux est déficient mental. Il y a de la vaisselle sale un peu partout dans les escaliers. Je constate vite que deux femmes ne suffisent pas à l'entretien de ce microcosme chaotique.

Laszlo débarque vers 19 heures, accompagné de quatre admiratrices chinoises qu'il a dégotées sur le port. Elles voyagent sur un voilier à travers la Méditerranée. À peine arrivées, trois d'entre elles glissent discrètement dans la cuisine exiguë où, comme des fourmis excitées, elles nous préparent à dîner. Dans son rôle de conquistador, mon père bavarde avec moi et celle qui semble être à la tête du groupe, une aventurière aux gestes volontaires. Laszlo en profite pour nous vanter les avantages de la polygamie : les femmes ne s'ennuient pas, il y a toujours quelqu'un pour s'occuper des bébés, elles peuvent les promener ensemble... Il exhibe un air satisfait. La Hongroise n'a pas l'air de partager son opinion : elle retourne avec son bébé en Hongrie sous peu ; elle ne supporte plus de vivre avec ce sculpteur exubérant, ses autres femmes, ses enfants de passage et ceux de sa colocataire actuelle. Sigghi, quant à elle, attend un héritage qui ne saurait tarder, vu l'état de santé de Laszlo.

Le temps que les remèdes agissent, il retrouve son brio, mais quand les crises neurologiques reprennent le dessus, il souffre et perd ses moyens. Il dit qu'il sent son corps brûler de l'intérieur et évoque parfois le suicide comme la seule solution digne pour échapper à la dégradation vers laquelle il se sent glisser. Je n'arrive pas à prendre mon père au sérieux. Je ne me rends même pas compte de ma propre incapacité à le rendre vrai. Je le vois comme une icône vivante. Jamais je ne le descends de son piédestal pour pouvoir ressentir sa souffrance, ne serait-ce qu'un court moment. Éprouve-t-on de la compassion pour les dieux de l'Olympe ? Mon père joue son rôle sans flancher, il est un personnage, pas un homme. Pour moi, et tout à fait malgré moi, il appartient à un monde fantastique où les protagonistes ne ressentent rien.

Laszlo voulait voir Soleils. Des amis de ma communauté ont proposé de passer le chercher, mais il n'a pu se résoudre à attendre. Il est parti de Cannes vers 6 heures et a débarqué vers 4 heures le lendemain matin, en compagnie d'une jeune femme hollandaise qui l'avait pris en stop sur la route de Draguignan. Les deux énormes bergers des Pyrénées aboyaient autour de lui férocement, tandis qu'il les provoquait comme un torero avec sa veste. Laszlo a séjourné pendant deux jours à Soleils. Toute fière, Chantal m'a raconté comment il avait tenté sa chance. Laszlo lui aurait demandé en la regardant droit dans les yeux : « Avez-vous des enfants ? »

Beaucoup de mes amis de la communauté ont aimé mon père. Certains lui rendaient visite régulièrement, à Cannes, lorsqu'ils allaient déposer le pain produit au moulin dans les points de vente. Petit à petit, la maladie a rendu Laszlo de plus en plus triste, dépendant et invalide, comme je l'ai appris après sa mort. Moi j'étais loin ou en retraite, sans la moindre disponibilité pour mes parents. J'avais trouvé une paix nouvelle dans le parcours solitaire que je m'autorisais envers et contre tous.

Latcho Drom

Je ne ressentais pas que la paix, autre chose vibrait en moi. Je le sentis très fort, un soir, lors d'une fête d'anniversaire chez des amis près de Liège. Des Tziganes jouent du violon, de la guitare et de l'accordéon. À l'instant même où cette musique d'ailleurs vibrait dans mes oreilles, mes larmes ont coulé et un frisson m'a parcouru tout le corps. Je n'ai jamais su d'où je tenais cette nostalgie viscérale du voyage ni pourquoi je me sentais fille des nomades du monde. Pour moi la vraie vie se passe en voyage, surtout pas dans une maison. Après la mort de Laszlo, je me suis rendu compte que je ne connaissais rien de sa vie en dehors des anecdotes qu'il enjolivait volontairement. Il ne parlait jamais de choses ordinaires et quand il racontait des épisodes de sa vie rocambolesque, c'était pour m'enchanter avec des histoires grandiloquentes.

Je m'étais habituée à considérer mon père comme un être mythologique. J'étais la fille d'un dieu archaïque ébloui par la beauté de ma mère, une étoile rayonnant sur le mont Parnasse. Selon sa propre version, il était proche des Tziganes. En tout cas, c'est ce qu'il me disait, changeant de version selon le public qui l'écoutait. Lorsqu'il imaginait une réunion avec tous ses enfants, il me disait que les Tziganes y joueraient de la musique. Dans un des scénarios qu'il avait écrits pour le cinéma, il m'avait attribué le rôle d'une Tzigane voyante qui était également une princesse chez les *gadjos* américains.

Le 1er février 1959, à Paris, Lazlo a écrit ce poème :

«Il y a eu d'abord le feu, ocre jaune,
Brun sombre,
La pierre liquide, la lave,

Mer des idées et mère des sculpteurs.
Les brumes limpides ont su caresser
Les formes du futur.
Toutes croyances, toutes connaissances, tous secrets
étaient gravés dans les rythmes marins.
En vain! Les prophètes ont lu à l'envers,
Personne n'a cherché sur les ailes
des poissons hirondelles,
Ni sur les falaises,
Ni sur les feuilles des oliviers naissants:
LA SAGESSE
Sans comprendre,
L'homme qui se dit sapiens *s'amuse*
à bombarder les étoiles.
Depuis les cavernes jusqu'à l'homme frigidaire,
Jusqu'à l'homme robot,
Tout est resté en chemin sauf les faits divers...
Attila, mon ancêtre,
A vu la vérité dans un bloc de sel.
Mais le sel est de larmes.
Larme du futur.
Mes frères les gitans gardent encore
Le vieux secret
Dans un topaze vert
dont j'ai vu le reflet sur leurs paupières.
Paupières de velours,[...]
Les rivières déborderont
Comme les fleuves,
Tous payeront
Par le feu
Sauf les gitans
Les hommes de la Terre de Feu,
Les cavaliers de vermeil.
Vénérez, vivants,
Vénérez les gitans! [...]»

Pendant des années, j'ai poursuivi un rêve, un fantasme plus fort que mon peu de bon sens. Ma nostalgie, c'était une mystérieuse *saudade* pour un passé oublié que je voulais revivre à tout prix avec une passion insensée. Une réminiscence de mémoires sauvages dont les traces obscures de souvenirs, ensevelis dans la douleur par le temps, a aiguisé ma sensibilité. Le feu, les étoiles, les chevauchées folles, la musique, les paysages à perte de vue, les chevelures rebelles, les tissus multicolores brodés par le temps des femmes, les jeunes filles aux larges sourires farouches me rappellent cette route interminable qui permet à chaque jour de révéler un nouveau monde. En voyage, toute mon attention est disponible. Chaque nouvelle rencontre, chaque virage amène le mystère de ce qui suivra. Un ami cher à mon cœur m'a dit : « Après un virage, ce qui vient généralement, c'est encore la route. »

Il n'y a qu'à observer cette route sans crainte, sans freiner, et la suivre en restant libre des spéculations abstraites du futur. Je voulais retrouver les ombres qui me hantaient. Je rêvais de liberté, une conquête impossible dans ce monde qui n'était pas le mien. J'avais l'impression d'être née au mauvais endroit, au mauvais moment. Ma tendance à courir, à vouloir m'enfuir très loin – où donc ? – me tenaillait toujours, malgré la découverte merveilleuse du Dharma auquel je m'étais vouée. Il m'arrivait souvent de pleurer devant la misère de notre siècle, devant notre incapacité à nous aimer, bien que chacun aspire à cet amour inaccessible. Se faire aimer, être « reconnu », devenir riche, célèbre, beau et parfait, tout magnétiser autour de soi et pour soi me semblait ridicule. L'amour à l'envers, absurde et infantile, celui qu'on voudrait attraper, se dissout comme l'arc-en-ciel dès que l'eau s'est évaporée. Je cherchais désespérément l'unité chaleureuse qui chante sous les cieux indigo du monde ; j'ai finalement trouvé une musique, celle des Roms, libérée de regrets et pleine d'une énergie sauvage. Les innombrables musiques du monde, je les ai suivies pas à pas et j'ai ainsi rencontré Alzir, le gitan, le magicien, le voyageur.

Il jouait du violon dans une fête sur le pont de l'île Saint-Louis. Nous avons longuement discuté et nous nous sommes revus. Alzir est manouche par son père, français par sa mère. Né en Camargue, il a hérité de son grand-père certains des secrets de la magie et de la médecine traditionnelle pratiquées par les gens du voyage – qui perdent leurs trésors et leur dignité en même temps que le vieux monde s'effrite inexorablement –, mais surtout, il a hérité de son violon. De taille moyenne et d'une constitution robuste, Alzir passerait inaperçu s'il enlevait son chapeau mou. Légèrement dégarni, il a des cheveux gris frisés courts, une moustache épaisse ; ses yeux noirs sont perçants, son nez droit, large, mais bien proportionné. Deux larges fossettes creusent ses joues quand il sourit. On dirait Georges Brassens. Éternel voyageur, Alzir communique son art subtil de la vie spontanée à ceux qui ont la chance de le côtoyer. De son passé, je ne sais presque rien. On raconte qu'il a longtemps vécu seul en observant le monde, sans rien dire. On raconte aussi qu'il aurait monté, avec l'argent de sa famille maternelle, une petite affaire commerciale prospère qui lui permet de vivre à sa guise.

Alzir m'a enseigné des notions simples : comment manger dans un restaurant chic, comment décoder les expressions des gens, comment créer une situation de fête sans qu'on remarque celle ou celui qui a lancé l'assemblée dans la folie de la danse. Il est devenu mon ami, le papa dont j'avais besoin, mon mentor. Alzir m'a incitée à rechercher l'élégance. Je marchais comme un homme, je parlais fort, je claquais les portes, je m'habillais mal, je battais les gars au football ! J'ai passé des années à la poursuite de ma féminité, cherchant une manière intuitive d'offrir au monde une certaine délicatesse, des gestes doux. Cléo avait dû se battre pour moi, j'avais épousé son sort. Ni elle ni moi ni ma sœur ne savions apprivoiser la douceur. Avec nos blessures, nous mordions avant de réfléchir. Alzir a compris mon rêve. Sans rien dire, il m'a amenée à constater qu'effectivement, je rêvais. Il m'a immédiatement traitée comme une fille de sa famille. Il m'a effrayée, il m'a consolée, il m'a inspirée.

Alzir avait connu sa femme, Gioia, quinze ans plus tôt. Ils voyageaient toujours ensemble. Gioia ressemblait à ce que je souhaitais devenir. Une femme belle de l'intérieur, fière mais dépourvue d'orgueil, calme et profonde, qui sait embrasser d'un coup d'œil toute la météorologie interne de son interlocuteur. Gioia se tient comme une reine, dégageant une simplicité tendre et discrète. Elle est mince, souple et légère. Son cou, ses bras, ses longs doigts, ses jambes, sa taille sont fins comme le roseau. Lorsqu'elle défait son gros chignon pour vite le reformer, son immense chevelure noire ondulée tombe sur ses reins comme une cascade d'étincelles multicolores. Sa peau est plus basanée que celle d'Alzir.

Gioia a les pommettes saillantes, les yeux en amande, le nez extrêmement fin avec les narines légèrement évasées au bout. De sa bouche finement dessinée, pulpeuse sans être trop grande, sort une voix douce, chaude, un peu rauque, qui chante avec l'accent chuchotant du Brésil. J'ai rejoint quelquefois les caravanes de leur petite tribu en France, en Camargue, en Espagne ou au Portugal. Alzir est un vieux révolutionnaire parmi les Roms. Il s'est libéré des préjugés traditionnels de son peuple pour l'ennoblir en distillant l'essence de sa connaissance. Je n'avais pas d'enfants, pas de responsabilités, je pouvais partir sans laisser d'adresse, revenir sans prévenir, les suivre, eux et leur musique.

Jouer une vie

Alain Berry, cousin de l'acteur Richard Berry, a voulu me rencontrer en mars 1982 pour me proposer de travailler avec lui. Nous nous sommes promenés dans le jardin des Tuileries lors de notre premier entretien. Alain travaillait chez Cinéart, une agence de comédiens fondée par Jean Nainchrik qui représentait de très bons acteurs français comme Jean Marais, Stéphane Audran, Annie Girardot, Richard Berry et d'autres. Il m'a proposé de tenter ma chance sur le grand écran. Nous avons flâné entre les grands arbres gris gelés. Une buée blanche sortait de notre bouche à chaque respiration. Il faisait vraiment très froid. J'aimais bien Alain. Instinctivement, je lui faisais confiance. En le quittant, place de la Concorde, je lui ai demandé de me laisser du temps pour réfléchir. La proposition était alléchante, j'adorais le cinéma. J'avais renoncé à faire carrière dans la danse – la danse était ma voie spirituelle, pas une source de revenus – et je ne poursuivrai pas longtemps le mannequinat. En devenant actrice, je préserverai ma liberté tout en finançant mes études bouddhistes. Cela me semblait une bonne solution.

Alain voulait me convaincre de faire cette expérience et son agence, une des meilleures à Paris, était prête à me soutenir. La presse s'était un peu calmée, mais mon nom restait sur toutes les bouches. Je représentais un potentiel prometteur. J'ai accepté et je suis rentrée chez Cinéart une semaine plus tard. C'était rassurant pour Cléo qui, en six ans, m'avait vu quitter la maison, traîner avec des drogués et des voyous en tout genre, m'associer à des écolos allumés, fricoter avec des mystiques et ne prêter aucune attention à ma célébrité accidentelle. Alain Berry m'a présentée à plusieurs réalisateurs. Je me souviens qu'à cette époque, je jouais parfois au « regard qui transperce tout ». Cela devait être énervant, d'autant que mon regard ne transperçait rien du tout ! Telle une jeune sorcière vaniteuse, je fixais en silence mon interlocuteur, ce qui voulait dire : « Je vous regarde et je vois tout ce qui se passe dans votre âme. » Peut-être ce cirque abusait-il certains, en tout cas, il m'abusait moi-même, même si au fond je savais que je jouais les « cabotines du mystère ».

Attachée à donner une image originale de moi-même, je faisais souvent figure d'allumée. Après avoir lu quelques scénarios – dont celui de *L'Été meurtrier*, Alain m'avait proposée à Becker sans succès – je suis tombée sur un projet écrit par René Féret et Jean-Claude Carrière à partir de la nouvelle de Guy de Maupassant, *Une vie*. Comme René cherchait la « Jeanne » de son film. Alain Berry lui a proposé de me rencontrer. Nous avons immédiatement sympathisé. Avec lui, je n'ai pas joué à la voyante, j'ai raconté la mienne, de vie. J'avais 20 ans, mais c'était déjà toute une histoire. Féret a aimé m'écouter. Il avait déjà proposé le rôle de Jeanne à Isabelle Adjani mais elle allait justement tourner *L'Été meurtrier.* Nous avons fait des essais. Il était terriblement amoureux de sa Jeanne. De mon côté, je trouvais le rôle difficile, mais l'expérience me tentait et je faisais confiance à René. S'il m'engageait, c'est que je pouvais y arriver. La Jeanne de Maupassant me ressemble un peu. C'est une jeune femme sauvage, rebelle, soumise aux règles d'une société qui ne lui convient pas. Elle est amoureuse de la vie, de la nature. Dans le scénario, dès le début, on la voit se baigner voluptueusement dans la mer, entièrement nue. Je peux m'identifier assez facilement à cette femme.

Fraîchement sortie d'un couvent de bonnes sœurs, Jeanne n'a pas étouffé sa nature animiste. Dans un monde d'hommes, elle essaye de survivre en se frayant un chemin au creux de son âme. Le personnage est intense. Jeanne laisse deviner sa nature fougueuse sous un aspect docile et civilisé, se marie avec Julien, un jeune premier typique de son époque qui lui fait des enfants. Julien trompe Jeanne. Il ne cherche pas à la découvrir et ne se trouve pas lui-même, passionnément noyé qu'il est dans un perpétuel défoulement sexuel clandestin. Une histoire banale. Tous les personnages de l'histoire sont les otages d'une trame sociale oppressante, faite de convenances creuses, qui ne leur permettent pas de vivre ni de comprendre ce qu'ils font de leur propre vie. Voilà ce que je comprenais du scénario.

René a tout de suite commencé à me coacher. J'ai eu des difficultés avec mon corps, il m'embarrassait. Tout à coup, je n'ai plus su quoi en faire. Il voulait danser. René m'a expliqué que c'était fréquent chez les danseurs qui jouent pour la première fois. J'ai pris des cours pour placer ma voix. Pendant les essais, j'ai dû porter une longue perruque châtain clair. Une fois préparée pour le tournage, on me reconnaissait à peine. Je ne me sentais pas très à l'aise dans la scène érotique : Julien devait me faire l'amour sur un lit à baldaquin entouré d'une équipe de techniciens attentifs et silencieux. Pour la dernière scène, la maquilleuse m'a vieillie de trente ans. Tout le monde était impressionné en me voyant arriver, moi y compris quand j'ai aperçu dans le miroir ce visage de femme fatiguée par la vie, profondément triste.

Les essais sont terminés et tout s'est bien passé. Malgré mon peu d'expérience en tant qu'actrice, je sens que quelque chose passe à la caméra, une force invisible mais intense, que je ne contrôle pas, que je ne comprends pas. Je viens de me démaquiller, je ne porte plus de perruque. Le chef opérateur passe à côté de moi. Il me fixe, intrigué, il se demande qui je suis. « Ah ! C'est vous ! Je ne vous avais pas reconnue. Dites donc, vous êtes beaucoup mieux comme ça, sans maquillage et sans perruque ! » René Féret l'a entendu. Il me regarde : « Mais c'est vrai ! Il a raison ! Tu es mille fois mieux naturelle ! » Immédiatement, il décide de changer le scénario pour l'adapter à mes cheveux courts qui ne font pas très XIXe siècle. Nous avons visionné les rushes peu de temps après. C'était curieux de me voir sur grand écran. Passé le choc et le malaise d'entendre ma voix telle que les autres la perçoivent, j'ai observé avec distance cette jeune fille que je ne connaissais pas. C'était plus facile comme cela. Les scènes avaient été choisies et alignées sans montage. Certains moments étaient forts, j'avais de la présence. René disait que je « crevais l'écran », c'était « indéniable ». À d'autres moments, ma voix sonnait faux, ma diction était abominable et mes gestes trahissaient un malaise général devant la caméra. La scène du fou rire de Jeanne laissait à désirer. René s'est tourné vers moi et m'a dit : « Pour moi, c'est bon. Il y aura beaucoup de travail, mais Jeanne est déjà là. Myriam, voici ma décision : je fais ce film avec toi ou pas du tout. On va te garder avec les cheveux courts, sans maquillage ni perruque. Il faudra que je transforme le scénario pour toi. On signe le contrat et on tourne cet été. »

Je n'étais pas vraiment excitée à l'idée de tourner aussi vite ! Un mélange d'enthousiasme et de curiosité, aussi de distance, m'a envahie. Je voulais tourner avec René, j'avais envie de mieux connaître cette histoire, mais c'était loin d'être prioritaire pour moi, je pensais surtout à réussir ma propre vie. Je voulais atteindre l'Éveil, devenir une bodhisattva. Je me languissais de Soleils et les souvenirs de mes heures de pratiques au monastère me faisaient vibrer bien plus que la perspective de tourner un long métrage. Je m'étais identifiée au Dharma, aux héros de l'Éveil. En lisant l'histoire de Guru Rinpoché, je pleurais et frémissais. Secrètement déchirée par mes allégeances contradictoires, je rencontrais souvent René pour des répétitions où il interprétait Julien. Nous allions signer le contrat, mais j'avais prévu de partir au Portugal tout le mois d'août, et lui voulait tourner *Une vie* à partir du 16 août. Recevoir durant cet été les initiations du Guru yoga était mon objectif numéro un. Pour René, ne pas me rendre disponible pour un premier rôle à cause d'un stupide séminaire bouddhiste était un sacrilège. Mon obstination le dépassait, le vexait, je crois, et lui faisait perdre patience. « En plus, si tu vas au Portugal, tu vas bronzer ! Jeanne est toute pâle, elle sort du couvent ! – Écoute, René, je vais aller au Portugal, c'est sûr. Alors s'il te plaît, reporte juste le tournage de quinze jours, et je me promènerai avec une ombrelle tout l'été pour ne pas bronzer. »

Quelques jours plus tard, je l'ai appelé depuis un café – il m'avait demandé de le recontacter pour fixer la signature du contrat et la date de début du tournage, le 16 août 1982. Lui aussi était têtu. J'ai confirmé ma résolution de partir tout le mois d'août au Portugal. René m'a répondu sur un ton triste, un peu sec : « Bon, alors on ne tourne pas. – OK, on ne tourne pas. » Pour moi il n'y avait aucun doute, aucune hésitation. Si René ne pouvait pas retarder de quinze jours ce tournage, je ne ferai pas ce film, point barre. J'ai raccroché et la page était tournée.

Mu

J'ai débarqué seule à l'aéroport de Faro par une belle soirée du mois d'août. Je venais pour la deuxième fois au Portugal, mais je ne parlais pas un mot de la langue. J'ai pris un taxi pour Malhao, le minuscule hameau à côté du Moulin de Humkara Dzong, dans une région de la Serra do Caldeirao qu'on appelle Mu sur les vieilles cartes. Le chauffeur, heureux à la perspective d'une longue course, a perdu toute sa bonne humeur lorsque nous avons commencé à emprunter des routes rouges en terre battue caillouteuse à travers la Serra. Je crois qu'il n'a pas eu le cœur de me planter en rase campagne avec ma valise, il rouspétait sans que je comprenne un mot de ce qu'il disait. Il était probablement soucieux de ne pas abîmer sa voiture toute neuve. Le soleil se couchait, il faisait encore très chaud. Le parfum intense des cistes, dont la sève gluante brille dans la lumière vermeille, imprégnait tout. J'exultais, les parfums se confondaient avec les couleurs, le vent faisait danser les eucalyptus. Je me sentais libre, heureuse, excitée. Les petites montagnes rondes ondulaient devant moi à perte de vue, comme des vagues roulant sur le sable. Le chauffeur ne savait pas où aller, nous cherchions Malhao. Les routes n'en finissaient pas de tourner et de monter. Tout d'un coup, j'ai vu à l'horizon un bâtiment blanc étincelant qui dominait la région. L'édifice, un ancien moulin à vent privé de ses ailes, était planté au sommet de la montagne la plus haute des environs. Des bannières de prière multicolores, fixées sur des cordes tendues entre des mâts comme des guirlandes de Noël, claquaient bruyamment. Pas de doute, c'est là, tout en haut, en bout de piste. Heureuse, j'ai rendu un peu de son sourire à mon chauffeur avec un généreux pourboire. Ma joie ostensible a dû le convaincre qu'il venait d'accomplir une bonne action.

Le lieu est époustouflant. Un horizon à 360°, des montagnes vertes battues par des bourrasques de vent presque continuelles, des chênes-lièges, des arbousiers aux fruits semblables à des fraises chinoises, des cistes à perte de vue... Ce paysage était un paradoxe poétique à lui tout seul : la douceur féminine du soleil couchant, les parfums discrets des arbustes, la grâce des arbres courts, les courbes suaves des collines contrastaient fortement avec la violence virile et impitoyable du vent, avec la sécheresse harassante des pierres pointues et tranchantes. Humkara Dzong vient d'apparaître devant moi. C'est le premier monastère bouddhiste au Portugal. Je suis plantée au centre du cercle de bannières, tous les horizons se déploient autour de moi. Les bannières claquent, comme les voiles d'un bateau sous la tempête. L'obscurité s'accroît dans un air saturé d'essences essentielles. Profondément impressionnée par la force et la beauté du lieu, je respire en retenant mes jupes qui s'envolent. Mon amie parisienne Catherine C. marche seule sur l'ère sacrée, à cinq mètres de moi. Sa robe et ses longues boucles noires flottent au vent. Je partage sa tente pendant le séminaire. Fondamentalement chrétienne, Catherine a intégré certains éléments du bouddhisme tantrique dans sa foi. Rien de contradictoire là-dedans puisque les bouddhistes du Mahayana reconnaissent Jésus comme un grand bodhisattva, c'est-à-dire un « héros de l'Éveil ».

Quand j'arrive, Catherine en est à son cinquième jour de jeûne ; sa diète doit durer vingt et un jours. Naturopathe de métier, elle utilise le jeûne intégral comme méthode thérapeutique. J'ai observé son jeûne avec étonnement, tout en mangeant de mon côté assez pour nous deux ! Catherine maigrit peu et continue à se comporter normalement. Malgré tout, une certaine langueur s'immisce progressivement dans ses gestes, sa langue devient pâteuse et blanche, son haleine légèrement fétide. Elle m'a expliqué en détail le processus de purification résultant de l'abstinence. Aux heures torrides, nous nous installons nues sous le gigantesque figuier du potager, qui nous dissimule aux regards indiscrets. Il paraît qu'il faut plus de quarante jours pour éprouver la faim véritable. Alors, seulement, la langue redevient rose, on salive de nouveau : c'est le moment de recommencer à manger, le corps est nettoyé.

Un vent violent se lève chaque soir vers 18 heures et balaye la chaleur accablante des journées poussiéreuses. Le séminaire commence dans quelques jours et nous devons tout préparer pour l'arrivée du lama. Nous finissons de préparer la cérémonie de consécration de la statue de Padmasambhava[34], le grand Guru Rinpoché qui a établi le bouddhisme tantrique au VIIIe siècle. Quand j'ai un peu de temps libre, j'étudie l'histoire du Tibet sans me lasser de lire les poèmes ou les biographies des bardes tibétains, hommes ou femmes, auxquels nous devons ce Dharma qui aujourd'hui me comble de bonheur. Ces êtres extraordinaires m'inspirent et me réconfortent !

Les Mahasiddhas[35] dont je lis les écrits renoncent aux louanges et au confort pour pénétrer les mystères de leur esprit. Après des années de quête, ils peuvent voler - au sens littéral - et chantent sans cesse pour partager leurs découvertes et mendier un peu de nourriture. Eux aussi sont des mendiants, comme je l'ai été moi-même. Leurs poèmes hantent mes rêves. Ils parlent avec les oiseaux et sont en contact avec les esprits du monde invisible. Leur cœur est plein d'amour, mais libre d'attachement ! Quant aux femmes, elles sont, elles aussi, capables d'atteindre l'Illumination. Padmasambhava les célèbre également. Elles pratiquent seules dans des grottes et prennent des partenaires masculins pour évoluer dans leur pratique tantrique. Elles sont source de sagesse. Le voilà, mon monde ! Je veux œuvrer

34. « Né du lotus » en sanskrit. Les Tibétains le surnomment affectueusement « Précieux Guru ».
35. Groupe de 84 ascètes bouddhistes indiens, « Grands Accomplis » dans les pratiques du Vajrayana, qui vécurent du VIIe au XIIe siècle.

pour le bien des êtres, tout comme Yeshe Tsogyal et Padmasambhava, le couple des amoureux mystiques du Tibet, l'a fait. Leur union, qui symbolise la Sagesse et les Moyens habiles, est mise au service du bien de tous les êtres.

Je suis libre de doutes, j'ai reconnu ma voie. Je propose mon aide pour l'élaboration du grand chapiteau. La toile, cousue par nos soins, doit nous protéger du soleil pendant les sessions d'enseignement car le temple est trop petit pour tout le monde. L'opération est dirigée par un certain Jorge, un grand Portugais barbu, très mince, au regard intense et doux. Chaque fois que je le croise, je remarque sa prestance et l'expression grave de son beau visage. Je l'admire de loin, en silence. Les élèves affluent, venus du Portugal, d'Espagne, de France, de Hollande, d'Allemagne, et de Belgique. Le lama blanc donne deux sessions par jour. Il nous enseigne les quatre méditations de base : la contemplation du potentiel formidable du précieux corps humain, la constatation de l'impermanence des éléments, les lois du karma et la prise de conscience des innombrables souffrances des êtres dans les six royaumes[36]. Le reste du temps est consacré à la pratique du yoga, de la méditation ou à d'autres activités.

Le séminaire se termine par une cérémonie d'offrandes et la consécration de la statue. Tous les villageois de Malhao sont invités. Les paysans, bien vêtus pour l'occasion, un petit chapeau noir pour

---

36. Les six royaumes sont les suivants : celui des animaux, des enfers, des fantômes, des titans, des dieux et celui des humains. Ces six mondes symbolisent des états psychologiques qui correspondent à des perceptions de la vie.

les hommes, en paille pour les femmes, sont assis à l'arrière de l'assistance sur des chaises placées sous le chapiteau. Ils observent la procédure rituelle qui précède la distribution de nourritures et de boissons. Nous, les étudiants, sommes pour la plupart assis en tailleur sur un tapis, à même le béton. Parfois, le lama blanc explique aux villageois respectueux les différentes étapes du rituel. Chico, le disciple portugais le plus ancien, traduit. Les villageois adorent le lama qu'ils ont surnommé « Santinho », un diminutif affectueux de « saint ». Ils viennent souvent rendre visite aux nouveaux habitants du moulin pour leur offrir des légumes ou bavarder. Dans le sud du Portugal, les gens sont incroyablement simples et gentils.

Après le séminaire, j'ai été invitée par Chico et des amis à une folle tournée gastronomique à travers l'Algarve et l'Alentejo. J'ai passé quelques jours à Lisbonne où Chico m'a initiée au fado authentique, dernier vestige du Portugal traditionnel. Au cours de ces chaudes soirées, j'ai aussi connu l'illustre Agostinho da Silva et mon ami Paulo Borges m'a tout expliqué sur le Cinquième Empire, un mythe philosophique ancré dans la culture portugaise et qui veut que le Portugal ait une mission particulière à remplir en termes de civilisation. Cette prophétie poétique, dont Fernando Pessoa a fait l'éloge, serait un empire universaliste, dépourvu de structures politiques et religieuses, un empire empreint de culture et de spiritualité, un empire de l'Amour. Enthousiasmée par tant de beauté, j'ai finalement quitté la « terre de la Lumière », la Lusitanie, pour me rendre comme je l'avais prévu en Provence, à Soleils, parée du magnifique bronzage doré dont René Féret avait voulu me priver.

La plus belle année de ma vie

Pour la troisième fois depuis l'été 1981, me voici à Soleils. C'est devenu ma résidence secondaire. J'y retrouve avec joie mes amis et les nombreux enfants qui y résident. Je me sens apaisée dans cet écrin de montagnes caché du monde. Nous avons tous ensemble reçu le fameux Guru yoga – j'ai étudié la plupart des enseignements préliminaires qui sont les bases de tout progrès spirituel, mais je dois les parfaire selon la tradition. Je m'astreins donc à cent mille prosternations, cent mille répétitions de chaque prière, de chaque mantra, de chaque contemplation. Après cela, je dois éventuellement entamer les pratiques principales[37]. Un soir, alors que je bavarde avec Gigi, ma copine flamande, devant ma tente, Mark, un Anglais résidant au château depuis des années, remonte le sentier qui vient de la forêt, les bras pleins de sacs. Il se rapproche de nous, souriant ; Mark n'est jamais pressé, il se hâte lentement : « Le lama m'a demandé de nettoyer le tchamkhan. Quelqu'un va entrer en retraite. – Ah ? Et qui est l'heureux élu ? – Je ne sais pas », répond très simplement Mark avec son accent anglais caricatural.

Les tchamkhans sont de petites constructions sommaires en bois, destinées à recevoir les candidats pendant des périodes de retraite. Je rêve de rentrer en retraite pour longtemps, très longtemps. J'aimerais bien que ce soit moi ! Mais ce n'est pas près d'arriver... J'imagine qu'entrer en retraite signifie atteindre l'illumination. En fait, je suppose qu'on ne me

37. Pratique de transformation intégrale de ses perceptions afin de rentrer en contact perpétuel avec la sagesse.

le proposera jamais et je ne pense même pas à le demander. Le soleil vient juste de se coucher derrière la montagne. Je contemple la danse du ciel, le ballet des traînées orange et roses se fondant par touches précaires dans un indigo profond qui engloutit les sommets à l'est. Gigi et moi suivons avec attention les détails de ce spectacle ordinaire et éphémère dont la magie a silencieusement interrompu notre babillage habituel. Mark revient vers nous : « Mudra, le lama voudrait te parler. Tu viens ? – Ah bon ! J'y vais. »

Ici, on m'appelle Mudra, j'aime ce nom. Il signifie « symbole » ou « geste » et désigne souvent des mouvements qui permettent de canaliser l'énergie du corps dans l'intention d'une réalisation spirituelle. Lorsque je pénètre l'espace de sa chambre en haut de la tour du château, le lama blanc est assis en padmasana, les jambes nouées et croisées, sur son lit. Il porte le vêtement traditionnel des yogis, les cheveux longs, une jupe rouge et un grand châle blanc bordé de rouge grenat. J'accomplis immédiatement les trois petites prosternations usuelles, plus modestes, rapides et discrètes que les grandes prosternations, qu'on garde plutôt pour sa pratique personnelle. Les deux mains, les genoux et la tête touchent le sol, chaque point de contact représente une des cinq sagesses. Chacune de ces sagesses est liée à une direction de l'espace cardinal, à une couleur, à un des éléments de la nature, à un des poisons à transmuter en sagesse. Je tends au lama une katak, une écharpe blanche en coton qui représente mes vœux de bonheur. Je l'aime sincèrement. En m'inspirant et en m'initiant au tantra, le lama blanc m'a aidée.

Depuis que je l'ai rencontré, ma vie a radicalement changé. Je ne dérive plus, j'ai choisi ma voie. Je ne m'oblige plus à suivre les règles d'une société dont je questionne sans arrêt les principes fondamentaux. Je m'assieds jambes croisées sur le sol devant lui. Le lama me demande aimablement comment je vais. Nous bavardons un peu de tout. Je raconte mon aventure cinématographique avortée, le tournage de ma dernière publicité... Nous rions du récit de ma tournée ésotérico-gastronomique au Portugal. Le lama blanc est un bel homme à la voix grave et mélodieuse. Son élégance, et tout particulièrement ses longues mains blanches, m'ont toujours impressionnée. Il a des yeux d'un bleu profond et lumineux, presque vif, et un sourire parmi les plus éblouissants que j'ai pu admirer jusqu'ici. Un peu intimidée, je profite néanmoins de son agréable compagnie. Le lama blanc est un grand orateur. Doté d'un profond sens de l'humour, il sait créer une ambiance propice à l'enseignement. Avec lui, le temps fuit, je suis détendue, légère. Juste avant de venir le voir, j'ai passé en revue ma liste de questions. Je les ai oubliées à l'instant où je me suis assise devant lui. Une brèche, un moment de simplicité remplace les réponses que j'attendais. Le lama me demande de parler de ma pratique. Puis, vient le plat principal : « Que penserais-tu de faire une retraite ici à Soleils ? Nous avons des cabanes en bois dans la forêt spécialement conçues pour cela. »

Mon cœur a bondi. J'ai sauté en l'air sans réfléchir et me suis écriée comme une fillette excitée par une surprise : « Oh oui ! Bien sûr que je veux faire une retraite ! Je ne rêve que de ça depuis des mois ! » Je n'en crois pas mes oreilles. J'ai un sourire jubilatoire sur le visage. Je me vois déjà, après quelques jours de retraite, devenue aussi sage et profonde qu'un bodhisattva, comme par l'effet d'un coup de baguette magique. Je m'imagine plongée dans les abîmes d'une contemplation inébranlable. Mettre un pied dans la cabane suffirait à me débarrasser de la couche d'ignorance qui colle à mon corps comme de la crasse. Le lama semble amusé de mon enthousiasme exubérant. Pourtant, je sens qu'il se rétracte légèrement, ma naïveté excessive paraît le mettre sur ses gardes. «Bon, alors je crois qu'il vaut mieux que tu puisses te promener dans la forêt, que tu ne restes pas enfermée selon la tradition... Mudra, ça ne te fait pas peur de vivre seule dans une forêt pendant des mois ?»

Je n'y avais même pas pensé. Pourquoi aurais-je peur alors que mon esprit ébloui avait construit un merveilleux scénario romantique autour de cette aventure ? J'allais m'éveiller en quatre temps deux mouvements, j'allais m'envoler comme un pinson dans les cieux insondables de l'Illumination. Le lama me dévisage. J'ai l'impression qu'il n'est pas convaincu de ma fiabilité, mais il a l'air content. Pour une fois que quelqu'un se montre 100 % positif ! Il est décidé que j'entrerai en retraite cette nuit même, vers 3 heures du matin, sans prévenir qui que ce soit. Seuls le lama blanc et Mark – qui sera mon guide nocturne pour trouver la cabane à travers les bois – sont au courant.

Je ne sais pas encore combien de temps durera ma retraite ; nous verrons cela au fur et à mesure avec le lama, en fonction de ce que je ressens. En tout cas, il dit qu'un minimum de neuf mois est nécessaire pour que l'expérience devienne intéressante. Nous avons immédiatement mis au point tous les aspects pratiques de ma retraite : je gérerai moi-même mon approvisionnement en eau potable, ainsi que mes déchets biodégradables que je devrai enterrer dans un trou, mon courrier sera filtré, la nourriture assurée par le monastère et je pourrai monter prendre une douche aux sanitaires communautaires la nuit si je le souhaite. Ces petits détails sont essentiels pour vivre au milieu de la forêt, sans électricité, ni téléphone, ni eau courante. J'ai une chance incroyable et j'ai toujours du mal à y croire. Le lama viendra me rendre visite le jour de mon installation dans la cabane puis tous les jours, jusqu'à son départ de Soleils, la semaine prochaine. Il va me donner les *lungs* et les instructions sur la pratique.

Ainsi, à l'aube du 19 août 1982, je suis entrée en retraite, seule au cœur de la forêt de Soleils qui surplombe les gorges du Verdon. Ce n'est pas *Une vie* de Maupassant, c'est la mienne qui commence enfin. Je suis heureuse. Mark est devenu mon ange gardien, il m'apporte à manger tous les jours dans un grand sac poubelle noir qu'il dépose au pied d'un arbre. Je laisse à la même place un sac identique avec les boîtes de nourritures vides et propres, accompagné d'un petit mot si j'ai besoin de demander quelque chose. Avant de me laisser seule, Mark m'a expliqué où se trouvent la source et le trou des WC. Je lui ai demandé de poster des lettres pour ma mère, ma sœur et mes agents à Paris. J'ai rédigé une liste de vêtements qu'on m'enverra de Bruxelles pour passer un rude hiver dans la montagne. Ils emballeront le reste de mes affaires en attendant mon retour. Je suis libre. Tout est facile, je me sens chez moi, comme si j'y étais attendue.

Située à la lisière d'une clairière étroite, en pleine pinède, ma cabane donne sur un sentier de montagne qui descend jusqu'à une minuscule source qui coule toute l'année. Aux premières lueurs du matin, je suis descendue découvrir le petit filet d'eau caché par les arbres. Je dois faire un peu d'acrobatie pour accéder au ruisseau. Tous les trois jours et en toute saison, j'ai rempli lentement avec une tasse chinoise en émail rouge mes deux bidons en plastique de dix litres tout en chantant doucement des mantras. Personne ne passe jamais par-là, sauf peut-être quelques chasseurs, à l'occasion. Je suis seule. Désormais, c'est le monde invisible que je côtoie ; les êtres qui le peuplent deviennent mes compagnons de route. Les fées me voient et je leur parle, je sens leur présence. À chaque fois que j'approche ce lieu mystérieux, un sentiment sacré m'envahit. Il est fréquent de surprendre la tribu de salamandres qui vit autour de la source. Elles s'éloignent doucement en me voyant arriver. En partant, je laisse toujours des offrandes de nourriture et d'encens pour remercier les énergies du lieu.

Tous les jeudis et les dimanches, quand on met en marche les chaudières du bloc sanitaire au monastère, je monte vers 2 heures de matin, alors que tout le monde dort, pour prendre une douche chaude. Le reste du temps, je me débrouille avec mes bidons : je lave ma vaisselle, je bois et me lave succinctement. Quand je monte, j'entends parfois les sangliers qui courent dans les buissons. J'ai toujours peur de croiser une femelle avec ses petits. Je m'accroche fébrilement à mon rosaire en chantant mes mantras à haute voix et en marchant vite pour me donner du courage. Là-haut, les deux énormes chiens blancs qui passent la nuit près du chöten, aboient dès mon arrivée. Je passe tout de même près d'eux et j'affronte mes peurs pour faire le tour du stūpa.

En suivant le sentier qui descend de chez moi, on arrive en dessous de la source à une immense clairière où trône un majestueux pommier. Je rivalise avec les sangliers qui ravagent le terrain tout autour à la recherche de succulentes rainettes. Heureusement, les pommes tombent par centaines ! Je cueille aussi des pissenlits et des orties pour simplifier mes repas tous les jeudis, comme un jour de carême. Mon tchamkhan a une surface d'environ quatre mètres sur quatre, il y a trois mètres de hauteur de plafond. Cet espace est coupé horizontalement par une minuscule mezzanine, ma chambre. Le plafond est à un mètre au-dessus, ce qui me permet tout juste d'y coller mes pieds quand je me couche, exercice que j'aime bien pratiquer en même temps que je lis. Appuyée sur un versant de montagne à l'est, les fenêtres orientées vers le sud-ouest, ma cabane prend bien le soleil tant que les arbres ne font pas ombrage. Dans les Alpes-de-Haute-Provence, il fait souvent beau, même lorsque l'hiver est très froid en altitude. Le toit, d'une inclinaison unique, en plaques ondulées posées sur des planches, sert d'aire de jeux aux nombreux loirs qui hibernent juste au-dessus de ma tête.

Mon lit est formé d'un matelas en mousse recouvert de vieilles couvertures de laine et d'un sac de couchage. Pas de draps. Ici tout est réduit à l'indispensable pour vivre simplement. Le sol est recouvert de terre battue et un tiers seulement de parquet ; j'y pratique mes exercices quotidiens quand il ne fait pas beau. Il y a des puces dans la cabane, mais elles ne me piquent jamais. J'ai fait une table pour écrire avec une boîte de carton et j'en ai empilé d'autres qui me servent d'armoire pour ranger mes vêtements. Une minuscule lucarne à la tête de mon lit, unique ouverture vers le nord, donne sur la montagne que la communauté appelle Amoghasiddhi. Les jours de soleil, je l'ouvre pour pratiquer dans la pénombre tout en contemplant le sommet rocailleux en angle droit de la montagne lancée dans le ciel. Un oiseau minuscule, jaune, bleu et vert, se pose souvent le matin sur le rebord de la fenêtre dès qu'elle est ouverte. Nous nous regardons dans les yeux quand je suis en méditation devant la lucarne. En bas, trois fenêtres éclairent la cabane et une porte vitrée un peu bancale donne directement sur le chemin. Pas de verrou, les portes et fenêtres peu étanches vont laisser passer le froid en hiver ! Je dispose toutefois d'une salamandre à bois en fonte émaillée bleu ciel et d'un maigre stock de bûches à l'arrière de la cabane. Mark m'a fourni un réchaud à gaz à deux becs avec une grande bouteille de butane pour que je puisse réchauffer ma nourriture et me préparer des boissons chaudes. Je l'ai posé sur une table basse et ronde, devant laquelle je m'assieds en tailleur pour prendre mes repas.

J'ai transformé la table provisoirement en siège pour recevoir le lama blanc décemment. Un grand coussin rectangulaire sur la planche, un autre contre le mur comme dossier, ma belle couverture Hermès en laine ocre jaune par-dessus le tout, le réchaud caché dans un coin et le tour est joué. J'attends le lama avec ce splendide siège improvisé pour lui. Une couverture mexicaine verte dénichée sur place me permet de dissimuler un affreux garde-manger orange vif parsemé de fleurs violettes et bleues. L'ensemble a pris une allure acceptable. Chaque nuit, une souris utopiste s'applique à ronger ce meuble à l'arrière – manifestement, elle veut faire ses courses chez moi. Je l'entends tous les soirs de mon lit : scrunch, scrunch, scrunch... Opération couronnée de succès après onze mois de labeur intensif, mais sans effet : j'ai immédiatement cloué une planche sur le petit trou qu'elle avait pris tout l'hiver à percer. Comprenant la nécessité de partager mes vivres avec mes compères de la forêt sans pour autant les inviter à s'installer chez moi, je laisse à leur portée un grand savon de Marseille.

J'ai élaboré mon autel, devant lequel je vais passer le plus clair de mes journées, sur le garde-manger. Ma cabane est prête et je me sens enthousiaste à la perspective de vivre en ermite. Le résultat final est rustique, simple et commode, mais assez harmonieux à regarder. La cabane m'a rapidement prouvé son efficacité contre l'humidité, la pluie et le vent ; à l'exception d'un violent orage de grêle au début du printemps, qui inondera la mezzanine, je n'ai jamais eu de problèmes de fuites. Le mistral, fréquent dans la région, fait plier et grincer comme un vieux rafiot la cabane, mais elle tient bien grâce à la grande souplesse de sa structure. J'ai remercié intérieurement (je ne sais combien de fois) Jean-Paul, le Liégeois un peu allumé qui a construit cet abri, devenu mon foyer, et où je vais passer la plus belle année de ma vie.

Le lama blanc est descendu me voir les trois premiers jours. Il était de très bonne humeur, moi aussi. Il faisait un soleil éclatant. Il m'a apporté plein de cadeaux : des bols en cuivre et un magnifique verre à pied en cristal pour mes offrandes quotidiennes, des dizaines d'images de divinités, des photos de Kyabje Kangyur Rinpoché et de Dilgo Khyentse Rinpoché, un énorme livre de prières et un gros volume de la biographie de Padmasambhava. J'ai disposé sur le meuble tous ces objets qui deviendront l'objet d'une attention particulière durant mon séjour. Je pratiquerai une moyenne minimum de cinq cents prosternations par jour devant cet autel garde-manger en commençant ma journée vers 4 heures du matin par les deux cents premières de la série.

Le lama blanc m'a dispensé tous les *lungs* qui me manquaient encore et nous avons révisé l'ensemble du programme. Il est resté plusieurs heures assis sur le « siège de lotus » que j'avais fabriqué, à me donner des instructions détaillées sur la signification, les procédures et le nombre de pratiques que j'aurai à accomplir chaque jour. Je peux m'organiser comme je le souhaite. Certaines *sadhanas*[38] doivent être effectuées le matin et le soir, d'autres dans la journée, d'autres encore juste avant de dormir, ou les jours de pleine lune ou de demi-lune. Nous n'avons pas déterminé combien de temps je resterais en retraite, mais envisageons un minimum d'un an – si je peux le supporter. Je vais me mettre à l'étude du tibétain afin de mieux comprendre les pratiques. Le lama m'encourage à pratiquer chaque jour, en plus des prosternations, le Hatha yoga et le Vajra yoga ; il insiste sur l'importance des entraînements physiques. Je peux me promener en montagne loin du monastère, mais il me recommande de ne pas quitter le refuge pendant la nuit. Il a quitté Soleils quelques jours après et je suis restée seule avec mes cahiers vierges, de l'encre, des plumes pour la calligraphie et l'unique livre qu'on m'autorisait – je l'ai relu huit fois de suite –, *Padma Than Yig, Histoire de la vie de Padmasambhava et de sa contribution à l'instauration du bouddhisme au Tibet.* Les dés étaient lancés.

---

38. Rituel complet permettant au pratiquant d'entrer en contact avec une divinité spécifique et ses qualités.

C'était la fin de l'été, l'époque la plus douce à Soleils. J'étais en pleine forme, gonflée à bloc et motivée du bout des orteils à la pointe des cheveux. Mark s'occupait consciencieusement de moi à distance ; je ne le voyais jamais, mais je l'entendais tous les jours déposer le sac en plastique rempli de vivres. J'étais gâtée, je pouvais manger autant que je voulais : de la margarine, du tahin[39], du miso, des tisanes, de la soupe, des galettes de céréales, des boîtes contenant le repas chaud du déjeuner, même un dessert parfois. J'avais fait part de mon problème de boulimie au lama ; il m'avait répondu que ce n'était pas grave, qu'un peu de graisse en hiver me tiendrait chaud ! Je voulais jeûner, mais il me l'avait vivement déconseillé. Après quelques mois, mon envie d'engouffrer compulsivement de la nourriture s'est estompée. Progressivement, je me suis contentée d'une alimentation de plus en plus légère au fur et à mesure que mon être lâchait prise. Mon insécurité s'est dissipée, l'envie d'avaler tout ce que je trouvais aussi.

Pendant une retraite, les obsessions s'infiltrent en vous par la moindre faille. Le cerveau cherche de la matière pour se distraire, comme si c'était une façon de se nourrir. Le moindre événement devient gigantesque. Or, les premiers temps, j'ai reçu beaucoup de courrier, trop de courrier, des dizaines de missives et des colis. Isabel ne filtrait pas les lettres, elle me les passait toutes. Une catastrophe ! Comme si le monde ne voulait pas me laisser partir. Tout à coup, tout le monde m'aimait, tout le monde me réclamait, je manquais à tous ceux qui pendant des années ne

39. Purée de sésame.

m'avaient pas tellement remarquée. Même mon père s'y mettait : il se sentait mal, il voulait me voir tout de suite ! J'ai demandé une autorisation spéciale pour sortir de la forêt et lui rendre visite à Cannes où j'ai dû me rendre à l'évidence : il n'avait pas plus besoin de moi que d'habitude.

Ma mère réagissait mal à mon départ inattendu. J'ai passé des heures à lui écrire des lettres, à essayer de la rassurer ou à lui confectionner des cadeaux comme le font les enfants : des poèmes, des dessins, des broderies. C'était un phénomène bizarre : j'avais abandonné le foyer maternel depuis l'âge de 14 ans, j'avais fréquenté des gens peu recommandables, je m'étais droguée, et maintenant que tout allait bien, que je devenais adulte, que je savais ce que je voulais, ma mère paniquait à l'idée que je passe quelques mois en retraite. Rien ne semblait la calmer. J'ai compris que c'était comme ça pour tout le monde. Dès qu'on décide de prendre une nouvelle direction, de changer radicalement de vie, de prendre du temps pour faire un long voyage, nos habitudes essayent de nous retenir. Voilà qu'on vous propose LE contrat de travail qu'on attendait depuis toujours, ou bien LA relation amoureuse dont on rêvait. Le monde m'a offert mille excuses pour que je quitte ma forêt, mais j'ai imposé mon choix.

Lorsque j'entends des gens dire : « Je ne peux pas faire ceci parce que je viens de signer un contrat de travail... La vie me dit que ce n'est pas le moment... », je me tais et pense tout bas : « Si tu attends que le monde arrête sa course folle, tu risques de dériver pendant longtemps ! Fais ton choix au lieu de changer d'avis en fonction de ce que tu crois que les autres attendent de toi. Eux-mêmes en réalité ne savent pas toujours ce dont ils ont vraiment besoin. Il n'y a que toi qui saches ce que tu dois choisir, ce n'est ni une question d'argent, ni une question de regard extérieur, encore moins de norme sociétale. Ce que tu dois choisir, ton cœur le sait, mais il faut lui laisser un peu de place pour s'exprimer ! Et si la première opportunité te dévie de ta route, c'est que tu ne te donnes pas les moyens de suivre ton authentique vocation ou que tu préfères te mentir à toi-même. Tu peux fuir, mais il n'y a pas d'échappatoire car dans l'autre direction, tu risques de rencontrer à nouveau ton propre miroir. Si tu t'échappes sans cesse, c'est que tu as peur et que la peur est devenue maîtresse de ta vie et toi son esclave. »

Qu'on l'ignore délibérément ou qu'on le sache, on vit avec sa peur et tôt ou tard elle se dressera devant nous. Si je crois que « la vie ne veut pas », elle ne voudra pas. Nous sommes les « designers » de nos vies. En projetant perpétuellement notre insatisfaction, nous restons en porte-à-faux, à côté de notre vie, espérant le meilleur et craignant le pire, courant après le temps qui amène vieillesse, maladie et mort. Le monde prend la forme que nous lui donnons. Lorsqu'un conflit oppose deux personnes, qui a vraiment raison ? Chacun a ses propres certitudes. C'est comme si les gens portaient des lunettes colorées différentes et se battaient au sujet de la teinte d'un drap qui est en réalité blanc. La grande excuse de notre époque est de considérer que nous sommes victimes d'un sort qui nous a été imposé. La peur de manquer nous fait courir, toujours plus vite, le plus vite possible. En réalité, nous avons la liberté de nous vivre nous-même de milliers de façons. Le temps de chacun est une richesse, nous pouvons en disposer, à condition d'avoir moins peur de manquer et d'avoir moins besoin de posséder. Auteur de notre propre scénario, nous sommes capables de nous transformer, d'être plus souples et moins obéissants à nos peurs. Même le monde paraît ainsi malléable.

Je suis moi-même mon propre sort. C'est l'expérience d'être moi-même que je vis et que je dois encore vivre. J'estime que j'ai eu la chance de pouvoir me choisir comme principale actrice de ma vie. La balance était déséquilibrée : d'un côté, une célébrité imposée par le destin et un entourage fasciné par ce destin, de l'autre, un sentier qui faisait battre mon cœur plus vite, plus fort, mais un sentier ardu que peu de gens souhaitaient me voir atteindre. Bien sûr, je savais ce que je souhaitais réellement, mais je ne devais pas flancher sous la pression qu'on m'imposait en misant sur ma réussite. Avoir saisi l'opportunité rare de passer des années en retraite, pendant ma jeunesse, a été un choix intelligent dont je me félicite. Aujourd'hui encore, rien au monde ne pourrait avoir plus de valeur à mes yeux que cette expérience. Le courrier était de trop. Dès le deuxième mois de ma retraite, le lama et moi avons décidé que je ne recevrai plus aucun courrier. Isabel le mettait de côté en attendant le jour où je sortirai de ma cabane. Ma famille et mes amis ont mal réagi, mais c'était la seule façon. En revanche, je pouvais envoyer des lettres si je le souhaitais, en les déposant dans le sac de nourriture. J'ai rassuré ma mère et ma sœur, les autres m'importaient peu.

Tout était en place pour commencer mon voyage au cœur de la forêt et dans les recoins mystérieux de ma propre vie intérieure. En ces premiers temps de retraite, je m'imposais de tout faire à une folle allure : prosternations, récitations de mantras, exercices... Il fallait que je respecte le programme imposé. C'était difficile : ne maîtrisant pas le tibétain, je lisais les prières à la vitesse d'un escargot et courais après le temps comme une dératée. Un jour, je me suis interpellée : « Mudra, tu es en retraite et tu stresses comme si tu étais à Paris ! Calme-toi ! » J'ai ouvert la porte-fenêtre, j'ai contemplé les montagnes et la forêt en humant son parfum délicat. « Puisque je suis ici, pourquoi ne pas y être ? », dirait Trungpa Rinpoché.

Ce fut ma première grande révélation. Je suis dans cette cabane, seule au cœur d'une magnifique forêt, mais je me sens exactement dans le même état que chez moi, à Paris ou à Bruxelles, après une journée à courir d'un rendez-vous à l'autre ! La nuit, je rêve intensément d'une foule de gens, la journée, je m'entends bavarder avec un auditoire imaginaire. Je monte des scénarios futurs, je démonte des scénarios passés, c'est épuisant ! Ma version de la réalité se superpose à la vraie réalité. Je me parle à moi-même sans cesse ; en lavant ma vaisselle je discute avec ma mère, j'imagine des scènes qui n'auront pas lieu. C'est un one-man-show. Je n'ai pas de contrôle sur ce qui se passe dans mon esprit et mes émotions dansent en fonction des rêves qui m'habitent, que je sois endormie ou éveillée. Dire que je pensais atteindre l'Éveil dans un glorieux éblouissement ! Me voici maintenant enlisée dans mon bourbier intérieur ! En même temps, c'est terriblement intéressant. J'ai envie d'avancer dans cette aventure, de démêler les nœuds, de découvrir ce que le mouvement de mes pensées cache sous cette frénésie permanente. Et ces premières lettres de ma mère, de mon père, de mes amis, de mes collègues... je les lis, les relis, je réponds mille fois et je me vois réagir, je me vois rougir, pleurer, rire... moi, seule avec moi-même sans jamais vraiment l'être. Je suis en perpétuelle représentation, je me joue ma vie. Mon activité mentale redouble d'ardeur et de créativité à la moindre impulsion ! Le silence est un trésor que je n'ai jamais rencontré jusqu'ici.

Heureusement, j'ai mon programme de pratiques à exécuter. Les *sadhanas*, extraordinaires contrées poétiques et fabuleuses, parmi lesquelles je navigue chaque jour, sont là pour me guider. Ils forment une fine dentelle faite de l'intelligence artistique la plus raffinée, une trame filée à partir des meilleures soies d'arcs-en-ciel, de mélodies profondes, d'images lumineuses, de pensées brillantes. Le Dharma que je viens de recevoir est une délectation permanente, la source de l'héritage le plus précieux de l'histoire humaine ! Je découvre les richesses étonnantes de cette tradition et je me répète sans cesse : quelle chance ! quelle chance ! *Emaho*, quelle merveille !

Ces êtres que je n'ai pas connus, dont je ne me souviens pas – même si je les ai rencontrés dans d'autres vies – ces hommes et ces femmes qui ont vécu des siècles avant moi, ils sont ici en train de mastiquer ma nourriture pour me donner ce nectar délicat, l'essence de toute leur vie de recherches, le Dharma. Je rencontre ces yogis et ces yoginis dans ma cabane, ils m'ont laissé des indications pour les suivre. Ils prennent forme. Bien que mes habitudes mentales continuent de m'emprisonner, ils viennent vers moi sans rien exiger. Ils donnent, encore et encore, sous formes de chants, d'images, de rêves, de métaphores, de prières, de pouvoir, comme les muses inspirent l'artiste. Ils chuchotent à mon oreille et, en ce moment, j'entends de mieux en mieux.

Mes pratiques sont en train de me transformer, moi et mon monde, puisque petit à petit, je ne perçois plus les choses de la même façon. Ma vie est entrée dans une curieuse danse de mouvements intenses. Il ne se passe rien ici ou presque rien. Un écureuil cavale, un oiseau vole, des nuages passent, le soleil brille. Pas grand-chose de révolutionnaire. Les saisons suivent leur cours. La forêt commence à m'adopter. Je ne bouge pas, je ne cultive pas la terre, je ne fais pas de bruit sauf quand je chante les mantras, les animaux m'ont intégrée dans leur univers comme une des leurs. Ils savent que je ne suis pas nuisible, ils s'approchent. Il se passe tellement de choses dans ce havre de paix ensoleillé autour de moi. Je perçois tout. Je danse, extra-lucide, à travers ce chaos tout en me tenant à la barre du Dharma pour naviguer. C'est passionnant, terrible et merveilleux à la fois. C'est bien plus « réel » que ce que je voulais croire. Les gens disent que se retirer du monde, c'est le fuir. S'ils savaient ! Se retirer du monde, c'est rencontrer le monde pour de vrai ! C'est cru, intense et extrêmement précieux. Comment ai-je pu vivre vingt années en étant si distraite, si loin de moi, sans rien connaître de mon propre esprit ?

C'est désormais l'hiver à Soleils. J'ai pris mes marques. Je mange toujours comme un ogre, si bien que j'ai du mal à me recroqueviller tout à fait quand je pratique certaines postures d'Hatha yoga. Par contre, j'ai trouvé la technique pour les prosternations. J'en fais cent huit en dix minutes sans plier les genoux quand je plonge vers la terre. C'est efficace, mes abdominaux sont en béton et je me réchauffe vite sans blesser mes genoux en tombant dessus.

Vers 4 heures du matin, dès que j'entends sonner les conques du monastère, je me lève. Après avoir posé mes offrandes d'eau et de nourriture sur l'autel, je fais mes premières deux cents prosternations ; après les prières du matin, et avant mes séances d'Hatha yoga et de karaté Shotukan, je me prosterne cent nouvelles fois, puis encore deux cents fois, le soir vers 18 heures.

J'ai placé la session d'étude du tibétain vers 14 heures, pour digérer mon copieux déjeuner. J'aime le tibétain, c'est ma friandise, un moment de détente dans le flot perpétuel de transformations intérieures que je subis et qui me demande une mobilisation permanente. La posture assise est plus facile à tenir que je ne l'imaginais. Je reste des heures les jambes croisées sans trop de difficulté. Mon entraînement de danseuse et le yoga y sont certainement pour quelque chose. Je n'ai pas encore atteint l'état de détente parfait quand je médite, je fais sans cesse des efforts pour rester concentrée. Cependant, parfois, une grâce subreptice se pose sur moi : mes pensées se vident des images et de leurs obsédants commentaires, mon corps rayonne d'énergie. La grâce, ça peut arriver n'importe quand, même quand je ne suis pas en forme. Puis, rien ne se passe, le calme plat pendant des semaines...

Une fois, j'ai essayé de ressentir que j'étais moi-même Padmasambhava. Je me suis vue en tant que Padmasambhava, il avait pris ma place. J'ai reçu une brève bénédiction passagère. Mon corps a disparu comme s'il s'était étendu à tout l'univers, la cabane aussi a disparu. Je me suis sentie devenir espace, sans limite ni centre. Je n'étais plus le moi fini que les gens appellent « toi » ou « Myriam » ou « Mudra ». C'était moi sans être moi, c'était Padmasambhava mais il n'était pas différent de moi, et, dans cet instant, être lui ce n'était pas être «quelqu'un». Cela a duré un court instant, j'avais l'impression qu'une immense énergie montait en moi en même temps que je disparaissais. Et puis, j'ai eu peur. Mon cœur a fait boum. J'ai essayé de manipuler l'expérience pour la prolonger, m'y accrocher, ce qui est impossible. Je suis redevenue mon moi habituel qui cherche à se satisfaire comme il peut. Petite fille, je m'asseyais sur mon lit pour imaginer l'infini du ciel ou les Amérindiens sur les paquets de beurre, en réalité, je cherchais comment méditer.

Le 8 décembre, j'ai fêté mes 21 ans dans un froid glacial. Je me souviens qu'il pleuvait et que l'humidité me transperçait jusqu'à l'os. J'ai passé la journée normalement, comme d'habitude. Le lendemain, j'ai reçu de petits cadeaux et même un morceau de gâteau au chocolat! L'un de ces présents m'a particulièrement remplie d'allégresse: Richard m'a ramené du Japon un exemplaire de la nouvelle édition du dictionnaire de tibétain de Chandra Das! Je correspondais avec mon amie Joyce qui habite au monastère. Nous parlions de mes études tibétaines et elle s'est aperçue que j'apprenais rapidement, par déduction, à partir des prières. J'essayais de traduire les pratiques, de créer de nouvelles versions, mais je ne disposais d'aucun support pour étudier la grammaire ou le vocabulaire. Joyce a décidé de me fournir des livres pour étudier le tibétain littéraire. Grâce à elle, je viens de recevoir ce précieux dictionnaire que je dévore comme si c'était un roman.

C'est aussi en décembre que je me suis rendu compte que je faisais exactement les mêmes choses, à la même heure, tous les jours ! Je regarde ma montre après les sessions pour vérifier. Oui, je finis toujours à la même heure, à la minute près, et sans le faire exprès. Je ne contrôle plus ma routine, elle fonctionne toute seule. C'est effrayant de précision. Mes heures de toilette sont devenues absolument prévisibles. C'est une de mes grandes surprises. Depuis que je suis végétarienne et que je mange beaucoup d'herbes cueillies dans les champs alentours, mes matières fécales sont devenues semblables à des crottes de cheval. Sèches, propres et sans mauvaises odeurs, même pas besoin de papier ! Depuis que je suis entrée en retraite, je n'ai pas attrapé le moindre rhume et pourtant Dieu sait si j'ai froid ! J'ai décidé de ne pas couper de bois pour le poêle, je n'ai pas le temps. Je m'accommode sans chauffage et heureusement il y a souvent du soleil pendant la journée car la nuit, le thermomètre descend parfois à -17 degrés ! Une fois, la bouteille de gaz a gelé, j'ai dû la laisser au soleil de midi.

Des souvenirs défilent sans cesse dans mon esprit. Je me souviens de gens, de situations, de choses qui se sont passées il y a si longtemps que je les avais complètement oubliées. Des détails vivants, qui étaient secrètement enfouis dans ma mémoire depuis des années, émergent de façon précise, avec les noms, les numéros, les dates. Je rêve toutes les nuits, intensément. J'ai deux genres de rêves, les « rêves idiots » et les « rêves inspirés ». Les rêves idiots sont de la même nature que mes souvenirs : ce sont des gens, des conversations ou des situations ordinaires qui s'enchaînent frénétiquement. Les rêves inspirés sont des moments héroïques pendant lesquels je change de forme ou je sauve des personnes en danger. Parfois je rencontre des maîtres, mais c'est plus rare.

Il est arrivé que des mantras s'introduisent dans mes rêves en transformant automatiquement les événements du songe. Ma vie debout et ma vie couchée ne sont plus séparées, des ponts se construisent entre les deux sous forme de divinités et de mantras. En revanche, j'ai eu peur quand ma voix s'est « dédoublée » pendant une semaine. Je l'entendais comme dans une caisse de résonance ; elle était si puissante que je n'ai plus osé pratiquer à voix haute, je chuchotais. Puis l'effet sonore est parti tout seul, comme il était venu.

Parfois mes rêves sont comiques. J'ai rêvé que la chanteuse Madonna, debout sur une table, déclamait avec ferveur le dernier chapitre du *Bodhicharyavatara* que je récite moi-même tous les soirs en guise de dédicace des mérites. J'ai rêvé du lama blanc vêtu de cuir, les cheveux gominés, chantant des chansons d'Elvis Presley. Une autre fois, j'ai rêvé que je marchais sur le parvis de la gare Montparnasse à Paris. Un *ninja* venait m'attaquer en esquissant de façon caricaturale des mouvements frénétiques de kung-fu. J'étais habillée en minijupe avec de hauts talons aiguilles, j'ai regardé le bonhomme, j'ai pris une posture de karaté et, en hurlant des *kiai* puissants, mélangés à des mantras, j'ai combattu avec le petit guerrier qui s'est retrouvé au sol en moins d'une minute ! Radieuse de ma victoire, je riais et dansais de joie. Un autre rêve se passait dans une grande rivière couleur émeraude, au cœur d'une jungle vert sombre. Un groupe d'enfants blancs nageaient vers l'autre rive, poursuivis par un gigantesque serpent vert phosphorescent. Je me suis lancée à l'eau pour les sauver. Dès que je me suis avancée vers l'animal, il a disparu ainsi que le danger qu'il représentait. Une autre fois, quand je me suis lancée au-devant d'un tigre qui allait manger mon amie Lupita, le tigre a disparu aussi.

«J'entrai mais point ne sus où j'entrai,
Et je restai sans savoir,
Transcendant toute science.
J'ignorais tout du lieu où j'entrais,
Mais lorsque je me vis là,
Sans connaître le lieu où j'étais
J'entendis de grandes choses.
Point ne dirai ce que je sentis
Car je demeurais sans rien savoir,
Transcendant toute science.

De la paix, de la bonté aussi,
C'était science parfaite,
Dans une profonde solitude,
Le droit chemin vu bien clair.
Pourtant c'était chose tant secrète
Que je demeurais balbutiant,
Transcendant toute science.

J'en étais à ce point imprégné,
Absorbé, sorti de moi,
Que je demeurais dans tous mes sens
Dénué de tout sentir;
Tandis que l'esprit reçu en don
De pouvoir entendre sans entendre,
Transcendant toute science.

Tant plus haut je m'élevais ainsi,
Et tant moins je comprenais.
C'est là ce nuage ténébreux
Qui rend la nuit toute claire.
Or, pour ce, qui vient à le connaître
Demeure toujours sans rien savoir
Transcendant toute science.

Celui qui pour de bon parvient là
Se voit défaillir à soi.
Tout ce qu'il connaissait autrefois
Lui paraît chose si basse
Et tant s'accroît en lui la science
Qu'il demeure sans plus rien savoir,
Transcendant toute science.

Ce savoir issu du non-savoir
Recèle un si haut pouvoir
Que les sages et leurs arguments
Ne le peuvent jamais vaincre,
Car leur savoir ne saurait atteindre
À n'entendre pas en entendant,
Transcendant toute science.

Chose si hautement excellente
Est-ce souverain savoir,
Qu'il n'est ni faculté, ni science
Qui le saurait entreprendre.
Celui qui soi-même se vaincra
À l'aide d'un non-savoir savant
S'en ira toujours plus outre.
Et que si vous voulez ouïr,
Cette science suprême
Réside en un sublime sentir
De l'essence de Dieu même.
Et c'est bien l'œuvre de sa clémence
Que l'on demeure sans rien entendre
Transcendant toute science. »

Poèmes mystiques, Saint Jean de la Croix.

Au bout de neuf mois, comme le lama me l'avait dit, ma pratique s'est stabilisée. Quand je m'assieds pour méditer, mon esprit est moins nerveux, je trouve un espace de quiétude immédiatement. J'ai atteint une autre réalité, une réalité simultanée à la perception ordinaire, à la lisière de la folie sans pour autant en être. Comme les artistes, je flirte désormais avec cette dimension illimitée. Le printemps est au rendez-vous, il fait beau et les fleurs éclairent le paysage d'une gaîté toute fraîche. Je ne m'habille presque plus, je passe mes journées toute nue. Ça fait moins de linge à laver, et puis personne ne passe par ici depuis des mois. Parfois, mon ami Antonio, le Capitaine, dépose discrètement des pommes dans mes sabots, sur le seuil de ma porte. Je suis heureuse. Me voici intégrée aux bois, les animaux me connaissent, je fais partie de cette terre. Autour de moi, les oiseaux gazouillent, les sangliers se cachent, les loirs dorment après leur bringue nocturne...

De temps en temps, Orion, la chatte multicolore vient me tenir compagnie. Attendrie, je regarde les animaux vivre autour de moi : la petite taupe qui voulait élire domicile dans ma cabane, les vipères qui logent dans les fondations en pierre, ces énormes lézards bleu turquoise qui rampent prestement sur les murs ou ce loir tombé dans mon poêle à bois alors que je mangeais mon potage. Ce soir-là, j'ai observé ce qui allait se passer. Le petit loir craintif a pointé le bout de son museau, recouvert de cendres blanches ; il a regardé à droite et à gauche, craignant visiblement que je ne sois qu'une digne représentante des prédateurs humains ; il a pataugé dans les cendres pendant une demi-heure, sans pouvoir en sortir. Après avoir ouvert la fenêtre, je suis montée sur la mezzanine avec une lampe de poche, en riant silencieusement. (Je ne rate jamais une occasion de rire, on n'en a pas souvent quand on est seul.) Il s'est enfin extirpé du poêle et grâce à mes supers faisceaux lasers, j'ai réussi à le faire fuir dans la direction que je voulais. En deux minutes, mon loir enfariné était sorti par la fenêtre. Il a vite grimpé sur le toit pour se faire acclamer par les autres, qui l'attendaient pour faire la bringue. Ils ont recommencé à se laisser glisser bruyamment les uns après les autres le long du toit.

Ma sensibilité s'est aiguisée. Je peux deviner le menu grâce à mon odorat, pourtant, la cuisine du monastère se trouve à plusieurs kilomètres au-dessus de ma cabane ; tous mes sens se sont affûtés à l'extrême. Les rêves se sont calmés, je suis détendue pendant ma méditation, je connais toutes les pratiques par cœur, je peux réciter dans le noir le livre de prières en entier ; j'invente parfois de nouvelles mélodies. J'ai dessiné Tara, la déesse protectrice de tous les êtres qui libère de la peur, telle que je la vois, toute nue, dansant avec ses cheveux blancs éclatants. Mon programme se déroule quotidiennement de la même façon, pourtant chaque jour est différent. Quand ma passion pour le tibétain ou la calligraphie gagne sur mon horaire, j'étudie jusque très tard à la lueur de la bougie. Je dors quatre heures par nuit, cela me suffit. C'est mon rythme normal. Pas de bavardage ni de distractions. Mon esprit est devenu clair. Je ne pense plus au passé et mon corps est super léger, presque aérien. Je suis très mince à présent car je mange plus souvent des herbes sauvages que les aliments cuisinés qu'on m'apporte. Mark est mon ange gardien ! Il ne me fait jamais faux bond, quel que soit le temps.

Les rituels et les paroles des textes que je récite ont envahi ma vie de poésie. Je chante en remplissant les bols d'offrandes tous les matins : je vous offre, à vous les êtres qui habitez ce monde, de l'eau pour vous désaltérer, de l'eau pour laver vos pieds, des fleurs magnifiques, du parfum délicat, de la lumière pour guérir vos souffrances, de l'encens dont la fumée subtile nourrit l'invisible, de la musique enchantée et de la danse. Je vous offre mon corps, ma parole et mon esprit, je vous offre le fruit de ma pratique et l'univers.

Plusieurs centaines de fois par jour, je répète en tibétain, et parfois en français : «*Puissent tous les êtres obtenir le bonheur et les causes du bonheur! Puissent-ils être libres de la souffrance et des causes de la souffrance! Puissent-ils atteindre la joie incommensurable qui est totalement libre de souffrance! Puissent-ils demeurer dans l'équanimité, libres de partialité, d'attachements et d'aversion!*»

Depuis toujours, je souhaite ardemment que tous les êtres sans exception ne souffrent plus. Même dans les pires occasions, je n'ai pas développé de sentiments négatifs envers l'homme qui maltraitait ma mère devant moi ou envers Tomana, pour qui j'ai accompli de vilaines choses et qui lui-même se vouait à la méchanceté et à la souffrance. Cependant, je dois admettre que malgré ma foi, je suis rarement absorbée complètement par mes pratiques. Je répète des phrases machinalement pour exécuter le nombre prescrit, mais combien de fois me suis-je surprise en train de penser à autre chose tout en égrenant mon rosaire? Allez, oui, qu'ils soient tous heureux! D'un autre côté, j'aimerais surtout manger une grande pizza bien épicée, avec une bière, à Nice... Tiens, ce n'est pas loin, Nice! Je pourrais même y aller en stop, boire un verre sur l'une de ces terrasses au soleil, et revenir sans que personne ne s'en rende compte. Combien de fois par jour mon esprit surfe-t-il sur des fantasmes qui sont plus ou moins l'inverse des paroles que je psalmodie rapidement du bout des lèvres ?

Il m'arrive de m'envelopper d'une grosse couverture et de m'asseoir en plein mistral, hurlant les mantras dans un rythme chamanique enivrant. Là, je goûte simultanément au plaisir jouissif de me fondre dans les éléments et à celui de devenir une puissante reine des bois. Les êtres qui m'entourent communiquent avec moi, comme ce lézard accroché à l'écorce d'un pin qui me fixe pendant dix minutes – un jour il me parlera – ou cette couleuvre dressée sur sa queue qui me regarde avec curiosité, un mètre plus loin. Ce matin, c'était différent. J'ai vécu un moment merveilleux pendant la session de méditation des « quatre immensurables », qui figurent parmi les premières méditations du cycle du Ngöndro – c'est-à-dire les pratiques préliminaires du Vajrayana –, et permettent à l'esprit de retrouver ses qualités naturelles de sagesse et de compassion. Je ne sais pas ce qui a déclenché l'expérience. Assise sous l'arbre, je récitais machinalement les vers, j'étais concentrée sur ce que je faisais, mais comme d'habitude, j'étais distraite, ailleurs, dans mes fantasmes. Je m'efforçais de revenir à la méditation.

Tout à coup, comme un coup de tonnerre résonnerait sans préavis, mon esprit s'est ouvert, quelque chose en moi est devenu immense, incroyablement vaste. Je ne sais comment définir cette sensation. Je me suis sentie envahie d'une tendresse infinie, à la limite de la sensiblerie, puissante, invincible. Tous les êtres qui formaient mon corps, la clairière, mon passé, mon futur, les étoiles, les galaxies, toutes les innombrables vies impossibles à concevoir, c'était moi. Je voyais les souffrances et je voulais de toutes mes forces les guérir, toutes, sans exception. Je ne blaguais plus. Je ne faisais plus semblant. Je pleurais, mais je ne me sentais pas triste. J'ai touché la réalité du bout des doigts, je me suis branchée à la matrice, la vie visible et la vie invisible se sont unies...

Et le moi banal, habituel, qu'était-il devenu ? Il faisait partie de cette vaste réalité tout en ayant renoncé à tenir le rôle principal. C'était un être parmi d'innombrables autres. « Moi » et les « autres » nous sommes fondus en une même présence consciente, multiple et unifiée, différenciée et égale. Tout s'est lié pour ne faire qu'un unique et vaste tout, pourtant, j'arrivais encore à percevoir des millions de détails, de formes et de couleurs qui dansaient dans l'air en se dissolvant. Dès que j'ai pris conscience de cet état, mon esprit a voulu le manipuler, instinctivement j'ai voulu me l'approprier, mais tout a instantanément disparu, comme un soufflé qui tombe.

Vyâsa, l'auteur mythique des écritures védiques et de grandes épopées hindous, commente :

> « *Le yogini doit créer en lui la bienveillance à l'égard de tous les êtres vivants qui sont arrivés à l'état de jouissance d'un plaisir, la compassion à l'égard de ceux qui souffrent, la joie à l'égard de ceux dont la nature est méritante, l'équanimité à l'égard de ceux dont la conduite n'est pas méritoire. Chez celui qui ainsi crée ces états en lui, il apparaît une vertu limpide. Et grâce à cette vertu, son psychisme est rasséréné. Rasséréné, fixé sur un seul objet, il obtient une position stable.* »

Une autre fois, je me trouvais dans la cabane à étudier le tibétain quand un orage d'été a éclaté. Je me suis déshabillée sans réfléchir. Un instinct inattendu exigeait que je prenne l'averse sur le corps, comme une purification. Je me suis fondue dans la nature, comme les Roms à qui il arrive de prendre un bain de rosée, nus, à l'aube, en se roulant dans l'herbe mouillée. Une énergie animique, fraîche et païenne, se réveille en moi de plus en plus. Je comprends désormais le texte original des prières et j'ai réussi à traduire du tibétain sans aucun support : un petit Jataka, l'histoire d'une vie antérieure du Bouddha.

Celui-ci raconte qu'il a offert son propre corps comme nourriture à une tigresse affamée afin qu'elle puisse allaiter ses petits. J'aurais aimé pouvoir rester ici plusieurs années. La pratique m'apportait de plus en plus de moments de grâce. Je vivais des moments de béatitude. J'étais émerveillée devant la subtilité et la profondeur de ce que j'étais en train de découvrir. C'est difficile à expliquer car ce que je vivais dépassait l'entendement habituel. Les enseignements sont comme des poupées russes, l'un à l'intérieur de l'autre. Ils sont interdépendants. Ce n'est pas un assemblage de nouvelles connaissances, mais plutôt un processus de dénuement ; au fur et à mesure que les voiles tombent, une évidence se révèle. J'ai aussi découvert l'incroyable flexibilité de l'esprit. Le monde invisible qui gère ma vie est infiniment créatif, il ressemble à celui que nous expérimentons chaque nuit dans nos rêves. Une brèche de liberté ne passe pas par l'intellect, cela se passe « avant » de penser.

Le soir, après l'office, je monte dans ma chambre pour essayer d'approcher mon *yidam*, c'est-à-dire la divinité tutélaire que j'invoque, un peu comme mon ange gardien, sauf qu'à force de me rapprocher d'elle, je me fonds avec la divinité, je deviens la divinité. Parfois, des émotions fortes accompagnent le processus de la pratique en retraite. Je me rappelle avoir pleuré pendant des heures en pensant aux souffrances que ma mère avait endurées. Cela a fini par se calmer. Je me vois demander pardon à celui-ci, parler à celui-là, j'imagine un futur inépuisable, formé de multiples combinaisons possibles, mais en l'absence de projets concrets, mon esprit s'est calmé, le cheval est devenu docile. La profondeur du moment présent, son éternité constante seconde après seconde a émergé comme une chorégraphie magique à travers mes nouvelles perceptions.

> «*Parce que les choses enseignées par le Tathagat*a[40] *sont dans leur nature essentielle inconcevables et impénétrables: elles ne sont ni existantes ni non existantes; elles ne sont ni des phénomènes ni des noumènes. Qu'est-ce que cela signifie? Cela signifie que les Bouddhas et les Bodhisattvas ne sont pas illuminés par des enseignements déterminés mais par un processus intuitif qui est spontané et naturel.*» (Vajra Sutra)

Un matin, je suis sortie toute nue pour pratiquer devant ma cabane, assise sur une couverture, à l'ombre d'un arbre. Il faisait très chaud, c'était agréable. J'en étais au moment de la purification quand tout à coup, sans comprendre moi-même ce que je faisais ni pourquoi, je me suis levée et je suis rentrée chez moi. Je me suis habillée et suis revenue à la même place pour continuer à chanter le mantra des Cent Syllabes. Dix minutes plus tard, un homme en

40. «Celui qui est allé ainsi» ou «ainsi allé», formule par laquelle le Bouddha se désigne dans les *sutras*, c'est-à-dire, dans ses écrits.

short blanc avec un petit bonnet d'été est arrivé sur le chemin qui montait vers ma cabane. Heureusement que je m'étais habillée ! Une intuition étrange, que j'ai gardée en mémoire comme un signe du potentiel de l'être humain... Le monsieur était charmant, c'était un curé qui aimait les enseignements du lama blanc.

Un an jour pour jour après mon arrivée, le 19 août 1983, ce dernier est venu me chercher. Vêtue d'une simple robe de coton blanc, je me sens tellement légère que j'ai l'impression de voler sur les flancs de la montagne. Le lama est ravi. Quand il est arrivé, il s'est assis sur le siège de lotus que je lui avais préparé. Je crois que ma joie exubérante lui a fait plaisir. Un lama se voit probablement plus souvent confronté aux problèmes de ses disciples qu'à leur bonne humeur. « Monte avec moi au monastère pour le séminaire qui commence demain. Nous allons étudier le texte de Nagarjuna, *Lettre à un ami*. On verra après si tu restes ici ou si tu viens plutôt avec moi en Dordogne cet automne. Quand tu arriveras là-haut, sois attentive, ne te crois pas supérieure aux autres parce que tu es restée quelques mois en retraite. Sois discrète et gentille, tu n'as rien à prouver à personne. »

Il m'avait déjà dit ça, que je n'avais rien à prouver... Je méditais sur cette phrase depuis des mois. Elle me concernait, mais je ne savais pas exactement dans quelle mesure. Nous avons remonté le chemin côte à côte. Mon cœur battait très fort. La première chose qui m'a frappée en arrivant, c'est l'immensité du ciel. Il était bleu, intense. Depuis un an, je n'en apercevais plus qu'une portion à travers les arbres. L'exaltation de revoir tant de monde était si forte que je me suis cachée derrière les toilettes pour reprendre un peu mes esprits. Tous me semblent beaux, lumineux, rayonnants. Je soupçonne que cette beauté vit dans mon regard. Disons, pour être plus exacte, que mon ancienne façon de voir les gens m'empêchait de voir leur beauté. Le Dharma a changé mes yeux, mes réactions sont différentes. J'ai l'impression d'avoir plus d'espace. Le temps est plus vaste. Cependant, c'est une transformation fragile et délicate. Je ne cède plus à mes impulsions, non pas parce que je me contrôle, mais parce que je vois venir mes émotions, mes pensées, sans m'identifier à elles comme autrefois. Il s'est instauré naturellement une sorte d'espace entre l'émotion et l'éventuelle réaction, une véritable sensation d'espace. Par contre, je me sens plus sensible, plus accessible. J'ai perdu le masque qui me protégeait.

Mark m'a remis le gros paquet de courrier qui m'attendait. Il avait classé les lettres par ordre chronologique. Je me suis assise sur un banc pour les lire d'une traite. Pendant plus de deux heures, je suis passée du rire aux larmes et vice-versa, noyée sous un déluge d'émotions fortes.

CHAPITRE 4

1983-1990
Lusitania mon amour

« [...] Quand je suis plongée dans les ténèbres
de mon inconscience et de ma bêtise,
Chenrezig, puissiez-vous briller tel un flambeau
resplendissant.
Lorsque la haine envers mon ennemi est comme
un feu qui fait rage,
Chenrezig, puissiez-vous être le fleuve qui l'apaise.
Si l'attachement pour mon ami est comme un torrent
qui se déchaîne,
Chenrezig, faites-moi reconnaître l'état naturel de l'esprit.
Si l'avarice m'enchaîne à mes possessions,
Chenrezig, soyez le régisseur de mon détachement. [...] »
[Chenrezig est le bodhisattva de la compassion]

Le paradis déchu

Nous avons étudié comme convenu le texte de Nagarjuna, *La lettre à un ami*. Nagarjuna est un moine et philosophe bouddhiste du IIe siècle, originaire de la région de l'Andhra Pradesh actuel, au sud-est de l'Inde. Quant à cet «ami», c'est un roi indien qui l'a sollicité pour le guider dans sa quête spirituelle. Le temps avait changé à Soleils, des orages déferlaient sur le domaine, il pleuvait sans cesse. Nous pataugions dans une boue épaisse et les Portugais, peu équipés, enroulaient leurs pieds dans des sacs en plastique noués aux chevilles pour se protéger. Les tentes prenaient l'eau. La plupart des gens campaient dans le temple. Un soir, je suis sortie à Draguignan avec des amis pour dîner au restaurant. Une grande première ! J'avais souvent rêvé de nourriture en retraite ! Nous avons commandé de la viande grillée. C'était un bon restaurant, chic et cher. Je ne me sentais pas étrangère au monde, j'étais très à l'aise. Pour mon odorat épuré, la viande sentait le cadavre. Je l'ai mangée néanmoins sans le moindre dégoût, tout en étant consciente de cette odeur et que cela avait toujours été le cas. Les concepts «bon» et «mauvais» avaient moins de prise sur moi.

Le lama m'invitait chaque jour aux repas avec sa famille. Les autres convives variaient, à part Chico et moi. Le lama m'étudiait discrètement. Moi aussi, je m'observais et je voyais les effets miraculeux de la retraite s'estomper peu à peu. Mes anciens réflexes revenaient. Cet espace formidable entre mes réactions et ma conscience, qui m'avait permis de ne plus me sentir prisonnière de moi-même, rétrécissait ostensiblement chaque jour. Je le percevais clairement. Je ne prenais plus le temps de rester calme, je répondais, j'étais agitée par les émotions, à nouveau. Une déchéance. J'étais excitée. Après un an d'isolement, ma fougueuse jeunesse reprenait le dessus et je plongeais progressivement dans un chaos intérieur qui contrastait avec la plénitude à laquelle j'avais goûté.

Cléopâtre est venue me rendre visite à Soleils. Elle allait mal. Très mal. Des problèmes personnels, dont je n'ai eu connaissance que bien plus tard, la perturbaient. L'usage du tabac étant interdit sur le domaine, elle ne pouvait pas fumer. Impossible pour elle de se détendre ; plus je l'entourais d'attentions, pire c'était. Ma mère voulait me convaincre que j'orientais mal ma vie. Moi, je voulais la persuader du contraire. Au terme de deux nuits blanches, sans qu'aucune communication ne soit possible entre nous, je suis redevenue la Myriam de jadis, intense, directive, celle que ma mère cherchait probablement à retrouver, mais dont je voulais me libérer depuis toujours ! Les choses devenaient difficiles, l'âge d'or était terminé. Je n'ai pas trouvé les moyens de lui faire du bien ni de me protéger de l'incidence négative que notre conflit avait sur moi.

Je suis repartie à Bruxelles pendant deux mois. Et moi qui n'avais jamais confectionné un plat de ma vie, j'ai travaillé comme chef cuisinière. Là-bas, j'ai appris que je n'étais plus invitée en Dordogne. Je suis retournée à Soleils la mort dans l'âme, mais le charme était rompu, je ne retrouvais plus ma fraîcheur. Je tournais en rond, je n'arrivais pas à rester en place, à me centrer ni à me discipliner. Je sentais un ennui terrible envahir ma vie comme si l'espace autour de moi sonnait creux. Une sensation de « rien », de vide oppressant, d'absence de sens, de motivation ou de direction. Je me sentais remuée, confuse, paniquée. J'avais besoin de bouger. J'étais tiraillée entre deux tendances contradictoires : une partie de moi voulait poursuivre la voie que j'avais entamée, la voie du Dharma, tandis que l'autre rêvait d'hommes, de voyages, d'aventures, de musique, du bon vieux Samsara qui bouge. Ces deux factions rivales étaient puissantes et volontaires. Ma guerre civile avait commencé.

Ma guerre civile

J'ai décidé de me ressaisir. À l'automne 1984, alors que j'errais depuis quelques mois déjà entre Soleils et Bruxelles, j'ai demandé à entrer de nouveau en retraite, mais chez le lama cette fois, dans sa maison d'Uccle. J'avais repéré une toute petite pièce dans la cave, je pourrais m'installer là. Je ne voulais plus m'éloigner de lui, je voulais qu'il soit là pour me coacher. J'ai vécu cinq mois dans ce réduit minuscule. Mon programme consistait à pratiquer la nuit et à dormir le jour, ce qui était impossible étant donné que les hommes de la communauté étaient en train de construire une énorme annexe à l'arrière de la maison. Je restais dans l'obscurité. L'unique lumière de la pièce, une ampoule bleue, me permettait tout juste de distinguer les formes. Je ne pouvais pas lire. Par contre, la nuit, je pouvais ouvrir la porte et allumer les néons si je le désirais. Cette période a été exactement l'inverse de ma retraite dans la forêt : j'ai rencontré le pire en moi.

Mes projections, mes peurs, mes désirs, mes frustrations, tout cela formait une symphonie de souffrance permanente. Mon esprit farci d'espoirs, de désespoirs, d'hallucinations, permettait à mes émotions négatives d'occuper toute la place. Je ne tenais pas ma discipline, ce qui ouvrait grand la porte à tous mes démons. J'étais spectatrice de ma lente chute. J'avais compris que je n'échapperai pas à la rencontre avec mes monstres, mais c'était trop dur pour moi. Désormais, ils contrôlaient le navire, ils avaient pris la barre. Pour me consoler, je dévalisais les réserves de chocolat de la cuisine en cachette. Chose étrange, mes mains se sont couvertes d'un eczéma purulent. J'ai demandé à sortir de mon trou. Depuis cinq mois, je fréquentais mon enfer personnel vingt-quatre heures sur vingt-quatre, j'avais besoin d'air. Je ne savais pas pourquoi, mais il fallait absolument que j'aille à Paris. C'était une idée fixe. Trois jours après avoir échappé à mon obscure cellule souterraine, mon eczéma a disparu.

Attila est mort

Au lieu de me rendre directement chez ma mère, comme cela aurait été logique, je suis passée chez mon frère Jean-Pierre, à Denfert-Rochereau. J'ignorais ce qui poussait à me rendre chez lui tout de suite, avec mes bagages. Je ne l'avais pas vu depuis l'époque de l'Ariège. Il ne s'est pas étonné de me voir débarquer tout d'un coup après deux ans de silence. Dans une famille de voyageurs, on va et on vient naturellement. Il m'a annoncé de but en blanc : « Laszlo est mort. Tu l'as appris ? – Oh, mon Dieu, non je ne le savais pas ! C'est donc pour ça que je voulais venir ici à tout prix ! »

Déjà très malade, Laszlo était allé s'installer au château de Ravenel, un de ses derniers biens après la saisie de l'État pour fraude fiscale. La bâtisse s'écroulait littéralement : des arbres poussaient à travers le plancher. Laszlo est passé à travers un de ces planchers et a atterri à l'étage inférieur, avec quelques contusions, mais bien vivant. Il est mort étrangement quelques mois plus tard alors que sa santé semblait s'améliorer. Jean-Pierre n'a été prévenu que deux mois après. Je me suis souvenue que je pensais à mon père dans ma cellule souterraine et que son image me hantait. J'avais mis cela sur le compte de ma perturbation générale. En réalité, son esprit avait dû passer par là pour me voir depuis les limbes de l'état intermédiaire. Je n'étais pas triste. Je n'arrivais pas à réaliser qu'il était mort. Il semblait être là comme auparavant. Je voyais rarement mon père, mais je l'aimais profondément. Nous étions naturellement complices, la même personne en version masculine et féminine. Notre lien indéfectible se manifestait par une absence absolue d'attachement, associée à la jubilation de nous rencontrer. À cette époque, je ne soupçonnais pas à quel point j'avais hérité de sa vision artistique. Je ne l'ai compris que des années plus tard. Laszlo avait cherché à sculpter la vie, tandis que moi, je la dansais. Nous aurions pu combiner nos visions... Lors d'une de nos dernières rencontres, Laszlo m'avait donné la bague qu'il portait. «Elle est très belle, ta bague, Laszlo ! – C'est moi qui l'ai faite. C'est du brrronze. Et là une emerraude d'un côté, un rrrubis de l'autre.» Deux fleurs de lys partaient d'un côté et de l'autre du doigt, une petite pierre sertissait le pistil de chaque fleur. «Je té la donne. Elle est à toi ! Mais si tu la perrrds ou si tu la donnes, je te tue. – Tu peux te la garrrrder alors !» Une lueur de malice avait traversé ses yeux. «Tu as peurrr ! – Bon, ça va, donne !» Des années plus tard, j'ai perdu cette bague dans les coulisses d'un théâtre. C'était le seul cadeau que j'avais reçu de lui.

Si la nouvelle de son grand départ ne me rendait pas aussi triste qu'on aurait pu l'attendre, je ne me faisais pas à l'idée de ne plus jamais le revoir. J'avais l'impression qu'il était toujours là. La mégalomanie de Laszlo l'amenait à se persuader que personne d'autre que lui ne pourrait sauver le monde. Il se prenait pour une espèce de messie. Notre sujet de conversation favori était le salut de l'humanité. Mon père me disait : « Myriam, nous devons fairrre quelque chose ensemble. Nous allons sauver le monde ! Nous allons écrrirre un livrre magique et tous ceux qui le lirront connaîtrront le vérritable bonheurr ! Les prrophètes du passé n'ont rrrrien comprrris. Si c'était le cas, les choses irrrraient mieux ! Nous devons acheter un bateau, emmener les chevaux dessus ; ce sera une école de sculpturrre. Et nous allons supprrrimer les frrrontièrrres. Toutes les frrrontièrrres sont inutiles, il faut en finirrrr avec les frrrontièrrres, les papiers et toute cette bourocrrratie. »

Laslzo était très fier de ses enfants, il aurait voulu les voir tous ensemble et, pour étrange que cela puisse paraître, il était sincère. Quand il m'en parlait, j'étais très enthousiaste ; je voulais, moi aussi, réunir mes frères et sœurs, et faire la fête avec eux. Quand j'ai proposé d'organiser l'événement après le décès de notre père, mes frères ne semblaient pas enthousiastes. J'ai remis ce projet à plus tard, quand les circonstances seraient plus favorables.

Rencontre avec un homme remarquable

L'échec de ma retraite chez le lama avait renforcé ma motivation. J'ai rencontré Kyabjé Dilgo Khyentsé Rinpoché, l'un des plus extraordinaires maîtres tibétains du XXe siècle. J'avais entendu parler du grand

Khyentsé durant mon voyage en Inde en 1980. J'allais enfin le rencontrer, à l'aéroport de Roissy ! Nous sommes partis avec deux camionnettes et la voiture du lama blanc pour l'accueillir. Rinpoché adorait notre lama et il avait demandé que ce soit lui qui vienne le chercher. Tous en parlent comme d'un saint, non seulement pour l'étendue impressionnante de son érudition et pour son éloquence, mais surtout pour son niveau de réalisation spirituelle. Il peut énoncer sans effort des enseignements précis sur le Dharma pendant des journées entières, disent-ils.

Nous avons débarqué à l'aéroport trop tôt, d'autres personnes que je ne connaissais pas attendaient aussi. Nous nous sommes joints à elles dans le hall des arrivées. L'avion de Rinpoché avait du retard. Je bavardais distraitement avec un ami. Dans le feu de la conversation, nous avions oublié pourquoi nous étions dans cet aéroport. Le temps passait et les mauvaises langues murmuraient que le lama (il n'était pas encore là) ne serait pas là à l'arrivée de Rinpoché. Soudain, tout s'est délié naturellement. Un grand homme dont le torse nu dégageait une lumière dorée approchait en chaise roulante. Je me suis tue immédiatement. L'aéroport ne bougeait plus, l'agitation s'était figée, l'espace semblait congelé. Je ne voyais plus que Lui. Le tout premier instant, je l'ai aperçu sans l'identifier. J'ai senti quelque chose d'incroyable et d'indéfinissable dans tout mon corps. Quelques secondes plus tard, j'ai compris que c'était Rinpoché. Il distribuait des bénédictions à tous ceux qui lui tendaient la tête en marmonnant des mantras. Son expression semblait concentrer toute la tendresse et la simplicité du monde. Derrière moi, le lama blanc venait d'arriver, exactement en même temps. Dès que Rinpoché l'a aperçu, un sourire éclatant a illuminé son visage. Le lama s'est littéralement jeté aux pieds de Rinpoché en retirant son chapeau comme un mousquetaire. Ce dernier lui a tapé avec force dans le dos en riant de tout son cœur. Je n'en revenais pas, un homme comme ça, ça existe vraiment?! Un Bouddha vivant, ce Khyentsé! J'étais tellement impressionnée que les larmes ont perlé sous mes paupières. Je pleurais convulsivement. Je n'avais jamais imaginé qu'un homme aussi magnifique puisse exister. Il était la preuve palpable que l'Illumination est possible pour nous. Depuis ce jour, si j'évoque le Grand Dilgo, je ressens instantanément sa forte présence.

Buffle et Tigre

Le Losar, la nouvelle année lunaire. Passage de l'année du Buffle à celle du Tigre, février 1985. À Soleils, les préparatifs se déroulaient dans une grande fébrilité. La tradition tibétaine veut que l'on se débarrasse des saletés du passé pour passer à une nouvelle phase. On nettoie les maisons de fond en comble et on suspend de nouvelles bannières de prières sur les nombreux mâts. On doit faire la même chose avec son esprit. Comme s'il voulait nous aider, le mistral soufflait.

Dans la nuit qui précède le Losar, un bus plein de Portugais a débarqué avec armes et bagages, bébés et pique-niques. Munis de vrais flambeaux, ils ont gravi la montagne à pied en jouant le rythme de leur marche sur de gros tambours et en chantant le Vajra Guru

Mantra[41]. Je guettais leur arrivée comme on scruterait la mer pour voir arriver le bateau de son bien-aimé. Dès que j'ai distingué la lueur des flammes, j'ai couru les rejoindre en bas de la montagne. Le lama monte avec les hommes, son jeune fils dans les bras – les femmes suivent derrière, plus joviales. Ils gravissent le chemin avec l'expression déterminée de guerriers prêts à mourir une fois remportée la bataille. Ils amènent avec eux un vent de force, de simplicité et de pureté qui me plaît. Je me sens renaître. Ce soir-là, ils semblent appartenir à une légion ancestrale mythique.

Où ont-ils pu dégoter ces torches et ces tambours? Parmi les vaillants Lusitaniens marche un grand jeune homme maigre, brun et barbu, que j'avais remarqué quelques années auparavant lorsque nous fabriquions le chapiteau à Humkara Dzong. Son expression intense, ses manières réservées qui dissimulent à peine des gestes habiles et précis, tout chez lui me fascine. Sans le connaître, je lui trouve déjà une panoplie de qualités rares. Je l'observe parmi la foule cadencée, comme on contemplerait une statue de la Sainte Vierge dans une église. Une énergie nouvelle, tout empreinte d'un mélange bizarre de spiritualité et de sensualité, monte irrésistiblement dans mon corps. Nous nous sommes salués au beau milieu des deux cents personnes qui marchaient, mais, tels Tristan et Iseult, envoûtés par une potion, Jorge et moi étions déjà liés. Les jours qui ont suivi, je lui ai offert des croûtons de pain sec (j'adore le pain dur). Il a fait semblant de les accepter et les a cachés discrètement car il avait une préférence logique pour le pain frais et tendre.

---

41. Mantra d'invocation de Padmasambhava.

On appelait Jorge à toute heure, pour un oui, pour un non. C'était un parfait homme à tout faire. Que ce soit pour écouter des confidences, pour réparer la plomberie ou l'électricité, pour garder des gosses, tout était bon pour avoir recours à lui. Disponible de nature, Jorge se pliait en quatre, en cinq ou en six à longueur de journée et je l'admirais pour cela aussi. Malgré ma ferme résolution de me vouer à mon ermitage, il a suffi que Jorge pose sa main sur mon dos pour que je fonde définitivement. Depuis longtemps, je n'avais plus été amoureuse. J'avais aimé des hommes avec légèreté et sans passion. C'était la nuit charnière entre l'année du Buffle, année de ma naissance, et celle du Tigre, année de la naissance de Jorge. Nous sortions du temple où nous avions célébré le nouvel an. Les gens qui cherchaient leurs souliers dans le noir et qui se cognaient les uns aux autres formaient un attroupement joyeux. Sa main sur mon dos. Une présence claire, une sensation profonde, une décharge électrique. Nous nous sommes regardés, je lui ai demandé de m'attendre.

Le ciel était clair et saturé d'étoiles glaciales. J'ai finalement trouvé mes chaussures, Jorge m'attendait. Nous avons marché dans la nuit autour du chöten. Je lui ai donné la main. Le lendemain matin, nous sommes tous montés pour célébrer, avant le partage des offrandes de nourriture, un dernier rituel sur le sommet de la montagne, l'Amoghasiddhi. Nous devions par la même occasion changer les bannières de la forêt. Le lama marchait en tête, tandis que nous le suivions péniblement, en file indienne. Je n'ai jamais compris comment il pouvait monter à cette vitesse sans s'essouffler ! Jorge portait un des tambours ; il était devant, tout près du lama. Arrivés au sommet, nous nous sommes disposés en cercle sur le sol rocailleux. Nous dominions le Verdon, qu'on apercevait tout en bas. Le vent soufflait très fort. Les conques, les *gyalings*[42], les *ragdongs*[43], les cymbales et les tambours lançaient leurs cris lancinants vers le ciel. Des vrombissements éclatants emplissaient l'air. À la fin, tout le monde est descendu du sommet, en courant le plus vite possible, selon la tradition. Jorge et moi marchions côte à côte le plus lentement possible. Les Portugais, qui avaient remarqué notre manège, nous ont charriés en me recommandant d'apprendre vite le portugais. La rumeur de mon imminent voyage au Portugal courait déjà. J'avais une idée : je savais très bien lire et écrire le tibétain, pourquoi ne pas l'enseigner au Portugal dans les centres de notre communauté ?

Porto

Au Portugal, Jorge et moi avons vécu des moments intenses qui ont effacé en moi tout souvenir d'une vie antérieure. J'avais l'impression que nous avions toujours été comme ça, ensemble et follement amoureux. Nous pratiquions ensemble et nos esprits se mélangeaient dans les *sadhanas*. Je voyais mon homme comme une divinité et lui me regardait comme une déesse. Après avoir fait le tour des centres portugais où j'ai enseigné le tibétain tout en jeûnant pour la première fois pendant dix jours, nous avons publié

42. Instrument tibétain dont le son est proche de la cornemuse.
43. Grandes trompes de plusieurs mètres de long qui se jouent par paires et produisent un son profond et puissant.

les bancs de notre mariage. Au centre de Porto, nous tenions le restaurant de la communauté, *La Pirâmide*. Il fallait travailler sans cesse. Je regrettais parfois les heures de solitude intense de mes retraites ; les bons comme les mauvais moments, ils avaient tous contribué à ma quête, mais mon attachement pour Jorge était au-delà de tout. Vivre sans lui ou loin de lui semblait inconcevable. Je voulais que notre mariage soit pour toujours, au-delà des contingences, quoi qu'il arrive, parce que la vie pourrait nous surprendre, je le savais, mais nous ne divorcerions jamais, jamais, jamais. Ma mère et Nina étaient invitées. Elles sont arrivées le jour de la Saint-Jean, le patron de la ville. À cette occasion, les habitants donnent une fête gigantesque qui les entraîne tous dans une folle transe païenne, celle des feux du solstice d'été. La célébration était prévue pour le samedi suivant, quatre jours après la fête. Cléo m'avait prévenu que ma petite sœur était excessivement maigre. « Prépare-toi, tu vas avoir un choc. Elle ne mange plus. Les médecins ne savent pas quoi faire. Elle est vraiment très, très maigre ! Imagine, elle pèse 35 kilos pour 1 m 76 ! Et encore, elle faisait 32 kilos le mois dernier ! »

À l'aéroport de Porto, quand j'ai vu débarquer l'adolescente de 17 ans, j'ai effectivement eu un choc. Celle qui avait été « my baby » et que j'avais chérie comme la prunelle de mes yeux durant toute mon enfance, était dans un état physique similaire à celui d'enfants victimes de la famine. Mon cœur a sauté dans tous les sens. J'avais peur de la toucher, qu'elle se désagrège comme une structure de sable. Jorge et moi les avons logées dans un hôtel près du centre. Nous vivions dans une toute petite chambre, trop basse pour se tenir debout, juste au-dessus du restaurant. Le centre bouddhiste était notre foyer, et nous avions l'habitude de vivre en communauté. Notre intimité se réduisait à cette chambre minuscule. Nina avait l'air de se plaire avec nous. Convertie au régime végétarien depuis l'âge de 10 ans, par amour pour les animaux, elle se sentait bien à *La Pirâmide* et nous aidait tous les jours. Les joyeux lurons qui formaient l'équipe de cuisine la distrayaient et l'entouraient de petits soins. Elle retrouvait doucement un peu d'appétit au fil des jours.

Jorge et moi nous sommes mariés sous le regard bienveillant de quinze personnes, au cours d'une cérémonie extrêmement simple. Nous avons dîné dans un restaurant de fado où les artistes nous ont chanté les plaintes langoureuses des amours déçues, que nous aimions tant, et que ma mère détestait. Les parents de Jorge étaient adorables. Tout le monde faisait de son mieux pour accueillir ma petite famille qui n'avait pas l'air très heureuse. Jorge et moi avons décidé de tenter le tout pour le tout afin de sauver Nina qui m'avait confessé en secret : « Là, ça va, mais quand je vais rentrer, je vais arrêter de manger. Je veux mourir, mais je n'ai pas le courage de me tuer. Je ne peux pas supporter ma vie à Paris ! »

J'ai demandé à notre mère de laisser Nina avec nous. J'ai même déchiré son billet d'avion afin qu'elle ne rentre pas. Jorge et moi sommes descendus dormir au temple, pour que ma sœur puisse occuper notre chambre. Cléo est partie et toute notre équipe s'est engagée dans une mission sauvetage. Jorge offrait à Nina, avec son sourire désarmant, des petits plats, soigneusement confectionnés et décorés avec délicatesse. Nina ne résistait plus. Zé-Jorge, un ami d'enfance de Jorge, qui vivait avec nous, l'amusait avec son humour débordant. Nina avait besoin de rire, mais je soupçonnais qu'une partie d'elle-même s'agrippait à la souffrance, comme si elle y avait trouvé un refuge familier. Au bout de quelques jours euphorisants et malgré tous nos efforts, la dépression de Nina est revenue de plus belle. J'étais très préoccupée. Jorge m'a demandé : « Depuis que Nina est dans notre chambre, tu continues à faire les offrandes ? – Non. Pour ne pas la déranger. – Demain matin, sans rien lui dire, monte dans la chambre et fais les offrandes, même si elle dort. Et pratique le *sadhana* de Guru Dordje Drolö[44]. »

Le lendemain matin, je suis montée dans la chambre. Nina faisait semblant de dormir, mais je savais qu'elle était éveillée. J'ai appliqué à la lettre les instructions de Jorge et j'ai pratiqué la *sadhana* auprès d'elle. Plus tard, elle est descendue. Elle avait changé, ses yeux semblaient décidés. Elle m'a juste dit : « J'ai remis les points sur les i. » Elle a recommencé à manger progressivement. Quand nous lui avons trouvé un billet d'avion pour rentrer à Paris, peu de temps après, elle était fragile mais guérie.

Les premiers zigzags

Nous étions heureux. Nous nous amusions comme des gosses. Le matin au réveil, j'imitais le cri de tous les animaux de la création, à moins que nous n'entreprenions une bataille d'oreillers en riant. Jorge

44. La forme la plus courroucée de Padmasambhava, manifestation de la folle sagesse, qui incarne les forces de l'intuition et de la compassion au-delà de la logique et des conventions.

racontait des histoires qu'il improvisait pour moi. Je l'adorais. J'avais épousé le mari idéal. Nous étions un couple uni, joyeux, pourtant, notre bonheur était miné par le doute. Malgré tout, je ne pensais qu'à retourner en retraite. Ma guerre civile reprenait de plus belle après le cessez-le-feu que notre mariage avait instauré. J'ai fini par demander au lama une nouvelle opportunité pour entrer en retraite et j'ai quitté Jorge pour une durée indéterminée. Il affirmait avec conviction qu'il m'attendrait.

Le lama pensait qu'un séjour sur l'eau me ferait du bien. J'ai donc gardé un voilier ancré à La Rochelle. Je ne connaissais personne à La Rochelle, c'était un style de retraite semi-urbaine avec une télévision et tout le confort nécessaire. Le rafiot avait besoin d'un concierge, il n'y avait rien à faire sauf le nettoyer et pratiquer les rituels. C'était un voilier splendide de quatorze mètres en bois tropical qui s'appelait *Nagarjuna*. Même si j'avais eu ce que je voulais, mes contradictions me tiraillaient de nouveau : comme une yogini tibétaine, je souhaitais m'entraîner jour et nuit sans me préoccuper du futur, mais en même temps mon esprit se fixait constamment sur Jorge. Il me manquait terriblement. Cinq mois plus tard, j'ai craqué. J'avais peur de le perdre. Je lui avais dit dans un mélange de naïveté et de lucidité : « Je sais que tu risques de sortir avec une autre femme pendant mon absence. Je ne peux pas exiger que tu m'attendes. Si un jour quelque chose se passe, je ne serais pas fâchée, mais nous resterons mariés. D'accord ? »

Jorge croyait dur comme fer qu'il m'attendrait toujours et je savourais le rêve de son éternelle fidélité. Nous étions tous deux des idéalistes. Il vivait dans un monde fantastique, rempli d'êtres magiques. Il pouvait créer de toutes pièces une longue histoire compliquée, comme si Tolkien vivait dans son cerveau. De mon côté, j'étais sans arrêt en manque d'intensité, comme une droguée de la vie. Ça me brûlait. Je devais choisir entre la routine avec Jorge ou de grands voyages mystiques sans fin, à travers le monde, seule. Je voulais les deux de tout cœur. Je ne pouvais me décider. Pourtant, il le fallait. Nous étions en perpétuel sursis, mais le caractère particulier et unique de mon époux, m'encourageait à croire que nous allions vivre une épopée unique, pure, notre vie durant. Nous serions un couple qui se donne tout l'espace qu'il lui faut sans jamais se quitter. Lui ne voulait pas d'autre femme que moi, sa femme bien-aimée, malgré le harcèlement des filles de la communauté dès que je tournais le dos. De mon côté, pour rien au monde je n'aurais choisi de rompre ce sortilège.

Je zigzaguais de plus en plus, mais Jorge ne se plaignait jamais. Je partais quatre, cinq mois, je craquais, je revenais. Je rejoignais le lama en Dordogne, ou à La Rochelle, à Bruxelles, dans le château hanté ardennais où notre école avait créé un nouveau monastère, et puis je craquais. Quand je revenais à Porto, nous reprenions notre vie de couple, comme si je n'étais jamais partie. Drôle de mariage. Il y avait les parents de Jorge, une vraie famille portugaise, tous gentils avec moi. On se réunissait le dimanche pour savourer un bon dîner devant la télé. Jorge voulait avoir des d'enfants. Sans refuser d'emblée cette éventualité, je n'étais pas pressée. Et puis il y avait notre tribu bouddhiste, avec laquelle nous vivions quotidiennement, entassés dans un tout petit centre au cœur d'un quartier commercial de Porto : Filipe, Filomena, To Zé, Zézé, Natalia, José Jorge, Artur,

Cristina, les enfants des couples et surtout ma chère Marina, la nièce d'Artur. Marina avait 18 ans, j'en avais 26, et nous passions nos journées ensemble, depuis l'aube jusqu'à minuit, à bavarder et à rire aux larmes. Nous faisions tout ensemble : la cuisine, le ménage, les rituels, la fête, les virées en ville où Jorge se joignait à nous avec Ruizinho...

Jorge et moi rentrions d'une promenade tardive lorsque nous avons rencontré Ruizinho pour la première fois. Il avait environ 8 ans et pleurait dans la rue, il était minuit. « Pourquoi tu pleures ? – On a volé la roue de mon vélo ! – Allez, va dormir. Demain, passe au centre et on ira te chercher une nouvelle roue. » Ruizinho habitait dans l'île juste en face de chez nous. Une « île » à Porto, c'est un minibidonville fiché entre deux ou trois maisons. Ruizinho est venu le lendemain, le jour suivant et tous les jours qui ont suivi. Il est devenu notre fils, nous l'emmenions partout. Enfant de la balle et de la rue, il a choqué certains de nos amis par ses manières, mais il nous a aussi étonnés plus d'une fois par sa générosité et par la force de dévotion qu'il exprimait envers les maîtres. Sa Sainteté Dilgo Khyenste Rinpoché lui a donné un nom tibétain : Chogyel, « roi du Dharma ». En 1987, après un séminaire à Soleils, je suis partie de nouveau en retraite. Je ne savais pas quand je rentrerais. Cette fois, j'avais décidé d'aller à Bruxelles, où je serais hébergée dans la maison du lama. Comme d'habitude, Jorge m'avait assuré qu'il m'attendrait jusqu'à la fin des temps. Je jouais le jeu, mais une petite voix en moi n'y croyait pas. Confortablement installée dans ce décor, j'attendais qu'il s'écroule.

La danse du Dharma

Nous appelions la maison du lama la « Sapinière ». C'était une magnifique villa avec piscine, au cœur d'un jardin zen où les canards venaient méditer eux aussi. Toute une tribu vivait là avec la famille du lama. Je faisais partie d'un groupe de femmes. Nous nous occupions de la piscine et organisions les événements publics. Un jour, le médecin du dalaï-lama, le docteur Tenzin Choedrak est venu séjourner chez nous, c'est moi qui le servais. Il avait été atrocement torturé dans les prisons chinoises pendant plus de vingt-deux ans ; pourtant, il souriait tout le temps, et sa bonne humeur était contagieuse. Je me trouvais à une place privilégiée pour rencontrer les grands lamas. Je jouissais bien sûr de temps pour pratiquer et pour étudier. Je m'entraînais au karaté avec Kazajima Sensei, un grand maître japonais, ami proche du lama, qui venait plusieurs fois par semaine nous donner des cours. Tout le monde s'entendait bien. C'était une vie simple, tranquille et confortable. Un jour, avant une fête, le lama m'a soudain demandé : « Qu'est-ce que tu as préparé comme danse pour la fête, Mudra ? »

Sous le choc, je l'ai regardé bêtement, les bras ballants. Préparé quoi ? Ce même lama m'avait proposé de renoncer à la danse depuis 1982 ! Quelle mouche le piquait ? « Euh... Rien. Je devrais danser ? – Si tu pouvais préparer une petite danse ce serait bien. Tu as encore un jour pour t'entraîner. » Je ne comprenais rien, j'étais sous le choc. Se moquait-il de moi ? Une fois la stupeur passée, je suis retournée le voir.

– OK, je danserai. Mais, donnez-moi une musique, ce sera plus facile...

– Oui, tu as raison. Tiens, prends cette cassette de musique soufie. C'est très beau, je pense que tu aimeras. »

J'ai aimé. Beaucoup. La musique était de Kudsi Erguner, un maître soufi, architecte et poète. J'ai passé la musique en boucle et j'ai dansé n'importe quoi. Après sept ans d'abstinence, je ne savais plus ce que je savais, je dansais quelque chose qui ne serait plus jamais la même chose qu'avant. Tout ce que j'avais vécu s'insinuait dans la danse. Je m'étais libérée de mon image, je redevenais enfant. J'étais redevenue vierge, mais mon corps avait stocké – avec ce qu'il me restait de la danse classique et de caractère – des milliers de prosternations, du yoga, du qi gong, des prières, du karaté. Mes mouvements avaient définitivement changé : je dansais pour danser, j'offrais mes figures en faisant don de tout ce qu'on appelle « moi » ; peu importait ce que les autres voyaient en me regardant, je dansais, comme le ciel change de couleur, tout ce qui surgit. J'ai dansé pour la fête, et quelque chose s'est passé. Le lama m'a répété tous les jours qui ont suivi : « Tu as un don. Tu dois danser tous les jours. Ne passe pas une seule journée sans danser ! C'est ta pratique, ta voie ! »

Flashback

Ingrid, ancienne bookeuse de mon agence Mademoiselle à Paris, avait réussi à me contacter à Bruxelles : « Bonjour, Myriam. Ingrid, tu te souviens de moi ? Un certain Patrice M. souhaite t'interviewer. Je te donne son numéro de téléphone... » Je l'ai noté sans la moindre intention de parler à ce monsieur.

J'étais à mille lieues de la vie parisienne et ne comptais pas la retrouver de sitôt. En septembre 1988, Marina m'a rejoint à la Sapinière. Le téléphone arabe m'avait déjà transmis les dernières rumeurs : Jorge avait eu une petite amie et celle-ci était... Marina ! J'ai fait un tel effort pour paraître indifférente que la crise qui explosa deux jours plus tard fut cataclysmique. Je n'étais pas jalouse, c'était bien pire, tout mon univers s'effondrait. Je savais qu'un jour ou l'autre cela se produirait, mais pas si tôt, pas tout de suite, pas Marina.

Jorge était loin, au Portugal, et Marina était avec moi. Pendant que nous parlions de lui calmement, la terre s'était ouverte pour m'engloutir. L'idée soudaine que Jorge n'avait jamais existé m'avait ôté tout repère, comme si plus rien n'avait de sens. Je me sentais glacée, une morte condamnée à vivre. J'ai complètement perdu les pédales. J'errais dans la forêt ou j'allais boire des bières très fortes en ville toute la journée. Pour la première fois depuis l'âge de 14 ans, j'ai demandé asile à ma mère. J'en avais 28.

Malheureusement, j'arrivais comme un cheveu sur la soupe à Paris. Les conjonctions planétaires devaient être sombres, car tout allait mal : pas d'argent, pas de domicile. J'avançais comme un zombie dans le noir. J'ai commencé à danser dans les rues, avec ou sans musiciens, pour gagner un peu d'argent. Ni ma mère ni ma sœur n'appréciaient mon retour au bercail. J'ai retrouvé par hasard le contact de Patrice M. parmi mes papiers. Je ne l'avais jamais vu, je n'avais aucune idée ni de son aspect ni de son âge. Fidèle au rituel des journaleux, il m'a donné rendez-vous au café de Flore et est arrivé en retard. Le Flore, c'est joli, agréable, bien fréquenté, mais j'ai commencé à trouver le café trop cher en attendant le mystérieux Patrice. Il est enfin arrivé.

Ni chauve, ni gros, ni nain, c'était un beau et grand métis très élégant, genre «je-le-sais-et-je-m'en-sers». Il n'avait pas cet air bêta détestable que les beaux mecs appliquent fréquemment à la courbe blasée de leurs sourcils. C'était un malin. Sans aucun doute, il m'avait fait attendre exprès pour que je sois à point. Muni de son enregistreur de poche, il n'entendait pas rentrer bredouille. Il avait un visage sympathique, un sourire malicieux et de petits yeux astucieux, cerclés de lunettes dorées. Il paierait. J'ai donc commandé un Campari. Et un deuxième. «Je n'accepte plus les interviews depuis longtemps. L'exception, c'est quand j'ai besoin d'argent. On fait comment?» Il ne pouvait soi-disant pas me payer, mais il me proposait de partager avec moi ce qu'il recevrait des magazines. La conversation durait car, les Camparis aidant, j'étais devenue intarissable. Il me charriait: «Il est fort ce Campari, dis donc!» On se tutoyait déjà. Avec l'air le plus sérieux du monde, il a ajouté: «C'est la cuvée spéciale de la maison.» J'avais assez bu pour le croire. Pourquoi mentirait-il? Patrice M. a vendu des reportages à des magazines comme *VSD* ou *Paris Match*. Chose promise, chose due, nous avons partagé les bénéfices. De quoi tenir le coup pendant quelques mois.

À la dérive

Ayant vu l'une de mes performances au métro Châtelet, une femme m'a invitée à danser dans son bistrot à l'occasion d'une fête arabe. Elle m'a donné sa carte de visite; j'ai accepté le job alors que je ne connaissais rien à la danse du ventre. Les clients voulaient glisser les billets dans mon corsage comme on le fait traditionnellement, mais je me défilais prestement en les leur arrachant des mains avec un gentil sourire. J'ai gagné beaucoup d'argent ce soir-là. Jo Ricco, le patron d'un restaurant corse, rue Bertin-Poirée, m'a vu danser lors de la fête, il m'a invitée à son tour dans son restau. C'est comme ça que ma vie de bohème a commencé, avec les musiciens de La Réserve. Ils avaient travaillé avec Higelin, étaient corses ou russes, faisaient partie d'un microcosme, celui du rock français. Jean-François Orelli, un guitariste extraordinaire, jouait toutes les nuits au pub Saint-Germain. Nous étions devenus amis. J'y allais pour l'écouter, je n'avais pas encore de domicile, alors je traînais. Je ne payais pas mes consommations : Pascal, le patron, me connaissait. En échange, il me demandait de danser de temps en temps, ce que je faisais volontiers. Ayant eu vent de mon passé de karatéka, il m'a emmenée au dojo du fameux senseï Georges Zsiga, sixième dan, chorégraphe de karaté pour le cinéma. Nous roulions dans sa décapotable rouge vers l'église américaine, près de la Tour Eiffel, où Georges donnait des cours. Ce dernier m'a serré la main chaleureusement puis s'est exclamé abruptement : « Tu es Hongroise ? Alors, nous sommes cousins ! Viens t'entraîner ! Tu ne payes pas, je ne fais pas payer ma famille ! »

Georges était incroyablement sympathique. Mon niveau en karaté était trop élevé pour une ceinture blanche. Il me l'a confisquée d'office pour me mettre la ceinture brune et a demandé à son équipe de m'entraîner pour la ceinture noire. Je m'entraînais depuis 1982, mais je n'avais jamais passé les degrés. Plus que jamais, j'improvisais ma vie parisienne, cherchant à survivre sans savoir quoi faire de moi-même. Je suivais mon instinct sans réfléchir, j'errais de rencontre en rencontre. Je ne pratiquais plus, mais je pensais toujours à Jorge et au Dharma. Mes désillusions me poussaient à me laisser dériver. Gégé, un comédien en quête de spiritualité, m'avait repérée chez une amie de mon frère Jean-Pierre. Il me questionnait beaucoup sur mes expériences de pratiquante bouddhiste. Il m'a invitée à dîner dans un estaminet du Marais.

Dès notre entrée dans cet établissement enfumé, un gitan aux longs cheveux bouclés, qui buvait en compagnie d'un homme grisonnant au chapeau extravagant, s'est mis à chanter en s'accompagnant à la guitare, mélangeant sa conversation à la musique. Son compagnon était visiblement fou amoureux de la belle brune aux traits sévères, assise entre eux deux. Tout à coup, le gitan s'est levé pour entonner une rumba endiablée, debout sur la table, et la fille s'est mise à bouger comme les flammes vives d'une torche. José, le gitan, aussi brusquement qu'il avait commencé, a interrompu son chant pour haranguer la foule, trop timorée à son goût – je crois qu'il n'a jamais chanté un morceau entier. J'ai appris plus tard que le vieil homme s'appelait Simon et qu'il était antiquaire place des Vosges. Ce juif excentrique au grand cœur adorait les Tziganes et les suivait même jusqu'aux Saintes-Maries-de-la-Mer !

Le lendemain, j'ai rejoint José dans un petit restaurant de la rue des Rosiers, son quartier général. Nous avons rencontré une gitane qui voulait me lire les lignes de la main. « D'accord, mais je ne te paye pas, je n'ai pas d'argent. – Une autre fois alors ! » s'est esclaffée la gitane en refermant mes doigts sur la paume de ma main. José l'a remplacée, il m'a dit : « Toi, dans trois ans, tu seras très heureuse. » Il me répétait ça tout le temps. Nous faisions le tour des estaminets tous les soirs, parfois pour mendier, souvent uniquement par plaisir. Depuis La Réserve jusqu'au pub Saint-Germain, en passant par le Marais, chez Marianne, chez Goldenberg, chez Djuri et les Hongrois ou chez les Bertillon, nous écumions le Paris bohème des années 1980. Nous formions un drôle de tandem.

Un soir, pendant l'entracte du one-man-show de Romain Bouteille au Splendid, sur un coup de tête, j'ai gribouillé un message que je lui ai fait remettre par l'ouvreuse. Il m'a appelée chez Cléo le lendemain et nous nous sommes rencontrés au Rond-Point, à Montparnasse. Durant la première demi-heure, il osait à peine me regarder. Au fur et à mesure de notre conversation, il s'est pourtant détendu. Vers la fin du repas, il s'enthousiasmait, me tapant sur l'épaule en rigolant, comme il l'aurait fait avec un vieux pote. Nous sommes devenus amis. Je le rejoignais souvent au théâtre où je pouvais entrer gratuitement pour voir et revoir le spectacle. Romain était un gentleman et il l'est resté en toutes circonstances. Nos rencontres étaient très animées, mais jamais nous n'avons abordé des thèmes qui nous touchaient personnellement. C'était reposant. Sans s'en douter, il m'a souvent aidée en me remontant le moral pendant cette période difficile de ma vie.

De l'Ile-Saint-Louis au Marais, José et moi marchions en dansant et en chantant. Partout où nous passions, une atmosphère d'euphorie planait. Les gens ouvraient leurs fenêtres pour nous lancer des pièces. Une fois, un vieil homme a tendu spontanément sa casquette vers l'attroupement formé autour de nous pour recueillir des pièces. Les enfants restaient, comme envoûtés par les rythmes de la rumba. J'étais encore essoufflée après une danse sur les pavés, haletante, des mèches collées au front par la sueur, les pieds nus et les genoux crasseux, quelques égratignures sanguinolentes aux pieds, quand un homme aux cheveux blancs m'a prise à part : « Vous ne faites pas d'habitude ce que vous faites ici. Vous ne resterez pas longtemps et vous trouverez ce que vous cherchez. Dans quelques années, vous serez très heureuse. » Puis, il m'a tourné le dos et a disparu pour toujours.

José était complètement cinglé, très nerveux et incapable de se tenir tranquille, mais il avait le cœur sur la main. Je n'ai jamais su d'où il venait ; quand on lui posait la question, il imaginait chaque fois un pays différent. Peut-être était-il originaire de toutes ces contrées en même temps ? Il était marié à une Japonaise. C'était déroutant de voir ce gitan se jeter aux pieds des touristes nipponnes pour leur chanter une rumba dans leur idiome, qu'il parlait couramment. Pour gratter sa guitare plus facilement, il collait des morceaux de balle de ping-pong sur les ongles de sa main droite. Décidé à m'apprendre à en jouer, José m'a un jour enfermée à clef dans un cagibi avec un métronome. Il m'a ordonné de m'entraîner en suivant ses instructions et m'a libérée une heure plus tard. Je n'ai jamais oublié le rythme de la rumba. Une autre fois, il a failli devenir violent parce qu'il me soupçonnait de l'arnaquer. Cette nuit-là, nous avions fini vers 4 heures du matin dans le cinquième arrondissement, dans un des rares cafés encore ouverts à cette heure. Après quelques minutes d'une tension redoutable, je l'ai persuadé de mon innocence. J'étais furieuse mais à l'aube, nous étions redevenus les meilleurs amis du monde. José, fidèle à son inconstance émotionnelle, me lisait les lignes de la main encore et encore, et concluait ses prédictions par : « Je ne veux pas faire l'amour avec toi, mais je veux que tu sois heureuse ! Dans trois ans, tu seras très heureuse ma sœur ! »

Ma vie à Paris était compliquée. Mon mari, qui m'appelait régulièrement du Portugal, me laissait des messages chez Cléo. Il m'a proposé de revenir, il m'aiderait, même si je ne voulais pas vivre de nouveau avec lui. Je lui ai demandé du temps pour réfléchir. Jonquille et les personnes liées à ma courte carrière de mannequin ne m'offraient aucun appui. Jonquille m'avait invitée à prendre un café. Il m'avait offert une série de portraits en me photographiant gratuitement, mais depuis, plus rien. Je m'étais adressée à des agences de comédiens, présentée à des castings divers, tout foirait systématiquement. J'avais rencontré des hommes d'affaires importants qui m'invitaient à les accompagner en Grèce, sur leur bateau, ou à dîner dans leur appartement de Neuilly. Je refusais ces propositions. Une fois, un riche industriel d'une trentaine d'années m'a offert sa cravate en me suppliant de partir en voyage avec lui. Un autre, ambassadeur, voulait l'exclusivité de mes faveurs en échange d'une mensualité et d'un appartement – discrétion assurée.

La capitale était un monstre prêt à me dévorer. J'avais perdu le fil de mon objectif. J'étais plongée dans une confusion émotionnelle terrible. J'étais plongée dans une confusion émotionnelle terrible.

Dans les faubourgs de la ville cosmopolite, nombreux étaient ceux qui étaient prêts à me sauver, mais je n'étais pas à vendre.

Un soir, alors que je soupais en compagnie de Romain Bouteille à la Coupole, un vieil homme pétillant s'est approché de notre table. Il était pieds nus, ses longs cheveux blancs encadrant un visage au regard intense et une bouche incroyablement expressive. Visiblement il connaissait bien Romain qui nous a présentés : « Myriam Szabo, Andréas Kanas. » J'ai tout de suite pensé que ce Grec de Montparnasse avait dû connaître mon père. Kanas était plus ou moins peintre, mais aussi activiste anarchiste, écrivain et inventeur du « Kanas », un genre de boulon. « Coupable », sa galerie de peinture à Alésia, était le lieu de rendez-vous de toute une clique de contestataires écologistes « hard ». Il avait effectivement connu mon père. Kanas et moi nous disputions à chaque rencontre. Il m'accusait de ne pas être généreuse car je refusais de coucher avec lui ; à vrai dire, l'évocation de ses prouesses sexuelles me laissait totalement indifférente. Ma conversation l'irritait outrageusement et, avec ce rictus de dédain caractéristique, il me traitait de « sale conciliatrice bouddhiste » en persiflant. La raison principale de notre mésentente ? Saturne et Jupiter.

Kanas prétendait que Saturne, symbole du renoncement et de la froideur, devait être détrôné de notre monde, qu'il avait voué à la déchéance, la sécheresse de tout plaisir, de la vie, de l'amour. Jupiter, symbole de l'épanouissement et dieu des êtres vivants, devait quant à lui reprendre la gestion de l'humanité afin de produire l'abondance, la joie, la jouissance et une société dionysiaque. Je lui rétorquais qu'il était extrémiste et que si nous souffrions de combats entre les opposés, la solution serait de réconcilier ces deux pôles complémentaires au lieu de les confronter. Mes propos l'horripilaient et son agressivité me faisait fondre en larmes, mais je revenais quand même le voir. Notre amitié tumultueuse nous liait l'un à l'autre.

Ses filles, pionnières belliqueuses de l'association écologiste Robin des Bois, m'obligeaient à distribuer leurs tracts, tandis que leur père avait tellement de choses à raconter que la nuit n'y suffisait pas. Kanas dînait tard à la Coupole, puis buvait quelques coups au Rosebud, rue Delambre, jusqu'à l'ouverture de *Chez Ali*, rue des Lombards, son tremplin pour enchaîner sur de folles nuits. Dans son autobiographie[45] éponyme passionnante, il raconte à peu près tout. Citoyen grec, il était parvenu à s'évader d'une prison politique égyptienne et à embarquer comme passager clandestin sur un bateau soviétique. Sans eau ni vivres, il avait fait du morse afin d'alerter les matelots, mais, soupçonné d'espionnage, il fut condamné à trois ans de goulag. Après avoir été transféré dans tous les camps de Sibérie, il a fini par être échangé contre un véritable espion soviétique...

Chez Ali, Kanas était vite entouré. Gesticulant et postillonnant, il racontait à une assistance suspendue à ses lèvres des histoires fascinantes, toutes issues de sa propre vie. Homme fantasque, il prétendait reconnaître la valeur d'un homme à ses chaussures : il se postait près d'une pissotière, armé d'un parapluie, et dès qu'il voyait des pieds qui semblaient appartenir à un imbécile, il tirait sur la cheville du malheureux.

45. André Kanas, *Kanas*, Éditions Balland, 1976.

La victime sortait de la pissotière en hurlant: «On m'a tiré la jambe! Vous n'avez pas vu qui a fait ça?» Grimaçant horriblement, Kanas, toujours pieds nus, assumait son méfait. La bouche contorsionnée en un rictus menaçant et sauvage, il répondait en brandissant son parapluie: «Espèce de connard! Tu ne vois pas que c'est moi?»

Une fois, je lui ai demandé en quoi cela faisait du type en question un imbécile. «Un type qui a peur et qui s'enfuit en courant quand on lui tire sur la jambe pour rigoler, c'est un con. Et moi, les cons, je les reconnais à leurs chaussures. – Et tu ne t'es jamais pris de rouste? – Pourquoi veux-tu que j'aille emmerder un mec bien?» m'avait-il répondu avec son sourire sardonique inimitable. J'interprétais qu'un «mec bien» pour Kanas équivalait à un «mec courageux». Une nuit, la police avait repéré son cirque autour de la pissotière. Ils l'ont embarqué, mais il les a tellement fait rire qu'ils l'ont immédiatement relâché. Il m'avait fait embaucher par les éditions Lacombe en tant qu'attachée de presse pour son nouveau roman: *Louka ou le Passage de la comète Halley*, une espèce de thriller fantastique qui met en scène les aventures d'une bande de voleurs sympathiques travaillant pour un «esprit» désincarné venu du non-espace-temps, Louka. La maison a fait faillite un mois après ma tentative d'insertion dans le monde de l'édition.

Métaphore de la plante verte

Le printemps arrivait. Je vivais chez Gégé à côté de Gertrude, une superbe plante grasse qui s'insinuait sournoisement dans la vie de son maître, de sorte qu'il ne restait que peu de place pour les visiteurs. Elle était fort jalouse et me maltraitait malgré le culte que je lui vouais. Gertrude me faisait des croche-pieds, éteignait la télévision lorsque je regardais les matchs de Roland-Garros – j'étais une fan du petit Chang –, coupait l'eau quand je prenais ma douche... Tel Iago dans *Othello*, elle jetait insidieusement des soupçons pervers dans l'esprit de mon hôte au sujet de ma fidélité. Le studio de Gégé était minuscule. Il vivait de jour, moi de nuit. Gertrude, notre plante verte silencieuse, le plus grand corps vivant dans notre domicile devenait une ennemie implacable et, pour cette raison, elle est encore l'objet de mon respect et de mon admiration. Elle poussait en permanence, elle allait faire s'écrouler les murs, alors que moi, je zigzaguais et me cognais dans ces mêmes murs. Cette cohabitation ne pouvait plus durer.

Je me plaignais parfois à mon époux lusitain, Jorge, qui me téléphonait pour me convaincre de le rejoindre, lui qui n'avait pas de plante verte. La veille de mon départ de Paris (j'avais finalement décidé de retourner à Porto), Gégé et moi avons dîné dans un restaurant tibétain de la rue des Fossés-St-Jacques. Il voulait savoir si, au cours de ces nuits folles où je rentrais à l'aube, je l'avais « trompé ». J'étais éberluée par sa question, qui pourtant paraissait justifiée. Je n'y avais même pas pensé ! « Et toi alors ?, lui demandai-je. – Moi, euh... oui, une fois... » J'ai pensé, tout bas, « à cause de cette maudite plante ! »

CHAPITRE 5

1990-1997
Mademoiselle Zigzags

«20 – Comprends que les humains sont identiques à la mangue.
Certains paraissent mûrs, mais sont verts,
Certains sont mûrs, mais paraissent verts,
D'aucuns, immatures, le sont distinctement,
D'autres mûrs le sont visiblement.»

Lettre à un ami, Nagarjuna.

Retour à la case départ

Je n'avais pas vu Jorge depuis longtemps. J'angoissais à l'idée de nos retrouvailles, désirant autant que je redoutais le moment fatidique à l'aéroport. Transis par l'espoir et le doute, nous nous sommes aperçus de loin. Vingt-quatre heures plus tard, nous avons timidement recommencé notre histoire. Retour à la case départ. Je me suis installée avec lui en Algarve, au Malhao, dans le monastère d'Humkara Dzong. C'était le printemps 1989. Paris et la bohème sont rapidement passés aux oubliettes. Je ne regrettais pas d'avoir quitté la France, au contraire, j'aimais mieux le Sud.

Un jour, j'ai trouvé un petit chat blessé et affamé à Loulé, petite ville au pied des montagnes. Incapable de marcher, il se traînait sur le trottoir en miaulant désespérément. Après quelques jours et une visite chez le vétérinaire, il a retrouvé sa vitalité. Je l'ai appelé Phénix puisqu'il venait, lui aussi, de renaître. Il souffrait d'une maladie étrange : quand il avait peur, il perdait la vue. Phénix s'était tellement attaché à moi qu'il refusait toute nourriture lorsque je m'éloignais plus de quarante-huit heures. Lorsqu'on l'a vacciné, il s'est jeté sur moi comme un enfant, passant ses pattes supérieures autour de mon cou, le museau niché à la racine de mes cheveux. Les autres membres de la communauté se moquaient de notre relation fusionnelle, mais peu m'importait. Peu de temps après, Jorge, Phénix et moi sommes remontés à Porto où *La Pirâmide* était en faillite. Nous avions pour mission de la ressusciter.

Jorge est devenu le gérant, le cuisinier et le prof de yoga du centre. Il y avait beaucoup de travail. Je me suis mise à la cuisine moi aussi, me suis improvisée serveuse et responsable des relations publiques ; occasionnellement je l'ai remplacé comme prof de yoga et j'ai continué à danser. Nous avons retrouvé Ruizinho, notre « fils adoptif », ravi de notre retour ; la clientèle a rapidement augmenté et pour animer les soirées, j'ai donné quelques représentations de danse gitane. Les clients ont adoré. Ils sont revenus en me demandant de danser encore. Nous avons publié un petit journal sur le centre et réalisé des cartes de visites en forme de pyramide – j'avais conçu le logo.

Il ne manquait plus que deux ou trois articles dans la presse pour établir la réputation du restaurant. Vêtue d'un joli petit tailleur court et coiffée d'un grand chapeau d'aventurière, genre Indiana Jones au féminin, je suis allée faire mon baratin aux journalistes.

C'est ainsi que j'ai connu Miguel Q., reporter et poète. Il a publié un article sur nous dans *Publico*, un des journaux les plus importants du pays, me présentant comme une personnalité incontournable en ville. Devenu un fervent client de notre restaurant, il y amenait fréquemment ses collègues du journal qui, l'un après l'autre, succombaient au charme de notre gastronomie végétarienne. Bientôt, toute la presse *portuense* est venue manger chez nous : *La Pirâmide* était devenu tendance, le seul végétarien chic en ville. J'ai continué à organiser des expositions et des spectacles et, dans mon enthousiasme, j'ai mis l'équipe de la cuisine sur scène : Abel se déguisait en femme et faisait le clown en imitant mes danses, Bernou et moi chantions du Gainsbourg avec un pianiste nommé Augusto Fortuna. Des artistes en tout genre venaient donner leur spectacle chez nous. Notre formule était de la dernière mode : tout le monde voulait passer une soirée dans notre restaurant pour son confort mêlé d'élégance créative.

Cependant, malgré l'ébullition permanente qui régnait à *La Pirâmide* et une prospérité retrouvée, je ne me sentais toujours pas à ma place. Au fond, j'avais perdu mon propre centre. Mon rêve fou d'un amour pur et intouchable s'était brisé en 1989 et je n'arrivais plus à y croire. En dépit des circonstances favorables qui m'entouraient, je nourrissais une sourde insatisfaction intérieure. Coincée dans une routine qui me rendait claustrophobe, je regrettais à nouveau le temps de ma retraite à Soleils et rêvais de rejoindre Alzir qui voyageait avec sa tribu en Hongrie, le pays de mes ancêtres, où je n'étais jamais allée ! Incapable de gérer les tornades qui écartelaient mon cœur, je faisais semblant. J'étais parfaite dans le rôle de la femme du chef ! Jorge et moi sentions le malaise s'installer, mais nous étions paralysés ; l'air stagnait, nous attendions le moment de l'explosion finale dans une atmosphère oppressante et lourde. Miguel, le journaliste de *Publico*, venait de plus ou en plus souvent me voir. Nous parlions pendant des heures dans un café en face de son bureau. Nous partagions des livres, des poèmes, des rêves, des pensées... Il était sidéré de ma maîtrise de la langue portugaise. Nous sommes tombés amoureux. J'aimais mon mari et j'aimais Miguel.

Phénix

Le 8 décembre 1991, le jour de mes 30 ans, un an et demi après mon retour au Portugal, j'ai quitté *La Pirâmide*. Brusquement. Du jour au lendemain. Je l'ai annoncé à Jorge lors du repas d'anniversaire qu'il m'a offert, plein d'amour, dans un restaurant luxueux. Ce fut l'un des pires moments de ma vie, un moment dramatique, mis en scène par mes soins, alors que j'étais prise au piège dans une spirale incompréhensible qui me tirait déjà inexorablement vers le bas. La douleur que j'infligeais à mon époux me brisait le cœur, mais j'avais la sensation que je ne pouvais que tout détruire pour reconstruire.

On m'a prêté un vieil appartement délabré où j'ai habité quelque temps avec Phénix, à l'article de la mort depuis ma crise existentielle. Comme moi, il dépérissait à vue d'œil. La solitude, l'état de saleté d'un appartement abandonné depuis des années et une abominable culpabilité me tenaient compagnie jour et nuit. Mon chat adoré n'avait plus que les poils sur les os, il se contorsionnait en bavant sous l'effet de mystérieux spasmes. Le peu d'argent qui me restait avait servi à payer un vétérinaire incapable de le soigner. J'avais créé mon cauchemar toute seule, j'étais déterminée à l'assumer jusqu'au bout. J'ai finalement trouvé un poste de barmaid au Maya. Miguel m'avait invitée à le rejoindre à Berlin où il réalisait un reportage sur les suites de la chute du Mur et sur les archives des services secrets soviétiques. Je n'avais pas les moyens de me payer un vol vers l'Allemagne, je devais travailler dans ce bar que je détestais. Phénix, qui portait bien son nom, a survécu à la crise et son poil a brillé à nouveau. Mon petit tigre aux yeux verts me suivait partout.

Je donnais de temps en temps des spectacles de danse tzigane lorsqu'on me proposait des contrats. La nouvelle s'était répandue en ville grâce au bouche à oreille. Dans le cadre d'une fête rurale organisée par un distributeur de produits biologiques, j'avais été engagée pour danser sur scène avec des musiciens. Sur la route du retour, j'ai eu une idée soudaine. Pourquoi ne pas monter un festival de jazz à Porto ? J'étais enthousiaste. Voilà qui allait me faire rebondir. L'idée a fait son chemin rapidement et je me suis lancée corps et âme dans l'organisation de ce festival, le « Rota Jazz do Porto ». Il se déroulerait en simultané dans cinq points de la ville.

Le patron du Hot Club de Lisbonne aimait mon idée, tout en essayant de me décourager. Ce serait trop difficile, je n'y arriverai jamais... Le genre de discours qui allait me donner une bonne dose d'entêtement supplémentaire. Toute ma vie, les gens ont dit que je n'y arriverais jamais, ce qui me rendait encore plus déterminée à atteindre mes objectifs. Sans le savoir, ils m'insufflaient une force inégalable. Le monde entier cultivait une espèce de découragement général qui consistait à subir la vie, sans prendre de risques et en refusant de concrétiser ses rêves. J'étais rebelle, je ne voulais pas vivre à moitié, j'avais l'habitude de me jeter à corps perdu dans ce en quoi je croyais, sans en mesurer les conséquences. Devant ma ténacité, Monsieur-Hot-Club m'a parlé d'un certain Antonio Ferro, un musicien et producteur, susceptible de m'aider. J'essayais en vain de le joindre.

Miguel se trouvait toujours à Berlin. Je voulais le voir, ne serait-ce que deux jours. Le patron du bar où je travaillais m'a avancé mon cachet pour acheter un billet d'avion et je suis partie en plein hiver retrouver celui que j'aimais. Notre lune de miel a eu lieu au pied du Mur. Il connaissait bien la ville puisqu'il y enquêtait depuis plus d'un mois. Un soir, dans son petit appartement, Miguel a reçu la visite d'un ami portugais de passage. Il nous a présentés : « Myriam Szabo, Antonio Ferro. » Mes yeux se sont écarquillés : « Antonio Ferro ? Le musicien ? Mais je vous cherche partout ! » Il a aimé mon idée et a accepté de m'aider à produire le festival. Nous devions faire très vite : nous étions en février 1992 et le projet devait se dérouler en mai. Dès mon retour à Porto, nous avons créé un dossier. La nuit, je travaillais au Maya, le jour je jouais les apprenties productrices.

Le Rota Jazz do Porto

J'étais gonflée à bloc, je voulais réussir ce projet. J'ai rapidement persuadé la mairie de me sponsoriser et à partir de là, tout est devenu plus facile. Mon association avec Antonio Ferro me donnait un certain crédit et mon accent français faisait croire que j'étais une importante productrice en exil. Je m'acharnais, me couchant rarement avant 5 heures du matin et me levant à 9 heures. J'écrivais toutes les lettres officielles avec une plume rotring, multipliant les pleins et les déliés. Un matin, je n'ai pas pu écrire, mes mains tremblaient trop, j'étais épuisée. J'ai fait quelques exercices de yoga et suis repartie de plus belle à l'assaut pour faire exister mon festival. Pour l'affiche du Rota Jazz, j'avais eu l'idée d'une scène inspirée du peintre Toulouse-Lautrec. Le directeur du Coliseu do Porto, où Antonio Ferro travaillait, avait sympathisé avec moi et ma folle idée. Il nous a soutenus et a imprimé nos affiches gratuitement. Certains des meilleurs musiciens de jazz viennent de Porto, nous n'avions pas besoin d'en faire venir d'autres. Ils sont enthousiastes. En deux mois, j'avais réussi à monter le festival en m'acharnant jour et nuit. J'avais à ma disposition le grand orchestre de jazz de Porto, offert par la mairie, la publicité, offerte par le Coliseu, une salle de spectacle gratuite, des boissons par milliers offertes par Super Bock et Johnny Walker, et des véhicules Volkswagen pour transporter les spectateurs d'un point à l'autre. Il manquait seulement les 500 000 escudos destinés à payer les cachets de la moitié des musiciens. Je me suis bien habillée, j'ai rempli mon sac à dos d'affiches et de tracts, je me suis munie du dossier du festival et j'ai choisi un quartier de bureaux commerciaux à Boavista. Là, j'ai frappé au hasard à la porte des entreprises, à tous les étages dans tous les immeubles du quartier. Au bout de deux jours, Renault a donné l'argent qui manquait pour le projet. Le Rota Jazz do Porto allait exister et ce serait un grand succès, j'en étais sûre.

Dans l'intervalle, Miguel était revenu de Berlin et nous avons loué un appartement. Ses amis et lui déclamaient de la poésie chez nous jusqu'à des heures indues. Et puis, la danse m'a rattrapée. J'ai monté un spectacle, *Delirios de Eros*, avec Mario Calixto – un danseur expressionniste que j'avais connu à *La Pirâmide* – Antonio Ferro et un autre musicien. Ils ont joué des morceaux de Villa-Lobos, un compositeur brésilien. À la suite de quoi, j'ai été invitée à danser dans de multiples émissions de télévision ou dans des fêtes. J'ai démissionné de mon boulot au bar.

4 mai, soirée d'ouverture du Rota Jazz. Dix-huit musiciens de l'Orchestre de jazz de Porto jouent dans le Salao Atico du Coliseu, le quintet de Pedro Abrunhosa se produit au Meia-Cave sur les quais du Douro, les Bluesies au Boato, le Black Tie, trio de Marcus Levi, au Maia's, et le 3 por 4 d'Antonio Ferro au Labirintho. Couverts d'affiches du Rota Jazz et des logos des sponsors, les minibus tourneront pendant quatre heures pour relier les concerts entre eux. Comme ils ont lieu en simultané, par session de vingt minutes, les spectateurs peuvent aller d'une session à l'autre à leur gré. Le festival est archi plein, les gens aimaient, la musique emplit la ville. J'ai demandé à un copain de me conduire à moto pour pouvoir superviser l'ensemble. Avec mon petit casque blanc, je ressemble un peu à ce super héros des années 65, Atom Ant. Personne ne pourrait soupçonner que je

suis responsable de cette nuit de folie. Lorsque je m'arrête au Coliseu, c'est l'entracte. Le directeur du théâtre, Monsieur Oliveira, me fait signe : « Je voudrais vous présenter Paulo C., le directeur de Roland Music. – Enchantée ! J'ai essayé de vous rencontrer pour vous parler de ce projet, mais votre secrétariat a fait barrage ! – C'est vraiment chouette ce que vous avez monté, contactez-nous la prochaine fois. – OK, je m'en souviendrai ! Je dois partir voir comment les choses se passent avec les véhicules. Bonne soirée ! » Je n'avais pas encore pensé au futur, mais j'ai noté son nom et sa proposition dans un coin de ma tête. Le lendemain, le festival faisait la une de tous les journaux de Porto. C'était un grand succès, la presse encensait l'événement. J'ai touché juste de quoi acheter une machine à laver le linge, mais pour une première, je pouvais être fière.

Une pluie de plumes

Épuisée, je suis partie me ressourcer et suivre les enseignements d'été à Soleils. Retrouver le lama, Jorge, Marina et tous mes amis m'a fait un bien fou. J'avais besoin de recul pour prendre des décisions, les bonnes décisions. J'avais une grande difficulté à joindre mes aspirations spirituelles à la société et au travail. Après mes années en communauté, la façon dont les gens vivaient leur quotidien me posait des problèmes d'intégration. Je ne savais pas comment ni à quoi je pouvais servir dans le monde, si je ne m'isolais pas dans une cabane ou dans une communauté microcosmique. L'expérience du festival démontrait que j'avais des compétences, mais l'état de fatigue dans lequel je me trouvais m'inspirait une certaine prudence. Je n'étais pas sûre de vouloir m'engager de nouveau dans ce type de projet.

J'ai décidé de partir en voyage pour réfléchir. Miguel m'a affirmé qu'il comprenait et qu'il m'attendrait ; je devais seulement lui promettre que je reviendrais. Je ne pouvais rien lui promettre, ni que je reviendrai ni que je ne reviendrai pas. Tout en me sentant appelée vers d'autres horizons, je l'aimais, tout comme j'avais aimé mon mari. Pourtant, cela ne suffisait pas, je ne voulais pas rester seule. Je cherchais à comprendre quelque chose. Malheureusement, la routine du couple m'empêchait de percevoir la musique subtile de mon cœur. C'était ma propre contradiction, je n'y pouvais rien. Parfois, j'envisageais la voie monacale, afin de résoudre une fois pour toutes mes problèmes existentiels, mais je n'étais pas une nonne, j'étais appelée à faire quelque chose de ma vie et cela incluait tout de la vie, sexualité comprise. Ignorante de la destination que les vents du monde avaient choisie pour moi, aveugle, mais sincère, je volais vers mon destin, le cœur empli d'impatience. Mon œuvre serait ma vie elle-même.

Dans un film que j'ai vu il y a bien longtemps, on voit un Tzigane qui vit du commerce de plumes d'oie assis à l'arrière d'un camion en marche, complètement bourré, les yeux tournés vers la route qui se déroule devant lui comme un ruban. Tout à coup, il tire son couteau, transperce les nombreux sacs qu'il vient d'acquérir au péril de sa vie, jette les plumes sur la route boueuse et admire la neige duveteuse qui tombe. Un peu plus loin, des flics arrêtent le Tzigane pour vol de plumes ; il est condamné à payer une amende. Un inspecteur de police, intrigué, l'interroge : « Je ne comprends pas. Tu vis des plumes, pourquoi as-tu gaspillé toute ta marchandise de la sorte ? – Il ne faut pas chercher à comprendre. Nous, les Tziganes, on est comme ça. J'avais bu... Toutes ces plumes qui volaient sur la route... on aurait dit un ange qui planait. »

TF1 à Porto

Décembre 1992. J'ai réfléchi, je suis prête pour le grand départ. Je vais rejoindre Alzir en Camargue pour vivre avec les gens du voyage, comme je l'ai rêvé. Le téléphone sonne. Une voix d'homme parle en français : « Allo, bonjour. Ici Gilles Bouleau de TF1. Je parle bien avec Myriam Szabo ? – Oui. – Nous allons lancer une série de reportages sur des personnes qui vivent dans l'anonymat, mais qui, pour une raison ou une autre, peuvent nous donner un témoignage intéressant. Nous voudrions que vous participiez à la première émission. Nous viendrions au Portugal pour vous filmer pendant quelques jours. – Comment m'avez-vous trouvée ? – Ah ! Ça a été très difficile ! Un de mes collègues a passé des heures au téléphone. Finalement, on vous a retrouvée par le ministère de la Culture portugaise. »

J'avais effectivement demandé des fonds au secrétariat de la Culture de Porto pour le Rota Jazz, quelques mois plus tôt. À défaut d'argent, les édiles m'avaient gracieusement décerné un certificat de reconnaissance d'utilité publique culturelle pour la ville de Porto. « Écoutez, je n'accepte pas les interviews liées à cette partie de ma vie pour la simple raison que je n'ai rien à dire et que cela ne m'intéresse pas. Mais, j'ai besoin d'argent. Si vous me payez, c'est d'accord. » Affaire conclue. Mes bagages et ma guitare étaient déjà prêts. Je me souviens que Gilles Bouleau fut très étonné à la vue de mes sacs entassés au centre du salon vide : ma vie en un coup d'œil. Le reportage a été diffusé en France en 1993. J'ai pu le voir grâce à un ami qui l'avait enregistré sur cassette vidéo.

Après cette petite parenthèse, qui avait un goût amer de déjà-vu, je suis partie avec la tribu d'Alzir qui descendait de la Camargue vers l'Andalousie et me suis gravement foulé la cheville en dansant. Résultat : un mois d'immobilité ! Nous campions près de Cadiz où nous avions adopté le rythme du pays : flamenco, *sevillanas*[46], tapas et verres de manzanilla[47]. J'ai appris à danser le flamenco, à jouer des castagnettes et, bien sûr, à parler espagnol. Dans les chaudes heures andalouses, la vie suivait tranquillement son cours. Ensuite, j'ai passé quelque temps chez mon ami Chico, en Algarve, qui a accueilli la troupe sur son grand terrain. J'y ai rencontré d'autres personnes extraordinaires. L'une d'elles m'a particulièrement touchée : Ghalia Benali, une superbe berbère de Tunisie, émigrée en Belgique, qui se trouvait en vacances chez Chico. Je lui ai proposé d'organiser une tournée pour elle au Portugal. Elle avait terriblement peur, mais l'idée de monter sur scène la fascinait. Nous avons improvisé une fête sous le ciel clément du bord de mer : Ghalia, qui depuis a fait une belle carrière, chantait, je dansais, les hommes bavardaient.

---

46. Danse populaire espagnole originaire de Séville, qui se danse à deux, à un ou plusieurs couples, en cercle ou en groupe.
47. Vin espagnol aromatique et liquoreux qui ressemble au jerez.

En juillet 1993, j'ai appelé Miguel : « Si tu veux, je reviens. » Miguel était content de m'entendre. Il a dit oui. Je suis revenue à Porto plus forte, réconciliée avec le monde. Pas de chance, le vide que j'avais laissé en partant était comblé : Miguel avait une nouvelle petite amie. Il prétendait que c'était sans importance, mais quelque chose clochait. Quant à Phénix, depuis qu'il était tombé dans un puits en Espagne, il souffrait des poumons ; sa santé décroissait, il toussait et crachait du sang. Il était venu à Porto pour mourir. Il n'avait plus de force et passait la journée couché dans un coin ou sur le balcon, au soleil. Un soir, il a disparu. Je l'ai cherché partout et j'ai fini par le découvrir dans un buisson, dans le jardin d'une voisine. Il s'était caché pour mourir, mais semblait heureux que je le retrouve en pleine agonie. Je l'ai couché dans son lit.

Le soir, avant d'aller me coucher, je l'ai regardé en me demandant si je le reverrais vivant. Au matin, il était mort. Je n'arrivais pas à le toucher, j'avais peur du contact de son cadavre. Pourtant, je devais réussir à toucher ce corps raide et froid qui avait été un fidèle compagnon pendant des années. Il m'a fallu un effort incroyable pour le déposer dans une boîte en carton. J'ai dépassé ce blocage et j'ai regardé la mort en face, la mort d'un être que j'aimais. Je lui ai ensuite parlé et j'ai prié pour qu'il suive une bonne route dans l'entre-vie. Je l'ai enterré dans la forêt et Phénix m'a quittée. Quelle que soit leur forme, leur espèce ou leur genre, les êtres sont merveilleux. C'est en les aimant qu'on les découvre, qu'on découvre le secret de la vie.

Les Vikings

Une amie m'avait invitée à une fête gitane dans la cour d'un collège de Porto. C'est assez rare de voir une tribu de gitans reçue dans un collège et comme j'adore la rumba, j'étais ravie de passer un bon moment. La soirée m'avait enchantée, je voulais retrouver ces Tziganes, mais je n'avais pas gardé leur contact. Je n'avais que deux informations les concernant : ils vivaient dans le quartier de Sao Joao de Deus et on les appelait « les Vikings ». Le quartier est craint comme la peste, mais mon amie Ivone a voulu m'accompagner et d'autres amis se sont joints à nous. Nous avons roulé un peu au hasard, demandant notre direction à des gens qui nous suppliaient de ne surtout pas rentrer dans ce quartier maudit ! Lorsque nous y sommes parvenus, je suis descendue de voiture et me suis adressée à une femme qui étendait son linge à la fenêtre d'un appartement. « Oui, oui, je connais bien les Vikings ! Mon fils est un Viking ! Je vous l'envoie ! »

Le fils est arrivé, un jeune brun d'environ 17 ans avec une paire de lunettes noires, sans verres. Il m'a tout de suite reconnue : il m'avait vue danser la veille au soir dans leur fête. Il nous a guidés jusqu'à la maison de Zé-Maria, le chef des Vikings. Nous nous sommes enfoncés dans le *barrio* à pied, suivis par un attroupement croissant de gitans chevelus. Très sympathique et tout à fait cordial, Zé-Maria, un grand moustachu d'une quarantaine d'années, nous a reçus. Il venait de créer la première association de Tziganes au Portugal pour aider son peuple à sortir de sa misère culturelle et matérielle.

Je suis souvent retournée les voir. Ils ne semblaient pas si pauvres que ça ! Ils avaient des appareils électroniques à n'en plus finir, qu'ils vendaient eux-mêmes au marché noir. Miguel leur a consacré un article, j'ai organisé des concerts pour eux et Antonio Ferro a même joué de la basse dans leurs concerts de rumba ! Mario Calixto, mon ami brésilien, dansait avec eux. Comme je l'ai toujours fait, je réunissais ces gens, créant des liens entre des groupes qui a priori n'appartiennent pas au même monde. J'étais devenue la protectrice des Tziganes, l'amie de tout le *barrio.* Quand je passais par le marché, les femmes tziganes me reconnaissaient et m'offraient des slips : « Ha ! vous êtes l'amie des Vikings, on vous a vue à la télé, c'est un plaisir de vous les offrir ! » Ma relation avec Miguel traversait une crise grave. Son cœur balançait entre l'autre demoiselle et moi. J'ai fait ma valise, mais Miguel m'a suppliée de rester. J'ai accepté, sans grande conviction.

Tribulations musicales

Antonio Ferro et moi avons décidé de nous lancer dans l'organisation d'un second Rota Jazz. Nous avons déposé des copies du projet dans plusieurs bureaux et chez Roland Music, dont je n'avais pas oublié l'invitation. Le surlendemain, je recevais une lettre officielle qui approuvait notre demande de sponsoring en exclusivité. La première réunion avec l'équipe était commencée depuis une demi-heure lorsque Paulo C. est entré. C'était un homme d'une trentaine d'années, doté d'une belle prestance, dont les interventions étaient déclamées avec force et clarté dans un calme olympien. Tout le monde se taisait lorsqu'il arrivait quelque part. Il émanait naturellement de lui une brillante intelligence et une dignité conjuguées à une lueur de bonté triste. Cette fois, ce serait beaucoup plus simple : nous allions bénéficier de l'appui logistique de la société et surtout de la collaboration directe de Paulo C., l'une des personnes les plus extraordinaires que j'aie jamais rencontrées.

J'avais réussi à attirer des journalistes pour la conférence de presse grâce à une petite astuce de mon cru. Étant donné qu'ils rechignaient à écrire des chroniques culturelles en l'absence de vedettes, j'avais organisé un mini-concert, rien que pour eux, sur un bateau, avec la participation du groupe Dixie Gang. Outre le concert, il y aurait un repas somptueux, offert par Roland Music. Cinquante journalistes sont venus, ce qui nous épargnait des frais de publicité. Le second Rota Jazz était lancé ! Ruizinho et Zé-Maria assuraient le service de sécurité à l'entrée. Une fois de plus, la magie a fonctionné, la musique a uni les gens. L'ambiance était conviviale, les gens se rencontraient dans les transports gratuits, le jazz créait une atmosphère intimiste... Le bateau était notre point fort, les spectateurs se pressaient sur le quai pour y monter. À la fin du concert, j'ai persuadé les musiciens de jouer une dernière fois, le temps d'un tour sur le Douro, pour le groupe qui n'avait pas encore réussi à obtenir de place. Notre seul écueil fut la vente excessive de billets... Maintenant, tout le monde voulait participer au Rota Jazz ! Mon festival avait un avenir prometteur devant lui.

Waso, le groupe de jazz de Koen de Cauter était venu de Belgique. J'ai profité de leur passage au Portugal pour leur organiser une tournée. Nous sommes donc partis sillonner la campagne en minibus. À Vela, un petit village près de Guarda, l'animateur culturel nous a engagés pour jouer dans plusieurs villages des alentours. Ce fut l'apothéose de notre voyage, un moment merveilleux de simplicité et de bonté, un de ces moments que l'on n'oublie pas. Une voiture munie d'un haut-parleur annonçait le concert en sillonnant les rues, comme on le fait pour les artistes de cirque. Koen était heureux et tous les musiciens ont donné le meilleur d'eux-mêmes, à chaque fois. Il faut dire que le public était d'une générosité extraordinaire : les habitants nous offraient à boire.

À Vela, le concert a lieu dans une modeste salle des fêtes ; dans la salle pleine à craquer, les gens portent leurs habits du dimanche et les générations se mélangent. Réellement curieux, ils souhaitent tous participer simplement à ce qu'on leur offre. La musique emplit la salle, tout le monde se tait, notre cœur s'ouvre et nous leur faisons don de tout ce que nous ressentons ! Koen est aux anges. Le bandonéon le suit comme son ombre, le défie, le croise ; avec le temps, ils ont tissé une véritable complicité ; la basse et la guitare les soutiennent. Les mélodies montent, harmonieuses, simples et douces. Un rêve... Koen sue à grosses gouttes, mais ne s'arrête pas ; devant un public conquis, il chante en français ou en romanès, fredonne la Ballade du métro ou des airs d'Europe centrale. Après que le public, enchanté, s'est dispersé à travers les ruelles étroites, sous la lueur bienveillante de la lune, notre chauffeur, un pince-sans-rire sympathique, nous a rejoints en compagnie d'un monsieur chic. « Nous aimerions vous offrir un vin de Porto, c'est juste à côté. Voulez-vous nous accompagner ? » Son expression espiègle ne colle pas vraiment aux simples paroles qu'il vient de prononcer, j'ai l'impression qu'il cache quelque chose. Je réponds en désignant les musiciens : « Moi, je suis toujours partante ! Il faut leur demander. »

Subjugués par la convivialité portugaise, les musiciens sont d'accord. Nos deux lurons rayonnent et arborent des mines de conspirateurs. Nous entrons dans une maison à la porte basse. Un homme nous y attend, debout, dans une posture solennelle. Il entonne un fado pour nous accueillir. La salle est vide, un peu froide, malgré l'éclairage rougeoyant. Une table recouverte d'une nappe en plastique trône près de la cheminée, des bancs en bois sont répartis autour de la pièce. Petit à petit, des gens commencent à entrer et s'assoient. Nous ignorons toujours ce qui va se passer. La table se couvre de fromages, de jambons, d'olives et de vin. Bientôt la pièce est bourrée de monde. Ils se sont passé le mot dans la nuit et débarquent par grappes : un jeune homme, qui se prétend piètre musicien, nous chante un joli fado ; une femme nous adresse une chanson brésilienne, pleine de miel ; chacun a apporté quelque chose à chanter ou un poème à réciter. C'est une tradition : les habitants de Vela se réunissent tous les samedis soir autour de cette cheminée, comme leurs ancêtres l'ont fait.

Les musiciens sont enchantés ! La salle se réchauffe, les verres se remplissent et se vident en cadence. Koen, guitare en main, entonne un bon blues de Louisiane et enchaîne sur une bossa-nova, un fado, un tango et même quelques chansons paillardes flamandes. Tout le monde est fou de joie. Dans les vapeurs alcoolisées, je me suis surprise à improviser à tue-tête un negro-spiritual. Vers 4 heures du matin, nos hôtes se sont levés comme un seul homme pour chanter en chœur tandis que nous partions. Une troupe souriante a suivi en courant derrière notre camionnette blanche.

Au retour de ma petite escapade, j'ai clôturé les comptes du Rota Jazz do Porto. Comme la première année, ce fut une grande réussite. Paulo C. m'a proposé une grosse production, le lancement d'une marque de vêtements dans une matière biologique, un projet de grande envergure, mais trop « people » à mon goût. J'étais flattée de sa confiance, mais je voulais rester « petite » et mes souvenirs du monde de la mode à Paris ou à Milan ne m'incitaient pas à renouer avec ce milieu ! Il avait l'air un peu déçu. Je ruminais une idée géniale. J'hésitais à me lancer… « Paulo, excusez-moi si je refuse votre offre. Elle est très généreuse, mais j'ai une autre idée. Si je vous en parlais ? »

Mon voyage avec Waso m'avait inspiré un concept nouveau : je souhaitais produire des concerts dans les patelins de province, qui se désertifiaient de façon dramatique, et y amener les gens de la ville. L'idée était de créer une diligence musicale qui tournerait à travers le Portugal dans les hameaux les plus reculés. La production devrait mettre en place un système de transports qui permettrait au public des villes de visiter tel ou tel village, de participer au concert, et de partager un moment avec les artistes avant de rentrer chez eux. Ce serait de petits événements pour trois cents à cinq cents personnes maximum. Je pensais que les petits événements étaient toujours plus équilibrés, plus humains et magiques que les grands. Pas de méga-concerts, pas de grandes scènes surélevées qui éloignent les artistes du public. Les groupes seraient majoritairement acoustiques, les musiciens devraient être charismatiques et amoureux du projet, comme Koen de Cauter. Les groupes changeraient à chaque saison, mais on conclurait le projet par un festival les réunissant tous.

Je voulais rassembler les cultures de différents pays. J'avais appelé le projet «Diligence», comme celles du Far-West et comme le nom d'une formidable qualité humaine. «Ce n'est qu'un premier jet», expliquais-je à Paulo. Je lui ai aussi parlé de mon amie tunisienne, Ghalia Benali, qui était prête à venir. Il a aimé mon idée et m'a demandé d'établir une prévision de budget. Nous sommes partis tous les deux dans une magnifique voiture de luxe noire rendre visite à des concessionnaires de Roland Music au Portugal. Ce voyage merveilleux a marqué le début d'une profonde et durable amitié. Paulo m'a encouragée à persévérer dans ma vision de la vie, quitte à prendre des risques, comme je l'avais toujours fait. Il a amélioré chaque projet que je lui ai proposé, sans crainte de dépenser davantage pour parvenir à un résultat optimal. Notre collaboration était magique, tout ce que nous entreprenions ensemble était beau parce que notre intention commune était réellement de rendre les gens heureux. L'intelligence extraordinaire de Paulo, qui était directeur de plusieurs compagnies multinationales, pianiste, pilote d'avions supersoniques pour l'ONU et professeur de sociologie à Harvard, lui avait permis de comprendre que le germe d'une richesse durable ne peut être produit qu'en cultivant le bonheur des êtres et leur accès à la connaissance.

J'avais de la chance, j'avais rencontré le meilleur sponsor du monde, je n'étais pas folle, même dans les hautes sphères du pouvoir intellectuel et financier, certains m'approuvaient. Je ressentais une confiance et une admiration profonde pour Paulo, et lui m'adorait. Nous parlions de créer une société qui s'appellerait Duende. Le *duende*, c'est la grâce, un moment de pure magie dans la danse et la musique. Le poète Federico García Lorca en parle admirablement. Le *duende*, c'est un « démon, [un] ange qui opère sur le corps des danseuses, dans le gosier des chanteurs ou la cape du torero [...] [un] ange qui vient ou ne vient pas, sans crier gare... »[48].

Notre première Diligence, les Mille et une nuits, s'est déroulée en juin 1994 avec les musiciens de Ghalia Benali. C'était la première fois qu'elle se produisait sur scène. Grâce à Roland Music, les six concerts prévus ont été gratuits pour tous. La tournée s'est terminée à Porto, dans les jardins de la Casa Das Artes, devant mille personnes envoûtées qui dansaient avec les enfants sur les gazons autour de l'étang. Je servais avec d'autres du thé dans de beaux verres autour d'un grand feu de plantes médicinales entretenu par le public lui-même. Les sponsors étaient satisfaits : ils nous ont offert le double de notre salaire. Le Rota Jazz et le projet Diligence avaient soufflé un vent d'espoir dans ma vie professionnelle, mais combien de travail, de tensions, de sacrifices pour un résultat si petit ! Pour que les gens soient heureux le temps d'une soirée, je me tuais au travail pendant des mois ! Être productrice n'était pas non plus mon destin... Il fallait que je reparte de nouveau pour trouver le chemin que je cherchais depuis si longtemps.

48. *Jeu et théorie du duende*, Federico Garcia Lorca, édition bilingue, Allia, 2008.

Une révélation

Mon ami Chico, que je connaissais déjà depuis 1982, me harcelait pour que j'apprenne la danse orientale. Il avait vingt ans de plus que moi et me disait souvent que j'étais la seule femme capable de rivaliser avec lui pour découvrir les petits bistrots où l'on servait des spécialités régionales ou des vins particuliers. Nous nous rencontrions parfois à Lisbonne pour flâner dans le quartier populaire de la Mouraria et écouter du fado, ou à Coimbra. En plus d'être fin gastronome, Chico était un grand connaisseur de l'histoire de la péninsule Ibérique et un visionnaire. Il m'a tout enseigné sur l'Espagne et le Portugal, les recettes de cuisine méditerranéennes, la tauromachie ou le théâtre situationniste[49]. J'adorais danser avec lui sur des musiques argentines ou déguster de petites liqueurs andalouses en écoutant les compositions de jeunes musiciens dans sa maison près de la plage, en Algarve. Tous les deux, nous étions des saltimbanques.

Chico ne me lâchait pas à propos de la danse orientale. Il disait que je trouverais ma voie dans le monde grâce à la danse, il m'envoyait des coupures de journaux et m'appelait pour me demander quand diable je partirai à Paris ou ailleurs pour apprendre ? Au Portugal, il n'y avait pas encore de danse orientale.

Je me suis décidée à prendre des cours à Paris pendant quelques jours. J'ai découvert une façon extraordinaire d'utiliser mon corps à tous points de vue : physique, énergétique, esthétique... C'était une source

49. Style de théâtre révolutionnaire lié à l'internationale situationniste, organisation anarchiste du début du XXe siècle.

inépuisable de naturel, l'essence du féminin ; la Dakini de sagesse[50] se nichait dans les ondulations du mouvement, la lune, l'espace des rêves, la nuit, les étoiles, les spirales intergalactiques, le vaste ciel, les vagues de l'eau et du sable, les algues qui flottent sous la mer, les seins des femmes, leur beauté indicible, intemporelle et parfois dans un choc inattendu de la vie quotidienne... Les principes féminins étaient contenus dans cette danse. Dès mon retour, j'ai structuré une discipline personnelle pour m'entraîner à redécouvrir à ma façon ces mouvements ronds ou saccadés avec les hanches, les fesses, les mains, la tête.

J'improvisais mes danses depuis plusieurs années. Lorsque mon lama blanc m'avait mise au défi de recommencer, quelque chose de nouveau avait surgi en moi. Je voulais aller plus loin. J'ai cherché une méthode d'entraînement qui me permettrait de réunir toutes mes expériences, la liberté, le yoga, la méditation et la danse féminine. Sans autre objectif que de trouver l'Alchimie elle-même, je dansais seule pendant des heures. J'avais revu Gégé à Paris. Il m'avait encouragée à transmettre à partir de mon expérience personnelle. Son discours m'énervait. Comment diable transmettre? Et que transmettre? Ce que je ressentais dans la danse avait toujours été indéfinissable, insaisissable, spontané. Mon amie naturopathe Catherine disait la même chose : il fallait que je trouve ma formule. Mes zigzags consistaient-ils à chercher une réponse à mes multiples questions : Comment danser? Quel rapport avec le Dharma? Que

50. « Celle qui danse dans le ciel », manifestation féminine et dénudée de la nature de l'esprit. Associée plus généralement au principe féminin.

faire de tout cela ? Comment réunir la spiritualité, la danse, ma vie quotidienne, la société et ses exigences financières et les miroirs du monde ? Comment gommer les catégories ? Danser sa vie ?

Un matin, j'ai mis une musique soufie et une structure de travail a commencé à apparaître, comme surgie de nulle part. Tout en me laissant porter, j'écoutais la sagesse qui se manifestait à moi, j'improvisais, je suivais mon intuition profonde. J'ai utilisé le yoga, des postures de karaté, des exercices de danses orientale, tzigane ou même classique, le tout dans le désordre et mélangé, mais pas n'importe comment. Quelque chose en moi « savait » quoi faire et je suivais cette voie mystérieuse en répétant les mouvements qui surgissaient, sans les fixer. C'est devenu ma nouvelle méthode pour créer. Avec le temps, mon entraînement s'est amélioré. Il me convenait parfaitement. Il me donnait de l'énergie, il stabilisait mon équilibre émotionnel et me permettait de développer de la force et de la souplesse. J'ai pensé que je pourrais partager cela avec plaisir.

Comme par hasard, le Ballet Teatro do Porto m'a contactée pour que je remplace l'un de leurs professeurs. Je devais parfaire le programme scolaire dans la catégorie des danses traditionnelles pour deux classes professionnelles, des filles de 15 à 17 ans. J'ai adoré les filles et elles m'ont rendu mon énergie au centuple ! Nous nous entendions très bien, j'avais une facilité naturelle à les captiver et à leur inspirer confiance – elles n'hésitaient pas à me demander des conseils ou à me raconter leurs aventures amoureuses. Je leur transmettais une façon de procéder différente de tout ce qu'elles avaient connu, et cela semblait les aider à approfondir leur technique. Elles se libéraient d'une foule de complexes et de concepts rigides qui les paralysaient. Dans le même temps, une amie journaliste du magazine *Sete* m'a aussi demandé de donner des cours. On parlait de moi dans la presse en tant que productrice mais aussi en tant que danseuse. J'étais devenue une personnalité reconnue dans le microcosme culturel de la ville de Porto.

Chico avait raison, la danse me sauverait, mais j'avais encore un long chemin à parcourir, beaucoup d'obstacles à transcender. J'essayais, grâce aux techniques de yoga et de méditation que j'avais apprises avec le lama blanc, d'inciter les élèves à prendre conscience de leur corps, à devenir légères ou lumineuses, à se libérer du miroir en utilisant autrement l'œil qui se fixe dessus. Je leur apprenais à se connecter avec leur féminité délicate au lieu de se laisser enfermer dans les images lisses et les manipulations séductrices imposées par le patriarcat depuis des siècles. C'est la façon des femmes de s'adapter aux désirs, aux peurs et aux complexes des hommes, mais c'est aussi devenu notre façon de voir et de penser le monde, un monde où les paradoxes s'affrontent au lieu de se compléter. Si on danse en dénudant son esprit des grimaces qui voilent notre âme, la perfection est là, elle est naturelle. Voilà ce que je cherchais, comment dénuder l'esprit par la danse? Comment invoquer l'amour, l'amour pour la vie, pour le feu, pour le ciel, la terre et l'eau qui nous sillonnent dans leurs mouvements? De quelle façon pouvais-je pénétrer ce mystère: comment devenir artiste de la vie elle-même?

Quotidiennement, je remettais tout en question. L'éternelle contradiction entre mon désir de liberté, de sincérité et d'intégrité, et les contingences de la société me perturbait. J'étais bouddhiste, mais je ne pratiquais plus beaucoup, entraînée par le mouvement effréné d'une vie affairée. Ma relation de couple était entachée de doutes, je pensais toujours à Jorge. Je fréquentais des gens adorables mais dont les priorités me semblaient étranges, inadéquates à ma vision de la vie. Ce que j'avais vécu avec le lama, avec Alzir, ou même pendant la tournée avec Waso, ne pouvait être comparé avec la médiocrité qui m'entourait. Je recherchais l'authenticité, la profondeur, la chaleur humaine brute et je me heurtais sans cesse à des conversations intellectuelles sans corps, des feintes et des poses, un plaisir ostentatoire dénué de joie. On me prenait pour Superwoman alors que j'étais une écorchée. J'en souffrais. Ma sensibilité me rendait forte, mais je la dissimulais bien.

On m'a demandé de clôturer l'année scolaire du Ballet Teatro par un examen. Je trouvais absurde de noter les filles pour un travail entamé depuis seulement deux mois, mais la direction voulait des chiffres ; c'était indispensable pour que les précieuses subventions renflouent la caisse de l'école. J'étais furieuse : ils se moquaient des élèves, de l'état de saleté des salles, de mon travail ; leur besoin d'évaluation était uniquement motivé par la corruption habituelle que je rencontrais partout, l'argent. Pour juger mes petites danseuses, j'ai divisé l'examen en trois parties : une proposition d'échauffement, une improvisation libre et la première des quatre *sevillanas* traditionnelles pour vérifier leur technique formelle. La moyenne de ces trois notes donnerait une évaluation réellement juste qui tiendrait compte de leur potentiel de futures danseuses professionnelles. L'échauffement, ça allait, mais l'improvisation, catastrophe ! Elles étaient coincées, pleines de nœuds dans la gorge et sous le nombril. Il était encore tôt, environ 10 heures du matin. J'ai arrêté l'examen, on allait recommencer les impros. J'ai donné discrètement de l'argent à Vanessa, l'une des élèves, pour qu'elle aille acheter une bouteille de vin. En voyant leur camarade revenir avec tout ce qu'il fallait pour une petite collation, les filles ont rigolé, incrédules. La méthode s'est révélée efficace. Deux doigts de vin et elles se sont décoincées ! Certaines ont même improvisé comme jamais je n'aurais pu l'imaginer.

Moi, fantôme, et le dalaï-lama

Été 1994. Je suis partie assister comme chaque année au séminaire du lama blanc à Humkara Dzong. À mon retour, Miguel est venu me chercher. J'avais une terrible nouvelle à lui annoncer, mon cœur se serrait quand je m'imaginais sa réaction. J'allais encore blesser quelqu'un avec mes brusques remises en question. Il était là devant le bus, à 3 heures du matin, tout beau, bien habillé et de bonne humeur, avec des fleurs. Cela faisait très longtemps que je ne l'avais pas vu comme ça. Cela me rappelait l'une de nos premières rencontres, chez lui en 1990, quand il m'avait fait croire, avec cette expression tendre et spontanée qu'il avait, que s'il était aussi bien habillé, c'était pour recevoir sa nouvelle femme de ménage. Je l'avais cru. Il avait rigolé de ma candeur. Quatre ans plus tard, après des mois d'oscillations, le même Miguel était devenu un compagnon vague et absent, qui cherchait à sauver la mise. Parfois la vie est étrange. J'avais choisi de partir quand lui a décidé de me garder. Je devais me ressaisir avant de me fossiliser, il fallait que je suive ma voie, que je ne me leurre pas en choisissant une vie qui n'était que l'ombre de ce que j'attendais. Une fois de plus, j'allais bousculer la vie de ceux qui s'étaient attachés à moi. Je ressentais une tendresse profonde et sincère pour lui. J'avais un emploi miraculeux, des projets excitants, un associé impeccable, un sponsor parfait, de l'argent, un appartement immense, un nouveau chat, j'étais introduite dans le monde de la danse, j'étais célèbre dans le monde culturel *portuense*, mais il manquait l'essentiel. Entre les débats, les horaires indus, l'alcool et les cigarettes, je ne trouvais pas l'espace nécessaire à la construction d'une discipline quotidienne qui me connecterait, moi et les autres, à la nature.

Pour l'occasion, Miguel avait nettoyé l'appartement et poussé la délicatesse jusqu'à repasser mes vêtements. Moi qui déplorais son manque de soin... Il était content de m'annoncer qu'il venait d'être promu au journal. C'était le pire scénario pour dire adieu. Je ne sais pas comment j'ai trouvé le courage de lui annoncer que j'allais partir, définitivement, dans quelques jours. Il est devenu blême, il s'est levé et il est sorti. Il était 4 heures du matin. J'ai consacré la journée suivante à prévenir tout le monde de mon départ et à rompre mes engagements. J'espérais qu'Antonio Ferro poursuivrait nos grands projets de production sans moi. J'ai laissé une lettre pour Paulo C. – le seul à qui j'indiquais les véritables motifs de ma désertion. À tous les autres, j'ai servi un bobard plus digeste : je quittais le Portugal pour de mystérieuses raisons familiales. Deux ans plus tard, j'ai appris que la Diligence et le troisième Rota Jazz n'avaient pas survécu à mon départ.

Je suis retournée à Humkara Dzong, où j'ai décidé de rentrer en retraite pour quatre mois. Je logerai dans une minuscule maison en contrebas du monastère, participerai aux offices collectifs au temple, et prendrai mes repas avec les autres habitants du monastère mais dans un silence absolu. Personne ne devrait me regarder, ni me parler. Je devais me comporter comme la femme invisible. Je suis devenue le fantôme du coin, présente et absente en même temps.

Au cours de cette retraite, j'ai fait pour la première fois de ma vie un bilan de mes activités et de mes déplacements depuis mon enfance. Il m'a fallu deux semaines pour y parvenir ; il y avait tellement de pièces dans ce puzzle que je ne m'y retrouvais pas. Conclusion de l'enquête menée dans les méandres de mes souvenirs : j'avais déménagé vingt-huit fois jusqu'à mes 19 ans, puis plus de trente fois depuis 1981 ; je comptais plus de trois ans de retraite solitaire sur les dix dernières années ; j'avais fait beaucoup de choses intéressantes, mais j'étais une spécialiste hors pair pour me disperser dans tous les sens. Heureusement, l'entraînement de la danse, partie intégrante de ma pratique, se perfectionnait. Je m'entraînais en silence dans la forêt d'eucalyptus ou dans des pièces vides du monastère. Danser m'aidait à me libérer des tensions que ma machine à penser produisait en abondance.

Cette retraite m'a servi à remettre de l'ordre dans ma vie. J'étais en train de changer. J'étais un peu plus patiente, plus calme et j'avais un minimum de contrôle sur mes impulsions. Toutefois, je n'étais pas en forme, je m'enrhumais sans cesse et les bronchites chroniques recommençaient à m'affecter sérieusement. Le climat de la Serra do Mu avait toujours été difficile pour moi. Il y pleut beaucoup en hiver et le vent souffle très fort la plus grande partie de l'année. En novembre 1994, le lama blanc est venu. Je lui ai parlé de mes difficultés de santé à cause de l'humidité. Il m'a proposé de l'accompagner à Barcelone pour l'initiation du Kalachakra, un rituel dédié à la paix dans le monde, par Sa Sainteté le dalaï-lama. Nous sommes partis le jour de mes 33 ans vers la Catalogne avec un petit groupe d'élèves. J'étais ravie, je n'avais jamais rencontré le dalaï-lama. Je m'attendais à un homme exceptionnel, mais pas à la puissante énergie qu'il dégageait. Sa Sainteté a une prestance lumineuse, une voix virile et un délicieux sens de l'humour ! Il a donné une conférence sur des aspects de la vie quotidienne, de l'éthique et de l'éducation. Il nous appelait à contribuer à améliorer l'éducation que nous pourrions offrir aux jeunes. Moi qui adore enseigner, je me suis directement sentie concernée. La force de sa sincérité a vivement touché les milliers de personnes qui étaient là. Toute l'assemblée s'est levée pour l'applaudir et une vague d'authenticité et de bonté nous a submergés. Dans ses meilleurs élans, l'être humain est capable de beaucoup.

« Lalita Nomada »

En décembre, j'ai de nouveau rejoint Alzir. Je rêvais toujours de routes et de caravanes. Je ne prévoyais pas de rester définitivement auprès d'eux, mais il fallait que je vive pleinement le nomadisme de mes rêves. Un ami m'avait cité au téléphone le poète Fernando Pessoa : « *Avoir peur de vivre,/ Ce n'est pas vivre,/ C'est avoir peur de vivre.* »

Je voulais dépasser la peur en lui faisant face, accepter de me fondre dans le mouvement perpétuel de la vie, au lieu de m'efforcer vainement à garder du sable entre mes doigts. Rien n'est définitif, rien n'est saisissable, rien ne nous appartiendra jamais et c'est exactement pour cette raison que la vie est merveilleuse. Quelle est ma véritable motivation ? Est-elle digne de mon cœur ? Alzir suivait l'itinéraire que son instinct lui dictait et pour ma part je ne prévenais personne de mes déplacements ; ni mes amis ni ma famille ne savaient où je me trouvais. Je continuais à danser lorsque nous nous arrêtions quelque temps et je pratiquais mes *sadhanas* le matin, près de nos campements. Nous cuisinions dehors ou bien dans un des camping-cars lorsqu'il faisait mauvais. J'ai vu naître le bébé d'une des femmes qui voyageaient avec nous ; je suis restée près de la future mère en tenant un des mollets de ses jambes écartées. Vers la fin, elle s'est accroupie. Lorsque le bébé est enfin sorti, tous, nous nous sentions unis et délivrés comme la mère. Le vrai *duende*, l'absence pure de dualité l'espace d'une seconde.

Quelque mémoire perdue m'a toujours reliée aux Tziganes. Ce lien s'est affirmé dès mon enfance : au Brig, ma spécialité en tant que soliste était la danse tzigane. Pendant trop longtemps, je me suis sentie tourmentée par le désir intense et douloureux de rejoindre ces nomades. Je ne pouvais pas m'adapter au monde parce que je ne me sentais pas sédentaire ; je me révoltais contre son exigence à m'imposer un système de contrôle identitaire que je rejetais purement et simplement ; je voulais déchirer mes papiers et sortir toute nue dans la rue, comme mon arrière-grand-père, Maurice Kahen-Kertesz, sans faire aucune concession.

En voyageant avec Alzir, j'ai enfin compris que je courais après une chimère, que cette énergie nomade était déjà en moi ; je n'avais pas à la rechercher à l'extérieur en poursuivant un rêve issu de la mémoire de mes vies antérieures et auquel je m'étais attachée. L'énergie éveillée par cette émotion pouvait se transformer en force si je renonçais à me sentir pauvre et à désirer inconsciemment être sauvée par un homme. Je devais enfin commencer à accepter le monde tel qu'il était, au lieu de vouloir retrouver les traces d'une nostalgie oubliée. Je suis née dans ce monde, et c'est avec ce qui est ici que je dois vivre, pas dans un sanglot éternel. La danse du monde, avec ou sans les gitans, peu importe.

Pendant des mois, nous avons alterné entre de longues périodes de déplacements et d'autres, plus calmes, où nous restions à nous ennuyer au bord de la mer. L'argent, nous n'en avions pas besoin, Alzir payait tout. J'ai eu envie de me remettre à la musique plus intensivement. Nous avons formé un petit groupe : Kiki à l'accordéon, Rafa à la basse, Ben, Kumar et moi à la guitare, Alzir au chant et à la guitare aussi. Nous jouons, chantons et dansons partout où nous allons. Dans un village, nous transformons l'événement de notre arrivée en une folle célébration improvisée. Partout, les gens, émerveillés, acceptent d'ouvrir une brèche dans leur routine pour accueillir un rêve inattendu. Alzir fait boire tout le monde et bientôt les gens dansent, chantent et parlent. Ils parlent de ce qu'ils n'ont jamais dit, de leurs désirs cachés, de leurs aspirations secrètes. Bien sûr, ils sont saouls, ils voient ces filles qui dansent et qui chantent, c'est envoûtant. Elles sont magnifiques avec leurs grandes jupes colorées, leurs immenses cheveux qui flottent comme des drapeaux de liberté. Ils se mettent à rêver, ils confessent tout haut à Alzir ce qu'ils ne s'avouent plus à eux-mêmes depuis des lustres. J'imagine que le lendemain, ils se rappelleront cette soirée comme l'un des moments les plus authentiques de leur vie.

En janvier 1995, nous campons dans le sud de la France au milieu d'une arène de falaises de terres ocres et molles, creusée par des bulldozers et entourée de forêt. Sous la pleine lune épanouie, nous aurions pu nous croire en Afghanistan. Ce soir-là, nous fêtons un anniversaire. En préparant l'immense feu de camp, je me suis mise à contempler les flammes ; elles semblaient me tendre leurs bras pour m'attirer contre leur sein. La pensée de tomber dedans m'a effleurée, comme si un désir secret s'était glissé subrepticement en moi. Cette attirance sensuelle pour le feu, sa vue, son odeur, sa chaleur, et surtout sa capacité à réunir les êtres autour de lui, avaient pris possession de moi. Je me souvenais qu'enfant, j'allumais des petits foyers dans la baignoire en cachette de ma mère. Je ne supportais pas de passer trop de temps sans feu, un instinct que je n'ai jamais su expliquer. Au cours de la soirée, nous avons joué de la musique et j'ai bu, trop. J'ai tellement dansé que je suis entrée dans une sorte de transe, m'approchant chaque fois plus près des flammes qui léchaient les cieux sombres. Alzir me demandait de faire attention et à plusieurs reprises, les filles m'ont empêchée de tomber dans le foyer. Comme une mite amoureuse d'une lampe, j'y retournais, et cela a fini par arriver : je suis brusquement tombée en arrière, dans le creux des flammes. Une fois relevée, j'ai secoué ma main droite encore fumante, en hurlant bêtement : « Ça brûle ! »

Le choc avait dissipé une partie de mon ivresse. J'ai mis ma main hors de la portée des autres pour qu'ils ne la touchent surtout pas. C'était trop douloureux ! Soudain je me suis souvenue qu'une des filles m'avait empêchée de partir tout entière dans les flammes, ma main droite a amorti ma chute. Heureusement, ni mes cheveux ni mes vêtements n'ont pris feu. Il y a un médecin parmi nous et les filles tentent de me raisonner en tirant de toutes leurs forces sur mon bras levé vers le ciel. Alzir dispose d'une infirmerie bien équipée pour ce genre d'accident. Je hurle de douleur tandis que le médecin de la troupe réussit à arracher de grands lambeaux de ma peau carbonisée pour nettoyer la plaie avec de l'eau froide et du désinfectant. Je m'entends dire : « Ça fait mal, mais je ne parlerai pas ! » Des larmes de douleur se mêlent à mon rire. Je ne sais pas d'où est sortie ma voix ni pourquoi je parle d'aveux. Un souvenir de vie antérieure ? Je me suis couchée avec un énorme pansement, incapable de bouger le bras, et plongée dans une douleur extrême. Le lendemain, le verdict est tombé : deux mois sans main droite.

Mon poignet a brûlé au troisième degré, certaines zones de la paume de la main aussi. Chaque jour, matin et soir, il a fallu retirer le pansement, nettoyer et poser des cataplasmes à base d'argent sur mes plaies à vif. Je n'ai pris aucun analgésique, ni le moindre antibiotique. En fait, je n'y ai pas pensé et personne ne me l'a proposé. C'était pourtant à chaque fois une douleur abominable. Tout mon bras a gonflé. J'avais mal jusqu'à la moelle des os, mes larmes coulaient parfois sans que je puisse les contrôler. J'ai connu, pendant les jours qui ont suivi, la plus indescriptible douleur physique de ma vie. Curieusement, j'ai commencé à ressentir une certaine affection pour cette cicatrice, le trophée de mon épreuve du feu. La douleur m'a marquée jusqu'aux tripes. J'ai grandi d'un coup. Je suis sortie de mon éternelle adolescence par la force du feu. Nous sommes rentrés en Andalousie et ma main gauche a guéri après quelques semaines. Je n'ai quitté la tribu que plusieurs mois plus tard, quand j'ai dû faire face à une terrible maladie.

Le goût du sang

Décembre 1995. J'ai un goût de sang dans la bouche. Pas un goût passager, un zeste de fer permanent. Je sombre. Quelle sensation étrange... Je reçois des injections toutes les heures pour enrayer l'hémorragie. Cet hôpital est vieux, un peu déglingué. Heureusement, les soins pour la tuberculose sont gratuits au Portugal. C'est la seule maladie gratuite ! Dans le fond, j'ai de la chance ! Le médecin m'aime bien, j'ai la meilleure chambre, juste à proximité d'un des rares radiateurs. Les autres malades sont entassés dans des dortoirs. Il fait froid et je partage une seule toilette avec une vingtaine de femmes, la plupart âgées et gravement malades des poumons. Les hommes sont à l'autre bout de l'allée. C'est bientôt Noël. Il y a quelques jours, j'étais encore en Andalousie avec la tribu d'Alzir. Nous étions rentrés avec les caravanes pour l'hiver lorsque j'ai commencé à tousser. Selon la règle, j'ai dû rester en quarantaine dans ma caravane. J'avais eu un accès de fièvre pendant le voyage de retour, mais la fièvre était tombée.

Nous avions quitté la France et nous dirigions vers l'Andalousie où Alzir possédait un terrain en face du

Guadalquivir. Sur le chemin, après quelques hésitations, nous nous sommes arrêtés aux Saintes-Maries-de-la-Mer. Je voulais à tout prix y aller. Nous sommes tout de suite allés rendre hommage à la Vierge noire, Sarah la Kali, la sainte des gitans et des voyageurs. Sa statue, habillée par les pèlerins, se trouve dans une crypte sous l'église. Nous avons chanté des *Djelem Djelem* et d'autres musiques, j'ai été envahie d'une émotion irrésistible, mon cœur a bouilli et un flot de larmes a inondé mon visage. Chaque fois qu'une émotion aussi forte me submerge – alors que je ne suis pas triste – ma poitrine sursaute frénétiquement sous la force des convulsions... Ça monte et je me sens prête à mourir, là, tout de suite. Je ne sais pas ce que c'est. De l'amour ? De la dévotion ? La *saudade* sacrée ? La foi ? Comment les hommes appellent-ils cette tendresse dévastatrice qui engorge tout mon corps ? Ce sont des moments d'apothéose que je ne me refuse pas, mais dont la grâce est pudique. Cela passe inaperçu alors qu'à l'intérieur c'est immense. C'est comme un tsunami qui ramène la vie sur la terre des habitudes, où tout ce qui semblait pourtant solide se désagrège sous la puissance de l'eau. On est rendu à la chaleur mystérieuse de l'invisible, une île de vie qui palpite de la joie, de la tristesse et de la folie qui consiste à être.

À présent, dans cet hôpital lugubre, je suis seule, plus seule que jamais, sans la certitude que je survivrai à cette nouvelle épreuve qui m'a arrachée à ma tribu et à tout ce qui me faisait vibrer. Mon unique consolation est de prier et d'écrire pour raconter comment j'ai réalisé et perdu mes rêves les plus fous. Quand je vivais au campement, je dansais tous les jours avec les jeunes filles si je ne jouais pas dans notre petit orchestre. J'étais celle qui entraînait les jeunes et les vieux à s'exercer, à répéter, à danser, à jouer, à dire des textes ou à chanter. C'était une vie inimaginable ! Tout s'est évanoui du jour au lendemain et j'ai l'impression que c'est fini pour toujours. Mon esprit erre...

En quarantaine, après m'être prosternée cent huit fois et avoir fait quelques exercices de yoga (je tenais tout juste entre le lit, le lavabo et la porte du véhicule !), je passais le reste de la journée à chercher inlassablement des mélodies sur le diatonique que m'avait offert Alzir... Je sentais parfois que mes poumons se gonflaient avec un sifflement sourd, comme l'accordéon se gonflait et se vidait sous mes doigts. Et je continuais à tousser, à guérir, à rechuter... Après trois ou quatre mois, je n'étais toujours pas rétablie. Compte tenu de mes antécédents de bronchiteuse, je ne me suis pas inquiétée, j'étais increvable ; ce sentiment arrogant de la jeunesse qui consiste à s'imaginer qu'on ne sera jamais ni malade ni vieux ni mort. J'avais médité sur l'impermanence, mais me sentir diminuée était un choc. J'étais vraiment vouée à disparaître, je le savais maintenant. Je n'étais pas invincible, mon corps pouvait me lâcher à tout moment. Je l'avais découvert grâce à ma brûlure de l'année passée.

J'ai réalisé que mes folies, mes excès, cette intensité dont j'ai hérité, sont imprimés dans mon corps, mais celui-ci n'arrive plus à suivre. Un soir, je me trouvais avec les autres devant la télé chez Alzir. Nous regardions les nouvelles en bavardant – je continuais à tousser, mais j'essayais de le cacher, j'en avais marre de vivre en quarantaine, j'étais sortie de ma caravane en prétendant être guérie – quand j'ai été prise d'une violente quinte de toux qui a dérangé tout le monde. Alzir m'a regardée : « Dis, Mudra, ça fait longtemps que tu es malade, tu n'es tout de même pas tuberculeuse ? » – chez Alzir, on m'appelle aussi Mudra. Mudra comme Mahamudra[51]. Je venais de faire un rêve, la nuit même. J'ai répondu : « Cette nuit j'ai rêvé que ta femme, Gioia, me disait : "Mudra, Alzir dit que tu as la tuberculose." Et hier, j'ai craché des glaires un peu rosées. »

L'espace s'est solidifié. Avec une expression digne d'un directeur des pompes funèbres, Alzir m'a dit : « Ce rêve est sérieux, quelque chose ne va pas. Tu es vraiment très malade, tu as quelque chose de grave, Mudra. Pars dès demain au Portugal pour te soigner. Nettoie tout ce que tu touches avec cet alcool. » Il m'a tendu une bouteille de désinfectant médical et un masque.

Alzir « voit » les choses, c'est indéniable. Il trouve les endroits où dresser le campement par instinct, sans connaître le coin. Il lui arrive de donner des conseils comme s'il connaissait le futur. Pour les accouchements, quand Alzir recommande à une femme enceinte de filer à l'hôpital, on sait que ce ne sera pas une naissance « normale » – les bébés de la tribu naissent en général dans les caravanes. Le lendemain, à l'aube, j'ai pris le train pour Porto. Je n'avais que 40 000 escudos sur moi et je ne savais pas où aller ! Excepté ma toux, j'avais bonne mine, je mangeais bien, je n'avais pas de fièvre, personne

51. Grand symbole, pratique méditative visant à s'établir dans la nature de l'esprit. *Maha* implique « qu'aucune pratique ne va au-delà de cette vérité », *Mudra* signifie « ne pas quitter la connaissance de la vacuité ».

n'aurait pu deviner que j'étais malade. Je me suis de nouveau retrouvée seule, sur la route, sans argent, avec une valise, ma guitare, mon accordéon et la perspective effrayante du grand départ ! Alzir m'avait demandé de rester discrète, la tribu pouvait avoir des ennuis ; ils ont tous fait des analyses. Ivone, une de mes amies à Porto, m'a accueillie. J'ai débarqué du jour au lendemain en toussant à m'en arracher les poumons. Elle partait en Inde le jour suivant et m'a laissé son appartement.

L'hôpital Joaquim Urbano est le plus réputé pour les problèmes de poumons. J'ai pris un rendez-vous urgent. Puis, j'ai appelé mon ex, Miguel.

– Miguel, ola ! c'est Myriam.

– Ola ! Tu es à Porto ?

– Oui, je crois que j'ai la tuberculose.

– Veinarde... J'ai toujours rêvé d'attraper la tuberculose !

Il est cynique, Miguel, mais très gentil. Un grand cœur. Il a dit cela sur un ton doux et rassurant, même si ses mots semblent moqueurs. C'est son style.

– Va à Joaquim Urbano, ils sont connus pour ça.

– Oui je sais. J'ai rendez-vous demain matin.

– Appelle-moi après et on essaiera de se voir, d'accord ?

Le lendemain, le docteur m'a reçue très aimablement.

– Pourquoi pensez-vous avoir attrapé la tuberculose ? Vous connaissez des gens qui l'ont ? Quelqu'un de votre famille a déjà eu la tuberculose ?

– J'ai fait un rêve, Docteur, dans lequel on me disait : tu as la tuberculose. Et le lendemain, il y avait des traces de sang dans mes glaires.

– Vous avez de la fièvre ? Comment vous sentez-vous ?

Je me suis rappelée alors que des années plus tôt, alors que j'étais en retraite dans le château hanté des Ardennes, j'étais tombée sur une encyclopédie dans la bibliothèque – je circulais la nuit dans tout le domaine pendant que les autres dormaient. Le livre s'était ouvert sur le mot TUBERCULOSE et j'avais lu des descriptions précises de la maladie. Par la suite, Miguel m'avait parlé des grands poètes morts de la tuberculose avec une espèce de nostalgie dans les yeux... Il aime la poésie à ce point-là, Miguel ! Des réfugiés tibétains aussi mouraient de tuberculose. On parlait d'une nouvelle forme dont on ne guérit pas... Toutes ces pensées sont vite passées par mon esprit. Le docteur avait l'air de me prendre pour une allumée. « Mais non, vous n'avez pas la tuberculose ! Rassurez-vous ! Je suis sûr que c'est une grosse bronchite et rien de plus. » Il m'a auscultée sans rien trouver d'inquiétant. Il avait l'air rassuré, moi pas. « Bon. Je vais vous faire les tests au cas où, mais ne vous en faites pas, ce n'est rien. Vous faites du sport, n'est-ce pas ? Vous avez des poumons excellents ! C'est sans doute une bronchite chronique aiguë. Vous allez aussi noter votre température chaque matin et chaque soir. »

Persuadée d'avoir une maladie grave, j'ai pensé en mon for intérieur que si ce n'était pas la tuberculose, c'était peut-être un cancer. Vanessa, l'une de mes anciennes élèves danseuses, m'a appelée le lendemain pour m'inviter à sortir avec des amis à elle. Tout excitée, elle m'a reçue comme une reine. Ses amis étaient de jeunes ados. Je n'ai pas pu écouter leur conversation car je toussais sans cesse. Après une quinte de toux particulièrement violente, j'ai craché un gros caillot de sang. Depuis ce moment, le goût du fer a envahi mon palais. Je crache écarlate à intervalles réguliers. Ce goût métallique me rappelle des récits de chevalerie, les combats, les chevauchées. Je vois des images de guerres, des armes, les vampires, la naissance... à notre naissance nous baignons dans le sang.

Vanessa m'a embarquée dans une aventure nocturne comme si de rien n'était. Je crachais de plus en plus de sang. Comme d'habitude, je dissimulais mes faiblesses. Je me souviens avoir ri avec des gens, le mouchoir caché dans la paume de ma main droite. Je veillais à couvrir ma bouche avec mon foulard sans m'approcher de leurs visages. Le lendemain matin, je suis retournée à l'hôpital. Je saignais sans interruption. Je me sentais comme dans un rêve, une espèce de cauchemar adouci par mon état d'esprit léthargique et langoureux. On ne retrouvait pas mes radios. Moi, j'attendais le verdict en serrant mon mouchoir trempé de sang dans ma poche. Au bout d'un moment, l'infirmière a mis la main sur mon dossier. Le médecin l'a pris avec un geste désinvolte, persuadé de son diagnostic. Il a jeté un coup d'œil sur les clichés avant de devenir blême. Il a vite tourné la tête pour me regarder, je lui ai montré mon mouchoir. Il s'est précipité sur mon bras : la cuti accusait une réaction positive au bacille de Koch.

– Madame, vous devez être hospitalisée d'urgence, immédiatement ! Vous avez deux grandes cavernes dans le poumon droit. Vous avez une tuberculose pulmonaire et vous êtes déjà fort atteinte.

– Et si je ne veux pas être hospitalisée ?

Je ne voulais pas admettre la réalité. L'idée de rentrer à l'hôpital me semblait inconcevable. Je n'avais été hospitalisée qu'une fois et seulement pendant un jour, lors du curetage qui avait suivi ma seconde fausse couche, vingt ans plus tôt ! Ce souvenir suffisait à me faire fuir. Malgré l'incontestable charme des petits pavillons champêtres de l'hôpital Joaquim Urbano, l'idée d'y séjourner m'épouvantait !

« Madame, vous devez vous faire hospitaliser ! a-t-il répété. Vous devez recevoir des injections toutes les trois heures avec votre hémorragie. Je vais vous trouver la meilleure place possible dans cet hôpital. De toute façon, tous les cas de tuberculose sont recensés. Le traitement est entièrement gratuit et votre hospitalisation aussi. »

Je suis allée au dispensaire où on m'a fait deux injections dans la fesse. J'ai été reçue par une petite dame qui m'a, elle aussi, recommandé de me faire hospitaliser. Derrière elle, il y avait un plan de Porto rempli d'épingles rouges : tous les cas de tuberculose de la ville. Fascinant. Ça m'a rappelé la mappemonde chez Mémé avec les petits drapeaux qui représentaient tous les membres de notre famille. J'adore les mappemondes. En arrivant chez Ivone, déterminée à ne pas aller à l'hôpital, je suis allée aux toilettes. Je me suis regardée dans le miroir en me lavant les mains : mon visage était violacé et marbré comme une pelure d'aubergine, des sillons mauves zébraient mes joues comme si j'étais en train de muter. J'ai ENFIN eu peur. Paniquée, j'ai appelé Miguel.

« Arrête ton char, Myriam. Tu DOIS te faire interner ! Et tout de suite ! Joaquim Urbano a très bonne réputation. Ils ont les meilleurs spécialistes de la ville. C'est un hôpital pauvre, mais c'est le meilleur pour ce que tu as. Vas-y tout de suite ! Pas demain ! » Après tout ce que qu'il avait enduré avec moi, Miguel était gentil de se préoccuper de mon sort. Je suis arrivée à l'hôpital avec mes valises. Rassuré de voir qu'il me restait un brin de bon sens, le docteur m'avait attribué un lit dans la meilleure chambre du pavillon.

J'ai été reçue par le Dr Hermenegildo qui me suivrait pendant la période d'hospitalisation. Un énorme bonhomme, pas méchant, mais bourru et direct, qui m'a dit : « Madame, vous avez une maladie TRÈS grave. Si vous ne suivez pas le traitement jusqu'à la fin, vous allez en mourir. Et si vous rechutez, vous risquez de ne plus guérir. Alors vous allez faire tout ce qu'on vous dit et rester ici tranquillement. Vous êtes très contagieuse. On doit aussi vous tester pour le Sida, car si vous êtes séropositive, vous passerez votre quarantaine dans un autre bâtiment. Un des pavillons est réservé aux séropositifs. »

J'ai obéi. Je n'étais pas séropositive. J'ai pu garder le lit dans la meilleure chambre, mais j'ai sombré dans une espèce de désespoir ; j'étais devenue un no man's land vide et boueux. Je m'accrochais à ma pratique, mais un espace terne et sans espoir avait envahi mon cœur. J'ai mis un moment à comprendre que je rencontrais ma peur pour la première fois. J'ai toujours vécu sans la reconnaître, alors qu'elle était comme mon ombre. À Paris, je n'avais jamais eu peur des braqueurs, de leurs flingues, de leurs grands couteaux, de leurs poings américains ; ils me semblaient pathétiques. J'étais protégée par la vaillance de la jeunesse. Il m'a fallu défaillir pour comprendre que j'avais toujours vécu dans la peur sans le savoir.

Les autres malades ne m'approchent pas trop, mais ils sont aimables. Les Portugais sont simples et gentils. Quand je suis assise sur mon lit pendant des heures, je les entends dire avec respect : « Chuut, elle pratique sa religion ! » Je n'ai pas prévenu mes amis, sauf Miguel et Jorge. Depuis que je ne suis plus contagieuse, Miguel vient me voir de temps en temps, mais il garde ses distances. Il ne veut pas rechuter et il a bien raison... J'ai appelé Jorge qui m'a envoyé de l'argent et gardera le secret. Il est loin, à Bruxelles, et ne peut pas venir me voir.

Je suis très appliquée à prendre en charge ma propre guérison. Je questionne les infirmières à chaque fois à propos des médicaments, ce qui les horripile. Elles pensent que je ne leur fais pas confiance et n'ont pas tout à fait tort. Trois fois, elles ont failli me donner les remèdes destinés à d'autres malades ! Je ne veux prendre ni calmants ni analgésiques, mais je n'ai pas pu échapper au somnifère du soir, un demi au lieu de deux. Mes compagnes de chambre sont pour la plupart des femmes de souche populaire. Le petit pavillon où nous vivons est entouré par un immense jardin romantique. Il y a du bruit toute la nuit car plusieurs d'entre nous doivent recevoir des soins en permanence. C'est un hôpital basique, propre et décent, malgré la pauvreté évidente des installations : mes draps sont rapiécés à la main.

À mon arrivée, fin décembre, un grand nombre de malades – celles qui ne sont pas contagieuses – sont rentrées chez elles pour les vacances de Noël, une fête importante au Portugal. Ici, les gens ont encore le sens de la solidarité familiale et ils adorent les festins. Je me suis retrouvée avec deux autres malades très mal en point. Mon hémorragie n'avait pas cessé. Je n'allais pas vraiment mieux, mais j'avais encore cette énergie volontaire qui m'est caractéristique et qui traverse toutes les intempéries – Alzir disait de moi : « Mudra, elle nous enterrera tous ! » Le soir de Noël, une des malades qui venait d'arriver a hurlé pendant des heures sans s'arrêter. Elle criait « Miguel !

Miguel ! » J'ai pensé à ma solitude et à « mon » Miguel. Une infirmière de garde est venue pour mon injection. L'ambiance était lugubre, très sombre. La fille s'époumonait encore et encore… Cette infirmière, au visage doux et au sourire triste, est une de mes préférées. Je lui ai demandé : « Pourquoi cette femme hurle comme ça ? – Elle est arrivée droguée. Héroïne… On lui donne de la méthadone, mais elle est en manque… La pauvre… On se demande si elle passera la nuit… »

En entendant ces mots, mon cœur a fait un bond. Sur le coup, je n'ai pas compris, c'était comme une chute brutale, les montagnes russes. J'aurais pu me convaincre que j'avais peur pour elle, mais je pensais à moi. L'infirmière est sortie. Seule dans ma chambre où résonnaient les cris, j'ai voulu me lever pour aller aux toilettes. Un seul pas et je me suis évanouie, ma tension était descendue à 4/6. Je me suis trompée moi-même pendant quelques jours en me faisant croire que ma faiblesse était provoquée par les médicaments. Je savais que ce n'était pas vrai. J'avais peur, peur de la mort, du noir, de la grisaille de mon esprit confus. Peur de ne pas avoir un futur dynamique, palpable ou juste un futur probable. Peur de la solitude extrême, peur de la peur.

Je désespère. Dix jours après mon arrivée, j'ai dû partager ma chambre. D'abord avec une vieille dame à la peau transparente et parcheminée, puis avec une vendeuse de rue de petites culottes. À Porto, il y en a beaucoup. Elle est énorme, basanée, exubérante et gentille, mais elle ronfle. C'est inouï ! Jamais personne n'a ronflé de la sorte ! Elle se couche, s'endort immédiatement, et ronfle comme un basson. Je l'appelle Tony-Truande ! Une fois, le Dr Hermenegildo est venu exprès de l'autre bout du pavillon pour voir qui pouvait bien faire autant de boucan. Avant de sortir de la chambre, il a tapé fort sur son énorme ventre en s'esclaffant ! Du coup, il a réveillé Tony-Truande. Le Dr Hermenegildo est comme ça, un peu original. Comment faire pour trouver un moment de paix ? La nuit comme le jour, elle dort. Le jour comme la nuit, elle ronfle. Et quand sa famille nombreuse débarque, elle se réveille enfin et me voici avec dix personnes dans la chambre. On m'a initiée aux boules Quiès. Les femmes de ménage, les infirmières, les malades, tous sont choqués par le peu de visites que je reçois et surtout par l'absence de ma propre famille. Ce n'est pas habituel, ici.

Je passe mes journées à pratiquer, à lire ou à écrire. Le premier mois a été particulièrement pénible, je me sentais abandonnée, je supportais difficilement les éternelles plaintes de mes collègues, des femmes du peuple, des marchandes ambulantes, des ouvrières, des clochardes, des prostituées. La plupart ne savent pas lire. Quelques-unes sont sympas, d'autres de véritables pestes et décidées à le rester. La fille toxicomane qui hurlait non-stop la nuit de Noël s'est prise d'affection pour moi. Ce n'est pas une relation facile à gérer car elle alterne admiration extatique et jalousie. Les femmes de service sont les plus serviables de toutes et font de leur mieux pour nous soutenir moralement. Les médecins et les infirmières, eux, nous contemplent du haut de leur piédestal... C'est étrange.

Parmi ces femmes fabuleuses, il y a Maria, une SDF alcoolique que j'adore. Elle est arrivée dans ma chambre après le départ de Tony-Truande. Elle écoutait de la musique sur un walkman et dansait. Elle avait un fils aux yeux magnifiques qui venait la voir. Quand je lui ai demandé s'il ressemblait à son père, elle m'a répondu en éclatant de rire : « Chais pas ! F'sait noir quand on l'a fait ! » Maria recevait son verre de vin quotidien en me lançant un clin d'œil coquin. Elle ne cassait les pieds à personne, mais fumait en cachette dans les toilettes. Si on y allait juste après elle, il fallait mettre un masque pour respirer !

Petit à petit, je me suis adaptée à ma situation. Quelque chose a changé en moi, une conjugaison de facteurs, certains conscients, d'autre pas... Enlisée dans mon chaos émotionnel, avec des pensées de plus en plus noires, j'avais écrit avec une verve désespérée à mon grand ami Paulo C. Quand j'ai reçu sa lettre, je relisais un petit livre de Chögyam Trungpa, *Shambhala. La voie du guerrier.* Paulo me disait de ne pas me morfondre, que dans ces moments-là, on ne doit pas recevoir de la pitié, plutôt un encouragement à relever les défis. Il me reprochait presque de me laisser aller à une auto-commisération indigne de moi. C'était dur, mais je sentais qu'il avait raison. Une femme comme moi n'avait pas le droit de se laisser abattre, écrivait-il. Il n'y allait pas de main morte ! Cela m'a fait l'effet d'une douche glacée, ça m'a réveillée. Que ce soit par orgueil ou parce que je ne peux pas résister à un défi, quelque chose a fait « tilt » en moi, mon angle de vision a basculé ; ce qui m'arrivait ne semblait plus aussi difficile à vivre. En un seul instant, j'ai compris : *Shambhala* plus la lettre de Paulo, un véritable cocktail énergisant.

Je lisais Trungpa en boucle depuis mon adolescence, mais le contexte de ma vie actuelle apportait un nouvel éclairage à ses mots – à mes maux.

Je connaissais bien *Shambhala* pour l'avoir déjà lu deux ou trois fois ; dans ma mémoire, c'était un livre secondaire, un manuel simplet ; je croyais avoir compris toutes ces choses évidentes. Sous l'influence de mon arrogance spirituelle, une espèce de boursouflure m'avait aveuglée. Je m'étais persuadée que ce livre n'était que du Dharma vulgarisé. En fait, je n'avais rien compris ! Rien de rien ! *Shambhala* parlait de tout ce que je ne savais pas faire, de tout ce que je n'avais jamais vraiment vécu, il parlait de la façon d'assumer sa quête dans la société actuelle, de la manière d'en faire bénéficier le monde au lieu de se rebeller sans cesse. Il mettait le doigt sur ce que j'ignorais, tout en le cherchant à tâtons. Quand allais-je enfin accepter ce monde que je n'avais eu de cesse de refuser ? Aux États-Unis, quand ma mère regardait la télé avec moi, je voyais tant de choses étranges. Cléo avait l'habitude de mes incessantes questions existentielles : « Maman, on dit que des gens meurent à chaque instant et que des gens naissent à chaque instant. C'est vrai ? » Elle avait un peu calé avant de répondre : « Oui, sans doute que oui... » Je me souviens parfaitement de ce moment. J'ai regardé dans le lointain, là où mon esprit pouvait voir et comprendre la vie, et j'ai répondu avec une totale certitude : « Alors, ce sont toujours les mêmes... »

Hier encore, je souffrais parmi ces femmes moribondes. Aujourd'hui, les circonstances sont les mêmes, mais je suis en paix. Pourtant aucune bonne nouvelle ne m'est parvenue. Je ne sais pas si je guérirai, je ne sais où j'irai après ; je suis seule et sans la moindre ressource, mais tout va bien. Un nouvel horizon s'est ouvert devant moi. La lettre de Paulo et le livre de Trungpa m'ont replongée dans la réalité, celle qui consiste à vivre de tout cœur, ici et maintenant, à accepter les choses telles qu'elles sont, sans les rejeter ni les nier et sans se les approprier. C'est tellement simple que je suis passée à côté.

Je suis née sur cette terre parce que cela a un sens. Je suis comme un champignon : tous les éléments se combinent pour qu'il apparaisse et « poc ! », voilà un champignon. Il a déjà « gagné sa vie » au loto cosmique, il est là ! S'il ne devait pas y être, il ne serait pas apparu. Moi non plus. Ce que je vois, ce que j'entends, « les autres », c'est aussi moi. Comment les séparer de moi ? Comment nous voir, être là, écouter ou parler, sentir le même monde, si nous étions séparés ? Comment me dissocier de ce que je perçois ? J'ai cherché un sens à ma vie, mais je l'ai placé loin devant, là-bas, au fond ! Refuser mon monde, essayer de m'en dissocier, m'a rendu malheureuse depuis si longtemps ! Cette fois, grâce à une maladie, grâce à un hôpital décadent, grâce à ces merveilleuses sorcières, grâce au Dharma, à mes nombreux maîtres et à Paulo, j'ai vu clairement s'ouvrir un nouveau chemin, au-delà de mon inconsciente peur de vivre. Si je n'avais pas tout donné pour comprendre cela, si je ne l'avais pas demandé, aurais-je cette lucidité aujourd'hui ? L'hôpital est devenu d'un seul coup un « champ de Bouddha »[52], je ne me préoccupe plus de mon futur ou de mon passé, je regarde autour de moi et je me dis : « Quelle situation incroyable, quelle richesse de possibilités ! Quelle beauté ! Cette précision, cette intensité... Le monde ne s'arrête-t-il donc jamais de danser ? »

---

52. Domaine de l'univers où un Bouddha exerce son influence.

J'ai commencé à aider mes compagnes, à leur parler. Je suis sortie de mon cocon nauséabond, j'ai vite repris des forces. Mon corps a suivi mon esprit. Le médecin était content de l'évolution rapide de mon état. J'étais de bonne humeur, j'étais chez moi. Au début, les infirmières avaient du mal à me supporter ; folle de rage que je ne porte pas un vrai pyjama, l'infirmière en chef voulait m'imposer celui de l'hôpital, rose bonbon, que je refusais obstinément d'enfiler. Je me promenais vêtue d'un jean et d'un tee-shirt ou de vêtements de sport. Églantine, une amie portugaise qui m'a énormément soutenue pendant cette longue période, m'avait offert un kimono noir ! Ce fut pire ! L'infirmière n'acceptait pas que je me promène en noir et moi, toujours rebelle, je lui disais : « C'est un pyjama japonais, Madame. » Mais, depuis que mon état d'esprit s'était apaisé, les choses étaient différentes. La chef avait entendu les malades dire que je tirais le tarot. Une nuit, elle est venue me demander en cachette de la rejoindre dans son bureau pour que je lui tire les cartes. Elle était ravie et mon kimono noir ne l'a plus du tout dérangée !

Les choses ont basculé du tout au tout dans ma façon de voir le monde. Je me souviens d'une malade de 70 ans, colérique, méchante et laide. Elle avait les yeux phosphorescents, d'un bleu métallique profond, les cheveux blancs courts, toujours en pagaille et portait sous un bras replié une bouteille qui servait à recueillir les liquides suintant de ses poumons malades. Elle piquait la télécommande de la télévision du grand dortoir et la cachait quand elle allait aux toilettes. Les autres, ces femmes condamnées à mourir à petit feu, avaient peur d'elle. D'un seul coup, cette harpie est devenue pour moi un être unique et adorable, une femme fascinante, exceptionnelle. Tout ce qui la caractérisait, tout ce qui faisait d'elle une femme unique m'a sauté aux yeux, y compris ses mesquineries. Ce qui la rendait détestable est exactement ce qui m'est apparu comme sympathique. Je ne savais pas si j'arriverais à préserver cette magie. J'ai pris du temps pour écouter les unes et les autres, j'ai essayé de me rendre utile, j'ai repris mes exercices. Je pourrais bien rester ici pour toujours !

Tout est possible

Vers le milieu du mois de février 1996, le docteur Hermenegildo est venu me dire, un matin, de son habituel ton brusque et bourru : « Vous partez aujourd'hui ! Vous allez bien et j'ai besoin de lits ! Vous aurez des injections tous les jours pendant deux semaines ; l'infirmière va vous expliquer. Ensuite, vous poursuivrez le traitement toute seule, mais vous n'aurez plus besoin de piqûres. » Je l'ai regardé, bouche bée. Partir ? Je n'avais pas prévu ça. J'ai senti une panique soudaine m'envahir : où allais-je habiter ? Jorge et Paulo m'avaient envoyé de l'argent, mais cet hôpital était devenu mon foyer.

Églantine a appelé un de ses amis, Luis, architecte. Il était seul et un peu dépressif à la suite à une rupture. Il a accepté de m'accueillir chez lui. Mon arrivée l'a semble-t-il aidé à retrouver un peu d'énergie alors qu'il sombrait volontairement depuis des mois dans la drogue et la tristesse. On ne s'en douterait pas quand on le voit : c'est un homme plutôt élégant et sympathique, qui gagne bien sa vie. Le soir, nous bavardons, et parfois, je joue un peu de musique. Il n'y a aucune ambiguïté, cette amitié simple soulage nos solitudes blessées. La maison est une petite villa dans un complexe social, un joli HLM écologique. Il y a un jardin juste en face de ma fenêtre. Il fait encore très froid, mais j'ai un poêle à bois dans ma chambre. Je suis encore assez faible physiquement, je me pose des questions sur mon futur immédiat, mais je suis bien ici pour le moment.

Petit à petit, j'ai retrouvé quelques amis. Je suis restée discrète sur ma maladie ; ma tribu, en Andalousie, avait contrôlé le bacille, tout allait bien dans le campement. Le pire était passé. On dit qu'il faut deux ans pour récupérer de la tuberculose. J'étais fatiguée, de plus en plus maigre, mais j'avais un bon moral. Par contre, je devais absolument trouver de l'argent. Un jour, Miguel est venu me rendre visite chez Luis. Miguel et moi ne sommes plus amants, mais notre lien est fort. Difficile de résister. Il est seul, moi aussi, mais nous gardons nos distances. Comme je cherchais du papier pour faire un feu, Miguel a fouillé dans son sac et en a extirpé une enveloppe toute chiffonnée : « J'ai un télégramme pour toi ! Il date de l'année dernière ! – Génial, un télégramme urgent ! »

Miguel a beau être journaliste, il est plus souvent sur la Lune qu'ici-bas. Il avait vraiment oublié ce télégramme qui provenait d'une certaine Tania Faure, de TF1, qui voulait me joindre depuis le mois d'octobre 1995. Nous étions en février 1996. Je l'ai appelée le lendemain. « Myriam, pouvez-vous venir tout de suite à Paris ? Nous produisons l'émission *Tout est possible*. Nous voulons vous interviewer sur le plateau pour la prochaine émission. » Je me suis dit que c'était l'occasion de renflouer ma bourse et d'aller rendre visite au peu de famille qui me restait. J'ai demandé que la télévision me paie mon voyage et me rétribue, puis je suis partie pour Paris après la dernière injection. Je devais poursuivre mon traitement par voie orale.

Après ma participation à l'émission, j'ai appelé à tout hasard Patrice M. Il a tout de suite voulu me voir. Et s'il y tenait tant, c'est qu'il avait un business à me proposer. Sinon, il n'aurait jamais répondu, il aurait fait le mort. Nous nous sommes donné rendez-vous au Flore, son lieu de prédilection. Il était en retard, comme d'habitude. « Alors Myriam, on publie ta biographie ? » Je ne m'y attendais vraiment pas. Il m'a demandé de réfléchir, de ne pas me précipiter. Quel dilemme ! D'un côté, je n'aurais pas pu demander mieux, les mois de convalescence n'étaient pas indemnisés et ma famille n'avait pas d'argent.

Écrire en étant rémunérée : la vie m'offrait une solution idéale, mais l'éventualité de publier me faisait hésiter. Exposer mes vicissitudes dans les librairies, cela pourrait amuser quelques personnes, également déranger mes amis. Patrice avait ses raisons financières. Quelles étaient les miennes ? Retirer le haut, le bas, et ensuite retourner l'intérieur comme un gant pour l'exposer au monde ? J'ai consulté ma boule de cristal et elle a rigolé. Cela m'a semblé un bon signe. J'ai accepté. Après tout, le bouquin pourrait ne jamais sortir ! Alors je suis partie me taire.

Au printemps, Chico et Églantine (ils sont en couple !) m'ont loué pour une somme modique une bicoque à trois kilomètres de la plage, tout près de chez eux, en Algarve. Je passe les journées, seule, à écrire. Chaque matin, je sors à bicyclette pour voir la mer. Le ciel est pastel. Je suis baignée par cette lumière suave qui colore mon silence. Je me sens protégée pour dériver en liberté dans l'espace sans limites de ma vie. Je peux parcourir sans réserve tous les recoins de mon cœur meurtri. Et je le fais. Seule, en silence.

Les pêcheurs sont sur la plage tous les matins pour ramasser des *conquilhas*, ces petits coquillages qu'on prépare avec de la coriandre et de l'ail. Ici, tout est doux, amorti, c'est le paradis sur terre de l'écrivain. L'air est parfumé, la nourriture locale savoureuse. Les gens sont lents. Rien n'est spectaculaire, tout se passe dans la plus grande simplicité. L'Espagne est juste en face, et la tribu d'Alzir pas très loin. Je me trouve de l'autre côté du Doñana, la réserve naturelle autour du Rocio. Ce parc s'étend entre Séville, Ayamonte et Sanlucar de Barrameda. Me voici seule dans cette petite cabane avec un passé que j'épluche au compte-gouttes et qui me replonge dans une partie de moi-même encore peu explorée. Je fais un bilan de mes années en zigzagz. J'ai le temps de ne pas me presser. Lors d'une retraite, autrefois, j'avais revu toute ma vie sans le vouloir. Petit à petit, les souvenirs se sont épuisés pour être remplacés par les mantras et les prières ou un silence profond. Surgis en vrac, ils sont repartis, comme évaporés dans l'espace de la mémoire.

Maintenant, c'est différent, la force de mes ancêtres m'a rattrapée, et me voici en train de clore un cycle. Je dois retracer ma vie et la loger dans les mots, retrouver le fil d'Ariane dans ce film que j'ai vécu trop vite et dont je n'ai pas retenu la chronologie. Je me suis brûlée, je suis une flamme qui danse, mais je vis selon ce que ma voix intérieure me commande. J'ai 35 ans, sept fois cinq. Tous les sept ans, quelque chose a profondément changé ma vie. J'ai quitté l'Amérique à 7 ans, je suis partie de chez ma mère à 14 ans ; à 21 ans je suis entrée en retraite, à

28 ans j'ai créé mon premier festival et à 37 ans, j'ai guéri d'une tuberculose qui a failli me terrasser.

Au fur et à mesure que j'écris, je pleure, je ris, je me lasse et parfois je suis émue. De temps en temps, ma propre vie me semble celle d'une autre et me laisse froide. Je suis partie me taire et tous les fantômes du passé ont pris leur place pour rejouer leur drame. Je me souviens... J'ai dû traverser l'océan pour éviter le scandale de ma naissance ; les voyages m'ont bercée ; je suis revenue à la case départ autant de fois que je suis partie, sur un coup de tête, toujours trop vite. Je suis une saltimbanque moderne. Danser ma vie, c'est accepter de me dénuder tout en me découvrant moi-même – le long strip-tease des voiles de mon esprit. Quand je fatigue devant mon Mac, je prends des cymbales égyptiennes, je mets une musique arabe et je danse autour de la table. Parfois, je les fais résonner sur des morceaux d'Elvis ou de classique, histoire de rester libre. Avec l'argent que je reçois pour écrire, je peux vivre modestement, mais bien. Cette côte du sud du Portugal est vraiment merveilleuse. Ma profonde solitude est une compagne douce, la tristesse me baigne en permanence. Je suis sur « pause », cela me fait du bien, tout en faisant parfois tellement mal.

CHAPITRE 6

1997-2004 Kali la noire

« Sans peur, sans arrière-pensée, et sans effort, on laissera jaillir de l'espace de l'esprit des gestes divins et des mouvements de danses inconnus, des chants jamais entendus. »

Tantra du Kalachakra (la roue du temps).

Les moines danseurs de Shechen

Après ma période de convalescence en Algarve, je suis revenue vivre au centre bouddhiste de Lisbonne. Jorge m'a appelée : « Viens tout de suite. J'ai rencontré quelqu'un. Si tu reviens, je ne la verrai plus. » J'ai toujours eu l'impression que ni lui ni moi ne pouvions rester longtemps avec quelqu'un. À Soleils, j'avais fait le vœu excessif de notre éternelle communion, mais je n'irai pas rejoindre Jorge à Bruxelles ; je ne ferai rien pour empêcher qu'une autre femme prenne ma place. Ma vie reprend son cours. Je travaille avec Olivier, un ami du centre, à la mise en page de notre journal, *Adarsha.* Nous publions en ce moment un merveilleux enseignement de Khyabje Dilgo Khyentse Rinpoché, le maître extraordinaire que nous avons eu la chance de rencontrer et de suivre pendant des années. Je suis l'attachée de presse du magazine et m'occupe de le distribuer dans les librairies et les kiosques. Parfois on m'appelle pour poser pour des photos, tourner une pub ou pour un petit rôle au cinéma. De temps en temps, je coache des actrices qui doivent danser dans un film ou je travaille comme attachée de presse dans les festivals.

Chico, qui a dû renoncer à devenir cinéaste à cause de ses problèmes de vue, est devenu l'ami proche d'une actrice, Teresa Garcia, dont le mari, Pierre-Marie Goulet, est français. Ils ont commencé à tourner ensemble une série de téléfilms, *Faits et dits de Nasreddin* avec Jean-Pierre Sentier dans le rôle principal. Nasreddin est un mystique issu de la tradition soufie. On le retrouve dans les contes de différents pays arabes, balkaniques et perses, où il réagit toujours de façon inattendue, incongrue et génialement simple aux situations. Nasreddin et sa folle sagesse sont devenus une référence pour moi. Pierre-Marie et moi avons sympathisé. Nous discutons des heures durant du soufisme ou de Serpa, cette petite ville médiévale toute blanche de l'Alentejo dont nous sommes tous les deux tombés amoureux.

Serpa est le centre du chant polyphonique portugais, mais aussi un bastion du communisme révolutionnaire pur et dur. L'Alentejo est une terre secrète, lente, chaude en été et glacée en hiver, dans les contrées arides en bordure de l'Andalousie. Malgré l'apparente sérénité nostalgique qui se dégage des autochtones, on y vit intensément. C'est une terre où la magie est encore à l'œuvre dans les secrets des femmes et où Fidel Castro est le héros des hommes, moustachus et fumeurs de havanes. Disons plutôt le héros des hommes politiques, ceux qui travaillent la terre n'ont pas le temps de frimer. Ceux-là portent encore de petits chapeaux noirs et, aux heures chaudes de la journée, ils restent assis sans bouger, les yeux perdus dans l'espace lumineux. Avant même que le soleil ne se lève, ils ont déjà travaillé dur sur ces terres capricieuses.

Avec Teresa, je parle travail. Elle a donné mes coordonnées à son agence de casting. Grâce à elle, j'ai tourné avec Joao Cesar Monteiro, l'iconoclaste du cinéma portugais. Il m'a fait danser dans son film *Le bassin de John Wayne*. J'ai eu de la chance, il ne s'est pas fâché contre moi et a même été assez courtois alors qu'il engueulait la plupart des gens. Autre expérience avec Alain Tanner en 1998. Dans son film, *Requiem*, je suis le fantôme d'Isabelle, la femme décédée d'un type qui se promène dans Lisbonne où il a rendez-vous avec le poète Fernando Pessoa. Elle apparaît de temps en temps, en compagnie d'autres fantômes, à son mari, mais en cette année 1998, ma priorité, c'est la tournée des moines danseurs de Shechen. J'avais vu leur spectacle à Bruxelles et je tenais absolument à ce qu'ils viennent au Portugal.

Ces danses, qui appartiennent à la tradition tantrique millénaire des moines tibétains, sont appelées *tcham*, c'est-à-dire « qui libère par la vue ». Celui qui les regarde est potentiellement libéré de l'ignorance sans le savoir. Les chorégraphies sont extrêmement précises, lancinantes, répétitives et trouvent leur source dans les visions ou les rêves de grands maîtres bouddhistes. Elles ont été réintroduites parmi les Tibétains en exil par Dilgo Khyentse Rinpoché qui a fait venir à Katmandou un des derniers maîtres de danse du Tibet occupé par les Chinois, afin qu'il enseigne ces chorégraphies aux moines. Le *tcham* est l'une des nombreuses disciplines artistiques que ceux-ci étudient. Tout ce qui accompagne la danse fait partie de leur entraînement : ils confectionnent les masques, les costumes et les objets liturgiques, maîtrisent à la perfection les rythmes imposés par les instruments de musique, mais aussi le chant, les paroles des invocations, et surtout l'enchaînement des mouvements, qui paraissent extrêmement simples, mais sont en réalité difficiles à exécuter.

Je cherche *la* danse de ma vie depuis toujours. C'est étrange car j'ai vu des milliers de danses, merveilleuses, touchantes, passionnantes... Devant certaines œuvres, j'avais pleuré d'émotion, mais je n'avais jamais vu celle qui me révélerait ce lien subtil entre l'invisible et la vie de tous les jours. Quand j'ai vu danser les moines à Bruxelles, je me souviens qu'à un moment, au lieu de regarder la scène, j'ai « regardé » mon esprit. Comment l'expliquer ? Il était différent. Nu, paisible, il ne cherchait rien ni n'attendait rien. J'étais réellement là. L'aurais-je enfin trouvée, cette fameuse danse ? J'ai contacté Matthieu Ricard, le moine responsable de la création du spectacle.

Nous nous connaissions depuis longtemps, j'avais suivi les mêmes enseignements que lui auprès de Dilgo Khyentse Rinpoché, son maître principal. Ensuite, j'ai demandé à Felipe, le directeur du centre bouddhiste, de m'aider à produire la tournée. Comme toujours, le problème était le manque d'argent – le spectacle de Bruxelles avait été un fiasco financier. J'ai envoyé le dossier à Paulo qui nous a sponsorisés, acceptant de prendre en charge les frais de la tournée et me demandant d'accepter cette contribution comme un encouragement personnel pour mes initiatives – il a également fait un don faramineux pour les enfants tibétains du monastère. Nous avons produit trois spectacles : deux à Lisbonne au Centre culturel de Belém (CCB), accompagnés d'une exposition, et un autre à Porto.

Lorsque Matthieu Ricard est arrivé, je l'ai conduit à travers Lisbonne dans ma petite voiture toute cabossée. Conduire dans cette ville, où les chauffeurs n'ont que faire du code de la route, est pénible. Je m'écriais : « Merde, c'était pas par là ! » avant de le regarder en coin. Matthieu restait impassible, comme s'il n'avait rien entendu, tandis que je culpabilisais : « Oh bordel de merde, j'ai dit merde ! » Un bouddhiste ne dit pas « merde »... Malgré le rude entraînement auquel ils sont soumis (certains depuis l'enfance), les moines danseurs étaient très détendus et passaient leur temps à s'amuser. Ils adoraient la mer qu'ils avaient découverte en venant au Portugal.

Tout marchait comme sur des roulettes. La petite exposition que nous avions montée à l'entrée du CCB a demandé beaucoup de travail. On nous a prêté un atelier pour peindre les meubles et créer la tente traditionnelle du Kham, une région tibétaine. Une équipe de jeunes tibétains, élevés à Soleils, qui vivaient au Portugal depuis leur adolescence, savait peindre ces motifs particuliers. Je me suis bien entendue avec Miguel Lobo-Antunes, directeur du CBB et frère du fameux écrivain, Antonio. Les mille quatre cents places ont été épuisées avant que nous ayons eu le temps de lancer la publicité. Nous avons regretté de ne pas avoir programmé trois représentations. Mon ami Joao Pinto avait accepté de filmer la tournée. Ce fut un succès absolu !

Dans le même temps, j'ai organisé une rencontre dans notre restaurant *Os Tibetanos* entre Mario Soares, le président de la République portugaise, et Matthieu Ricard ; le Président avait connu son père, le philosophe et académicien Jean-François Revel. Nous nous sommes assis devant un thé et de délicieux desserts et les deux hommes ont échangé leurs souvenirs. Mario Soares parlait beaucoup, son monologue était fascinant. Matthieu restait, comme à son habitude, courtois et souriant. Olivier, Joao Pinto, moi-même et quelques autres écoutions, un peu émus de cette rencontre au sommet et curieux...

Sur les conseils de Madalena Vitorino, la responsable des activités pédagogiques du CCB, nous avons mis en place une session extraordinaire pour les écoles. Les enfants se sont assis sur la scène, autour des moines, à même le sol. Dans un premier temps, ces derniers ont présenté des morceaux courts de leurs danses. Ensuite, les enfants ont pu toucher les instruments de musique, souffler dedans, essayer les masques... Ils se sont amusés comme des fous. J'étais fière d'avoir contribué à ce moment magique ! Plus tard, quand j'ai dit que je voulais apprendre le *tcham*, Matthieu Ricard est resté vague. J'ai cru comprendre que c'était réservé aux moines... La danse que je cherchais ne serait donc que pour les hommes ? Pendant les pauses entre les répétitions, les moines me demandaient de danser pour eux, ce que je faisais de bon cœur. Ils se bidonnaient puis, chacun à leur tour, ils montaient sur scène pour imiter mes gestes lascifs de danseuse gypsy en se tordant de rire. Cette tournée a été bénie, ce fut un vrai bonheur de l'avoir entreprise !

Le divorce

La nouvelle femme de Jorge a exigé que nous divorcions, après douze ans de mariage. Même si je n'ai jamais su jouer les femmes au foyer, même si je ne supportais pas la routine, je n'étais toujours pas détachée de lui ! J'ai pleuré des heures et des heures sans pouvoir m'arrêter. J'avais juré que jamais nous ne divorcerions – je n'aime pas le mot « divorce », pour moi, il évoque « avorton » ou « vortex » ou Dark Vador ; notre mariage ne dépendait pas de ce que nous vivions ensemble ou non, nous étions mariés pour toujours, des époux éternels. Je m'étais accrochée à cette idée comme à une réalité inébranlable. Or, quelque temps plus tôt, j'avais reçu cette lettre terrible, les seuls mots durs que Jorge m'ait jamais dits : « S'il te plaît, divorçons pour en finir avec ce mariage qui n'en est pas un. » Ma réponse : « Donne-moi ton nom, et c'est OK. » Il a accepté. J'avais triché. Quand il est venu à Porto pour que nous allions chez le juge, nous nous tenions la main. Je n'y croyais pas encore, je souriais, j'étais heureuse d'être près de lui.

– Êtes-vous sûrs de vouloir divorcer ? Ne pourriez-vous pas vous entendre à nouveau ?

– Monsieur le Juge, nous nous entendons très bien, mais nous ne vivons plus dans le même pays depuis des années.

– Bon.

Je crois que le juge n'a rien compris. Nous avons signé les papiers et j'ai gardé son nom, mais le plus grand de mes rêves était balayé. Après son départ, je me suis effondrée.

La Septième Position

Depuis la tuberculose, je vis hantée par la peur de rechuter. Malgré mon appétit d'ogre, je suis maigre. Je toussais de nouveau depuis plusieurs semaines quand j'ai décidé de passer quelques jours en Algarve. Paulo est venu me proposer une balade en Jeep. Nous avons roulé en silence sur des routes de terre battue dans les montagnes rousses, baignés dans la lumière pastel de l'Algarve. Ce fut un moment privilégié et magique. Quand je suis avec lui, je me tais. Il a cet effet sur moi. Sachant que j'avais passé le permis depuis peu, Paulo a arrêté son 4x4 tout d'un coup : « Prenez le volant. » Je n'avais jamais conduit une voiture aussi puissante. J'étais impressionnée. « Ne freinez pas, si vous le pouvez, n'accélérez pas non plus. Laissez la voiture couler sur la route et acceptez de ne pas savoir ce qui vient après le virage. Il faut juste couler avec... » J'ai oublié ses mots exacts, mais pas leur sens. J'ai conduit comme jamais avant. Tout était naturellement fluide. Ce qu'il m'avait dit s'appliquait à la vie et nous le savions. Ce moment magique est resté gravé dans ma mémoire comme une suspension dans le temps, un moment de bonheur total. C'était simple, mais j'avais compris.

De retour à Lisbonne, guérie, j'ai loué à Chico un vieil appartement dans un quartier populaire. Il m'a donné les clefs et m'a dit avec son magnifique sourire jubilatoire : « Voilà ! Pour Madame Zigzags ! » Chico m'avait trouvé un nom, je l'aimais bien, ce nom. Il m'a fixé un loyer dérisoire. J'ai pris une chatte à cause des souris qui couraient entre mes pieds quand je cuisinais. Elle s'appelait Liuba, une petite tigresse élégante et décidée, un être indépendant, sophistiqué et drôle.

Depuis que j'ai bouché les trous dans le parquet, Liuba est devenue le seul animal de la maison, moi excepté. Un jour, Olivier m'a emmenée assister à une démonstration de *capoeira* dans une école de danse, la Sétima Posiçao (la Septième Position). J'ai tout de suite aimé le lieu : la salle lumineuse s'ouvrait sur un adorable jardinet. Liliane Viegas, la directrice, a décidé de me rencontrer. Elle avait parcouru le book que j'avais laissé pour elle et mon parcours hétéroclite l'intéressait. Nous avons sympathisé et elle m'a proposé de donner des cours de danse orientale et tzigane.

Mes cours sont imprévisibles. Je voudrais que les élèves comprennent simultanément la posture physique, énergétique et créative des mouvements. Je m'autorise à créer des situations spontanées, comme si chaque leçon était une œuvre en elle-même et pas seulement une méthode d'apprentissage technique. Je n'envisage plus la danse comme un ensemble de mouvements mécaniques à répéter en ligne devant un miroir, mais comme un orchestre où chaque musicien contribue à jouer une partition. Le chef d'orchestre est notre conscience, les instruments nos perceptions. Quand on apprend à danser, une façon subtile de percevoir l'espace s'infiltre dans notre inconscient. La façon dont on ressent cet espace détermine ensuite notre vision du monde à long terme.

Pendant un cours de danse, une quantité énorme d'informations se glisse dans notre système nerveux. Nous créons ainsi en nous-même des milliers de réflexes conditionnés qui réduisent notre sensibilité à tous les niveaux si nous ne cherchons pas à agrandir notre perception de l'espace. Lier le réflexe à la perception est quelque chose d'extrêmement puissant. Ainsi, tout ce qui se passe dans notre esprit *pendant* que nous dansons et écoutons une musique est encore plus important que le geste lui-même. Le voilà, le chemin pour danser ma vie, la voilà, l'essence de ma pédagogie. Je cherche à faire de la danse un outil fondamental, crucial et poétique pour toute la vie. Chaque mouvement est le premier, le dernier. Chaque moment est à vivre comme un cadeau, avec rigueur et avec jubilation. Je ne danse pas pour montrer, je danse pour offrir ma propre vision de la vie. Il faut s'entraîner à *être* parce qu'on s'est trop entraîné à *faire*, puis réunir les deux paradoxes.

Parfois, je fais boire un petit coup de vin à mes élèves et j'éteins la lumière. Parfois, je les fais répéter pendant des heures les mêmes exercices difficiles, jusqu'à l'épuisement complet. D'autres fois, je leur dis d'improviser ou de chanter. Ou bien je les encourage à se muscler et à s'assouplir davantage. Ce processus est vivant, pas systématique. La synergie collective est importante, nous dansons souvent en cercle. Nos interactions sont un moyen d'apprendre et de communiquer. J'insiste pour inclure les respirations dans l'étude des mouvements, mais aussi pour que les élèves associent spontanément à leurs mouvements des vues philosophiques, des métaphores ou des poèmes. Les réflexes associés aux gestes, à l'action, ne sont plus inconscients. Comme pour l'expérience du chien de Pavlov, j'induis dans leurs cerveaux une façon de vivre la situation qui accompagne le mouvement, répété encore et encore jusqu'à ce que l'ensemble devienne naturel. Ils apprennent ainsi à lâcher prise complètement.

J'improvise en fonction des élèves, de leurs blocages, de leurs besoins. Et les barrières tombent pour faire place à un espace enfantin, à l'esprit qui saisit et non celui qui conceptualise. Après quelques mois, les élèves ont de meilleurs résultats, leur vie change, ils entrent en contact avec l'essence de la danse. Au-delà de l'espoir de « bien » danser, ils réussissent à communiquer avec ce que leur être leur apprend naturellement, quand on lui donne l'espace et le temps de porter son attention sur les mouvements de l'esprit.

Les élèves ne se rendent pas compte du bagage avec lequel je jongle pour sculpter ces moments de grâce dans le studio. Ceux qui n'ont pas peur reviennent, ils deviennent « accros » parce qu'ils désirent comprendre, aller plus loin dans l'apprentissage. J'adore ce métier. J'aime ces moments de pure liberté qui ne répondent à aucune exigence. Une magie effrayante nous envoûte pendant les cours, tous ensemble nous changeons quelque chose dans le monde. Liliane trouve que je suis complètement folle, mais elle me soutient. Elle me prête la magnifique salle de son école gratuitement, pour que je puisse m'entraîner. Je cherche comment libérer mon âme du réflexe de créer une danse qui « se regarde », je cherche l'invisible. Je me filme afin de comprendre ma danse de l'intérieur et de l'extérieur. Liliane est impressionnée par ma persévérance. Je m'entraîne sans objectif précis. Je danse seule, juste pour voyager. C'est ainsi que je décode le monde.

Les *gadjos* gitanos

J'avais invité ma jeune amie Erkyna à un concert de Bogdan à Lisbonne pour son anniversaire. Je connaissais les mélodies de Bogdan par cœur. Je l'écoutais en boucle depuis des années, parfois même en dormant. Il est l'un des artistes qui a composé ma vie :

sa musique est une fusion de profondes méditations et de sauvageries nomades. Simultanément tendre et audacieux, sophistiqué et brutal, son univers baroque tresse naturellement l'histoire des peuples et des techniques musicales à travers le temps. Une musique contemporaine libre et romanichelle, comme moi.

J'étais vêtue d'un sari indien de soie couleur d'automne, que j'avais agrémenté de nombreux bijoux indiens et complété d'un chignon gominé hyperserré. Erkyna, plus simple, portait une robe de printemps et des bottes. Nous avons décidé de nous saouler avant d'entrer dans le théâtre, histoire de ne pas avoir honte de danser si les spectateurs restaient collés à leur chaise. Nous avons débarqué éméchées. Il y avait une fanfare de cuivres, un chœur masculin, un autre chœur féminin, un orchestre symphonique et plusieurs solistes d'instruments traditionnels. Un grand bonhomme torse nu et chauve tapait sur un tambour au centre de la scène. Bogdan était sur le côté, habillé en blanc, élégant et discret. La musique a démarré sur une intro assez lente, pour exploser d'un seul coup en une fanfare insensée. La salle, hystérique, s'est levée d'un bond pour danser ! J'ai dit à Erkyna : « Ça alors, on n'avait pas besoin de se saouler ! Ils sont pires que nous ! »

Les spectateurs sautaient les bras levés vers le ciel et se rapprochaient de plus en plus de la scène. Moi, je restais près de mon siège, perchée sur mes talons aiguilles. Je crois que les gens derrière moi m'ont pris pour une femme d'ambassadeur indien avec mes bracelets brillants et mon *bindu* entre les yeux. Le morceau s'est terminé, mais comme la foule restait attroupée autour de Bogdan, il a dit : « Vous pouvez retourner vous asseoir. Celle-ci est lente. » Tout le monde s'est calmé d'un coup. À la fin du concert, j'ai proposé à Erkyna d'aller dans les coulisses – je connaissais une personne qui s'occupait de la sécurité. Je me suis retrouvée devant Bogdan et lui ai serré la main en le félicitant sincèrement. Il a été très aimable et m'a dit en français, comme si nous étions amis depuis longtemps : « Assieds-toi dans ma loge, attends-moi, je reviens. »

Erkyna m'a regardée, amusée. J'ai obéi sans me faire prier. J'avais mal aux pieds et l'un de mes talons s'était cassé. J'entendais l'orchestre chanter *Happy Birthday to you*. J'avais hâte de pouvoir bavarder avec lui. Quelques minutes plus tard, il est revenu avec une bouteille et un verre et m'a servie. Nous avons trinqué et il a commencé à se changer. Puis il a dit : « C'est mon anniversaire. J'ai déjà 50 ans ! – C'est aussi l'anniversaire de mon amie Erkyna », ai-je répondu. Je les ai présentés et il a félicité Erkyna. Il a vraiment l'air plus jeune que son âge. Tout le monde est parti et nous nous sommes retrouvés seuls dans sa loge.

« Je n'habite pas à Lisbonne, mais j'ai une belle chambre dans un hôtel juste à côté. Si tu acceptes, je t'invite chez moi. » J'ai accepté. « Je t'aime bien, toi ! On dirait qu'on se connaît déjà... », s'est-il exclamé. J'avais exactement la même sensation. Nous avons discuté comme de vieux potes jusqu'à son hôtel. Tout semblait tellement normal. Il m'a montré avec des yeux brillants les achats qu'il avait faits pour sa petite fille. Nous sommes sur la même longueur d'ondes. Le lendemain matin, à l'aube, il est parti, me laissant en cadeau sa chemise de lin noire et une brosse à dents avec du dentifrice dessus. Un passage furtif d'amour. Je ne me suis pas sentie abandonnée, ni triste, mais heureuse, optimiste, joyeuse. Depuis ce jour, nous sommes restés amis. Il m'a laissé son numéro et celui de Marion, son manager. Je devais le rejoindre au Printemps de Bourges en avril. Avec cet homme, je me suis sentie « dignifiée ». C'est une chose précieuse et rare.

Peu de temps après, j'ai écrit une lettre à Tino G. Le cinéaste français faisait partie des personnes que je souhaitais rencontrer. Il avait un « parcours tzigane » tellement semblable au mien ! Tino devait donner une conférence de presse à Porto, après la projection du film qui l'a rendu célèbre. Quand il est apparu sur l'écran, avec sa dégaine de voyou tzigane en costard rapiécé, une signalisation s'est déclenchée dans ma tête : DANGER ! Ça clignotait rouge. Pourquoi cet homme serait-il dangereux pour moi ? Cette fois-là, Tino n'est pas venu – il paraît qu'il pose souvent des lapins au public. J'avais manqué une occasion de le rencontrer, je lui ai écrit et il m'a appelée. Au bout du fil, j'ai entendu une voix timide, abrupte et un peu gavroche dire : « Allo, euh... ici Tino G. Je voudrais parler à Myriam Szabo. » Nous avons pris rendez-vous dans son bureau du 15e arrondissement à Paris, quelques jours plus tard.

Je devais justement passer par Paris pour rejoindre Bogdan au Printemps de Bourges, j'étais de bonne humeur. J'ai débarqué dans son bureau avec une plante à fleurs blanches et un grand sourire. Son visage m'a paru d'une laideur fascinante, mais j'ai tout de suite aimé sa compagnie. Il était au téléphone avec des gens du festival de Cannes. Il frimait avec ses lunettes et son air de voyou reconverti en businessman. On aurait dit un gosse qui jouait au type important. Ce gars me touchait, comme des retrouvailles avec un de mes frères inconnus, semés dans le monde par mon père volage. Nous étions complices, potes. Nous avons dîné dans un restaurant indien. Ma conversation le fascinait. Je le découvrais intéressant, poétique, extrêmement drôle, une forte présence qui pouvait basculer du tout au tout à chaque instant. Il voulait qu'on travaille ensemble, là, tout de suite, moi j'ai pensé : « Surtout ne pas coucher avec lui, surtout pas... Rappelle-toi : DANGER ! »

Danger était bien le mot. Tino a été ma perte et j'ai sauté dans le piège à pieds joints. J'ai tout perdu moins d'un an après lui avoir naïvement tout donné. Pas la moindre lueur de désir qui m'inspirait à tourner à gauche, ou à droite ou à marcher tout droit. Comme je n'arrivais pas à rester calme, je tournais en rond dans cette maison (ma soi-disant maison) à Alamo, à la frontière de l'Andalousie, sur le bord du Guadiana, qu'il avait achetée en omettant de faire figurer mon nom sur le contrat. Partir était au-dessus de mes forces. Je restais là à me lamenter. Les larmes coulaient jour et nuit sur mes joues, tandis que je contemplais ce fleuve doré en face de moi qui coulait en clapotant doucement, emportant ma force vitale vers l'océan.

Après Bourges, quand il a appris que j'allais sillonner le Maroc dans ma vieille Opel Kadett, au mois de juin, avec deux amies : Alexandra Afonso, une cadreuse de cinéma, et la star de la télé portugaise, Dalila Carmo, Tino a décidé de se joindre à nous. Je voulais faire danser les femmes du peuple et les observer. Je serais introduite dans la société marocaine par des amies. Mon séjour était déjà planifié : la célèbre chanteuse Touria Hadraoui et son mari, le poète Abdellah Zrika, me recevraient à Casablanca ; à Marrakech, j'assisterais au méga-mariage d'un mannequin sud-américaine et d'un riche juif marocain ; ensuite j'irais à Rabat où une amie qui travaille pour la Commission européenne m'accueillerait dans sa grande maison.

Tino et moi sommes devenus amants. Au centre bouddhiste de Lisbonne, une des ados de la communauté avait dit en le voyant : « C'est la Belle et la Bête ! Encore un que tu vas lâcher dès que tu lui trouveras un défaut ! » Ces paroles m'ont frappée et j'ai décidé de ne jamais abandonner cet homme, quels que soient ses défauts. Le voyage au Maroc s'est très mal passé. Tino avait arrêté de fumer pour me plaire, ce qui le mettait dans une humeur exécrable. Comme nous nous disputions tous les jours, mes deux copines nous ont lâchés pour partir de leur côté. Conduire dans ce pays est quasiment un enfer (pire que conduire à Lisbonne) ; à l'exception de quelques moments de grâce dans les hammams, où je faisais danser les femmes qui improvisaient des percussions sur les bassines en plastique, le séjour est devenu un cauchemar. Alors que nous roulions vers Marrakech, j'ai demandé à Tino : « Qu'est-ce que tu souhaites le plus au monde ? – Ne plus mentir », m'a-t-il répondu sans hésiter. Je me suis rappelée alors qu'il disait parfois des choses étranges, comme : « Arrête de me poser des questions, je vais bientôt commencer à mentir ! »

Le mariage célébré à Marrakech m'intéressait particulièrement, j'avais proposé à Tino que l'héroïne de son prochain film soit une danseuse juive marocaine en rupture avec ses riches parents. La fête était un événement : des brochettes géantes de plusieurs mètres de long sur un immense brasier, des musiciens Gnawas[53], un orchestre andalou, des danseuses, des chameaux couchés sur des tapis installés à perte de vue sur le sable... Un décor de superproduction hollywoodienne. Les mariés étaient tellement beaux et parfaits qu'il était difficile de croire qu'ils étaient des êtres humains. Ils changeaient de vêtements (haute couture bien sûr!) en fonction du moment de la cérémonie.

Nous étions à table avec l'actrice Élodie Bouchez, qui connaissait Tino, et d'autres VIP. Pour dire vrai, Tino détestait les gens riches et il avait déjà trop bu. Je soupçonnais qu'il adorait l'idée de devenir riche, mais qu'il ne supportait pas que d'autres le soient. Qu'importe ! Aucune logique ne justifiait le genre de comédie que nous avons jouée. Il critiquait le luxe extravagant de la fête, voulait partir alors que n'en avais pas du tout envie ! Au contraire, je voulais tout voir, tout manger, tout écouter, d'autant plus que nous étions en plein désert. Pas évident de partir discrètement. Grâce à l'alcool, à nos névroses respectives et au soleil, nous avons rapidement glissé dans un conflit ouvert devant une Élodie Bouchez interloquée. Tino a feint de se sentir mal pour qu'on le reconduise en ville. Un vent de panique a traversé le somptueux campement. Qui allait se sacrifier pour nous ramener en ville? Je trouvais ce cirque surréaliste. Puisque Tino ne voulait plus mentir, j'allais l'en empêcher : « Laissez... Il fait semblant, il n'a rien du tout, il ment. Il n'est pas malade, il veut juste un chauffeur pour le ramener. »

53. Confrérie de musiciens et de voyantes au Maghreb.

Tino n'a pas l'habitude qu'on le contrarie et là, je n'obéissais ni à son code ni à celui des convives. Pris au dépourvu, il a dû reconnaître qu'il n'avait rien. Scandale ! On nous regardait de travers tandis que nous buvions davantage en nous disputant de plus en plus fort. Après le dîner, la somptuosité féérique de la caverne d'Ali Baba a fait place à un décor glauque à la David Lynch : une troupe de Gnawas interprétaient leur musique répétitive en faisant tourner leur bonnet à pompon pendant qu'une musique techno résonnait de l'autre côté du bâtiment. L'étalage de fric avait déjà énervé Tino mais cette fois c'était la goutte d'eau qui faisait déborder le vase. Allergique à cette assemblée de jolis yupies et à leurs fantasmes débridés, il fumait de rage. Les jeunes mariés portaient maintenant des vêtements sexy rouge et noir, genre vampires. J'en avais marre de leur fête, moi aussi. Nous avons réussi à convaincre quelqu'un de nous ramener à Marrakech.

Dans le souk que Tino a laissé dans notre maison d'Alamo, notre histoire est déballée comme un carton. Les moments de poésie, les fous rires, les douches en puisant l'eau du puits – nous nous lavions l'un l'autre avec une bouteille d'eau en plastique – sont inscrits dans les objets épars qui hurlent à l'abandon. Tino disait sur un ton jubilatoire : « Je lave ma femme », ou alors j'étais sa « copine », avec le ton nécessaire pour donner aux mots leur juste saveur. Nous avons interprété à la perfection ce long métrage baroque de nos drames passionnels, bataillant pour exprimer notre intense amour, en alternant les rires et les larmes, à Marrakech, à Stockholm, à Séville, à Lisbonne, à Paris, à Madrid. Les mois qui ont suivi notre voyage au Maroc, Tino ne m'a pas quittée d'une semelle. Je l'ai accompagné partout en tant qu'assistante traductrice pour la promotion de son film en Suède, au Portugal, en Espagne. Nous avons été à Cannes pour négocier la production de son futur projet. En quatre mois, nous avons dormi dans cinquante lits différents ! Nous avons participé à un festival de courts métrages au Portugal. Partout où nous passions, nous faisions un scandale, mais nous étions scotchés l'un à l'autre. Un jour il m'a dit : « Tu as raison, Myriam, je suis jaloux de toi. Tu prends trop de place. »

C'était un aspect désarmant de sa personnalité. Il assumait brutalement ses propres réalités ; quand il ne mentait plus, il se décrivait lui-même avec une lucidité accablante. À Cannes, nous avons retrouvé Rona Hartner et Romain Duris. Lorsque nous avons monté l'escalier sur le tapis rouge, Tino baissait la tête pour cacher ce nœud papillon qu'il abhorrait. Un film de Lars Von Trier – qui était présent dans la salle en compagnie d'une star du porno – ouvrait la compétition. J'ai voulu quitter la salle avant la fin du film, mais Tino, politiquement correct pour une fois, ne m'a pas laissée sortir. Son ami Bartabas nous avait invités à assister à son magnifique spectacle, *Eclipse*, dans le sud de la France. Pendant le dîner, Tino m'a à peine adressé la parole.

Nous sommes partis ensuite à Badajoz, en Estramadure, chez la chanteuse la Caita dont la tribu travaille au nettoyage des rues de la ville. Alors qu'on les admirait dans le monde entier, eux les Tziganes éboueurs, ils n'avaient jamais reçu le moindre dvd du film de Tino auquel ils avaient participé gratuitement et étaient loin de se douter de son succès ! J'ai piqué une crise et traité Tino d'enfoiré, de *gadjo*, de profiteur. Lui, célèbre grâce à ces gens qui sont dans la misère ! Dès mon retour à Paris, je leur ai envoyé des DVD du film. Dans l'intimité, nous nous entendions cependant à merveille. Nos disputes avaient besoin d'un public. Nous riions beaucoup parce que nous avions tous deux une imagination fantasque. Depuis qu'il ne fumait plus et buvait moins, Tino embellissait. Je le trouvais beau, je ne le voyais plus formidablement laid comme lors de notre première rencontre. Un jour, sur une route du désert marocain, Tino s'est regardé dans un rétroviseur : « Mon Dieu, je n'ai plus de poches sous les yeux ! Je n'aurais jamais cru qu'elles pouvaient disparaître ! » Dans nos moments de paix, nous étions envoûtés, perdus dans un rêve empli de poésie, puis, un détail perçait notre bulle et nous explosions. La récente prospérité de Tino déséquilibrait ses rapports humains. Je lui disais : « La misère n'est pas une question d'argent, c'est une question d'esprit. On devient riche, mais on ne sait pas comment sortir de sa propre misère ! »

Dans notre maison d'Alamo, j'écoutais toute la journée de la musique grecque, et particulièrement une chanson gitane chantée par Eleni Vitali. Tino pensait adapter cette chanson en flamenco. Il l'a fait, mais bien plus tard. Nous bûchions ensemble sur le scénario, mais il bloquait, n'avançait plus. Unis par la passion, nous étions en train de nous entretuer. On aurait dit que l'histoire d'Othello, dont nous nous inspirions pour le scénario, était devenue notre propre vie. Un scénariste nous a rejoints. L'ambiance était glauque, chaude et plombée. Nous chutions du paradis en enfer à une cadence effrayante, nous ne trouvions pas d'issue à notre histoire, nous calions sur le scénario. Je tenais ma promesse : je ne quittais pas Tino, je m'efforçais de l'accepter comme il était, même si je ne supportais pas son despotisme. Lui était désemparé. «Sans souffrance, on ne peut pas créer» disait-il. Il cultivait ses névroses pour créer. Il voulait tout rendre difficile. Nous voyagions dans la campagne portugaise, comme je le faisais déjà avant de le rencontrer, et nous allongions à l'ombre des caroubiers pour faire une sieste en contemplant la mer. Nous aurions pu être heureux, mais nous ne parvenions, ni lui ni moi, à lâcher prise. Cela aurait été inacceptable de profiter tout simplement de notre chance ! Nos émotions ne le permettaient pas, nos ancêtres nous en empêchaient, nos croyances ne se sont jamais synchronisées. Le jour de mon départ, la dernière fois que je l'ai vu, il m'a dit : «Je t'aime. Je n'ai jamais aimé à ce point-là.» Il me l'a répété, encore et encore. Il m'a regardée dans les yeux, comme si c'était la dernière fois qu'on se voyait. Sans l'admettre, je savais : Tino attendait que je parte pour me quitter.

Je partais donner un stage à Lisbonne. Sur la route sinueuse qui monte d'Alamo vers Alcoutim, j'ai ressenti le vent sur mes joues comme un souffle d'indicible liberté. Quelque chose venait de se terminer et je me sentais soulagée, mon instinct sans doute. Pourtant, rien ne s'était passé, nous venions de nous dire adieu avec un baiser passionné, il m'avait encore répété : «Je t'aime.» Il avait l'air trop calme ce jour-là. C'était envoûtant de rouler sur ces routes vides baignées de lumière dorée, de sillonner le cœur de cette Algarve enchanteresse ; le vaste monde devant soi, on se sent éternel. Tino avait débranché son téléphone juste après mon départ. Impossible de le joindre. Ce n'était pas normal. Je conduisais avec la certitude intuitive que plus rien ne serait pareil, mais la perspective d'être paisiblement seule me berçait, douce, légère, désirable. Quand je suis revenue, le choc a été brutal, j'étais éventrée par la douleur. Je ne sais pas pourquoi la désertion de Tino m'a affectée à ce point ; après tout, nous ne nous sommes connus que pendant six mois.

Je n'avais pas les clefs de la maison. Mon seul domicile était devenu inaccessible et il faisait nuit. Que faire ? La vieille dame qui gardait la maison en notre absence a ameuté tout le hameau. Toujours vêtues de noir, les vieilles du hameau pleuraient de me voir pleurer et maudissaient Tino. J'ai appris qu'il avait dit aux ouvriers d'arrêter les travaux. Nous avons fini par trouver une clé. Il était parti avec ses affaires (laissant les miennes dans le plus grand désordre), emportant tout mon travail d'écriture, mes notes, mes bandes audio pour le scénario en cours, mais aussi celui que j'avais écrit pour un film où nous jouerions tous les deux. Rien pour expliquer, pas un mot. J'étais nerveuse, surexcitée, hystérique, hantée par Tino. Je ne voyais que lui dans mes rêves. Il m'obsédait jour et nuit. La moindre pensée, le moindre geste me faisait penser à lui. Pourtant, ce n'était pas de l'amour, c'était autre chose, une sensation de danger, de mort, de vide. Je continuais à me débattre comme un poisson hors de l'eau, j'étais furieuse. Cette colère fut probablement la seule lumière qui me restât à ce moment-là. Heureusement, il n'avait pas pensé à couper la ligne de téléphone. J'ai appelé tous les numéros que je trouvais dans tous les pays du monde. Il avait disparu. Personne ne voulait me dire où il était, tous le protégeaient. Pas parce qu'ils l'aimaient et qu'ils ne m'aimaient pas. Ils protégeaient leur boulot sur une future production. Les amis de Tino sont des employés potentiels, ils tolèrent ses excès et ses abus de pouvoir en échange d'un éventuel contrat. Je me suis rappelée lui avoir dit un jour : « Tino, si je dépends de toi à 100 %, qu'est-ce que je vais devenir si on se sépare ? – On s'arrangera, je ne suis pas un salaud. » Je l'ai cru.

J'ai fini par quitter Alamo, où je devenais dingue sans nouvelles de Tino. Mes amis du monastère sont venus me chercher et je suis retournée à Humkara Dzong, le temps de me refaire une santé mentale. La seule chose qui me calmait, c'était d'écrire, de raconter ce qui s'était passé. Je nageais dans mes souvenirs, je me suis noyée dans tout ce que j'avais vécu avec Tino. Il s'était mis à m'appeler en pleine nuit, pour m'insulter ou me dire que je lui manquais. Ma voix au téléphone le faisait tenir à la vie, prétendait-il. Une fois, il m'a dit : « Il fallait bien que j'invente quelque chose pour te quitter ! De toute façon, tôt ou tard, c'est toi qui serais partie. J'ai préféré que tu ne me quittes pas. Tu sais, quand je frappe le mur, je n'en veux pas au mur. » Son ex-femme avait voulu me rencontrer. Elle m'avait dévisagée : « Ah, tu es une autoritaire toi, ça ne marchera pas… » Je lui avais répondu : « C'est drôle, tu lui ressembles. – Oui, Tino et moi sommes une seule et même personne », m'avait-elle répondu avec un visage extasié.

Il était invivable Tino, mais je l'aimais.

Guérir mon cœur à Madrid

J'avais reçu du courrier à Lisbonne, mais ces derniers mois, envahie par Tino, ses films, ses idées, ses caprices et ses voyages de promotion, je n'avais pas pris le temps de l'ouvrir. Il y avait une grande enveloppe, dedans, un livre intitulé *La danza magica del vientre* par Shokry Mohamed. Une lettre de l'auteur l'accompagnait. Tout à coup, je me suis souvenue ! J'avais reçu plusieurs appels de la part de ce monsieur ; il demandait à ses assistants de me téléphoner de temps en temps. Ce Shokry voulait absolument me rencontrer depuis plus d'un an, mais je n'avais pas eu le temps. « C'est probablement un Égyptien qui cherche à draguer des nanas, comme d'hab'. Je parie qu'il a flashé sur une de mes photos », avais-je pensé avec arrogance. Mais voilà, son livre était un très bel ouvrage fait avec amour. J'ai longuement observé ses yeux sur le portrait de la quatrième de couverture, j'ai lu sa biographie, et j'ai eu honte de moi. J'étais une imbécile. Un artiste merveilleux voulait me rencontrer et moi, je refusais sans même savoir qui il était. J'ai vite composé le numéro à Madrid. J'ai laissé un message sur le répondeur espagnol avant de retourner dormir dans mon enfer personnel.

Quelques jours plus tard, j'ai décroché le combiné du téléphone pour la énième fois dans l'espoir de parler à quelqu'un qui me rassurerait et pour conjurer ce cruel silence qui intensifiait mon chagrin. Au moment même où je commençais à composer un numéro, panique ! Mon cœur a sauté dans ma poitrine et mes poils se sont hérissés. Une voix chevrotante, sans timbre, comme celle d'un revenant d'outre-tombe, parlait dans mon oreille. Je me suis demandé si je n'avais pas pété un plomb. La voix ânonnait en espagnol : « O-l-a, pue-do ha-blar con My-ri-am Sza-bo ? » Je me suis ressaisie :

– Soy yo.

– Je suis Shokry Mohamed, vous avez laissé un message sur mon répondeur.

J'ai pensé: «Pourquoi diable parle-t-il de cette façon? On entend à peine ce qu'il dit.» J'ai répondu:

– Merci pour le livre. Il a l'air très intéressant. Je ne l'ai découvert qu'hier car mon courrier était à Lisbonne.

– Je vou-drais vous ren-con-trer. Je peux ve-nir vous ren-dre vis-ite?

– Euh... Oui... je dois donner un stage à Lisbonne dans quinze jours si vous voulez m'y retrouver...

– Je viendrai à Lisbonne et on pourra parler.

Je ne savais pas ce que me voulait ce bonhomme, mais j'avais deux lueurs d'espoir dans ma vie: mes amis du monastère et ce Shokry Mohamed de Madrid. Toujours engluée dans ma dépression, je me suis traînée à Lisbonne pour donner mon stage et le rencontrer. Au jour fixé, je l'ai attendu au restaurant *Os Tibetanos*. Il pleuvait quand il est arrivé avec son éternel col roulé bleu marine. J'ai vite compris pourquoi il avait cette voix étrange: on lui avait ôté une tumeur cancéreuse sur les cordes vocales quelques années plus tôt.

Obnubilée par le départ de Tino, j'avais le moral en dessous de zéro. Mon amie Irène m'avait même mise à la porte parce que je la bassinais avec Tino, sans me préoccuper de ses problèmes de santé! Séropositive, miraculée depuis vingt ans, elle souffrait alors le martyre à cause d'une crise de zona et craignait que les choses n'empirent. Églantine, de son côté, avait surnommé Tino «*o bandido*». Elle me recommandait de le crucifier mentalement, de l'annihiler, de le bannir de ma mémoire. Une nuit, j'ai rêvé que son corps explosait dans un terrible big-bang et que tous ses morceaux formaient un univers.

Je n'ai pas vraiment compris ce que me voulait Shokry, mais sa gentillesse m'a remise sur pied. Un peu avant l'heure où le stage que j'animais devait commencer, je lui ai dit : « Désolée, je vais trop mal. Je pleure sans arrêt. Je vais annuler le stage. » Les élèves arrivaient. Pris de compassion devant mon désespoir, Shokry a dirigé la session à ma place ! Ce fut un stage magnifique ! Quel danseur, quel artiste, quel cœur gigantesque ! J'ai oublié mon malheur pendant un moment. Je me suis demandé par quel miracle ce magicien était apparu dans ma vie. Il m'invitait à les rejoindre, sa femme et lui, à Madrid pour travailler à plein temps dans leur école, Las Piramidas. J'ai accepté et je suis partie à Madrid.

Lettre à Joshua

Madrid, le mercredi 8 décembre 1999.

Cher Joshua,

Une page de mon journal pour toi, mon frère ! Le jour de mon anniversaire ! Je vais raconter notre histoire selon ce que me dicte mon cœur. Je t'ai rencontré un soir dans la galerie où tu exposais et où Shokry et sa femme Rosa m'ont emmenée voir tes photos, quelques jours après mon arrivée à Madrid. Je commençais tout juste à sortir d'une dépression qui a duré deux mois. Pour me guérir de Tino, je suis allée revoir tous nos endroits préférés, j'ai écouté en boucle nos musiques préférées, j'ai relu nos textes, nos lettres et j'ai réussi à tout digérer sans qu'il reste la moindre trace de peine. J'ai fait l'inverse de ce que les gens font d'habitude : je me suis plongée à fond dans ce qui me rendait triste avec la ferme intention de guérir et pas de m'accrocher à ma douleur. Deux mois plus tard, rien de ce qui me rappelait Tino ne m'affectait plus, j'étais libre.

Je dormais au studio en attendant de trouver un logement. Shokry me donnait gratuitement des cours privés. Je m'entraînais seule le reste du temps. Je voulais apprendre à maîtriser la danse du Sabre et le maniement du bâton selon les techniques masculines. Je me suis entraînée avec des armes jusqu'à faire saigner mes mains. Shokry est un grand maître des arts de la scène égyptiens mais c'est surtout un danseur magique ! Dès qu'il esquisse quelques mouvements, il se dégage de lui une telle grâce, un tel amour, une telle simplicité, qu'il incarne aussi bien la douceur féminine que la virilité masculine. Shokry est plein d'une tendresse qui rayonne de son cœur infiniment généreux et qui illumine sa danse. Il me donne parfois de l'argent pour que je lui règle ses propres cours ou bien pour que je les invite, Rosa et lui, au restaurant ! Avec le temps, Rosa m'a adoptée elle aussi et je passe à présent toutes mes journées avec eux sans payer quoi que ce soit ! Rosa me trouve des contrats : je danse dans des fêtes, des spectacles, des mariages et je recommence à donner des stages, même au Portugal. L'école a fait tellement de promotion pour moi que je suis devenue célèbre en Espagne pour la danse orientale. Cette année, j'ai sillonné toute la péninsule, on m'a appelée de partout pour travailler.

À Saint-Jacques-de-Compostelle, j'ai dansé pendant la semaine gastronomique du luxueux complexe hôtelier du Mélia Araguaney. Le patron, Ghaleb Jaber Ibrahim, un Palestinien charismatique avec lequel j'ai immédiatement sympathisé, a adoré ma danse. Du coup, il m'a fait passer dans son émission de télévision et il veut que je revienne tous les ans. Il m'appelle parfois pour que je lui recommande des musiciens pour les spectacles que la Fondation Araguaney produit dans la ville. Ainsi, il a engagé mon amie la chanteuse tunisienne Ghalia Benali et depuis, Ghaleb, Shokry, Rosa, Liliane Viegas, Ghalia et moi formons une bande de copains fêtards qui se retrouvent régulièrement à Santiago. Ghaleb, qui est un activiste anti-sioniste, m'appelle parfois «[sa] juive» puisque j'ai un ancêtre juif. Je lui réponds: «Ghaleb, moi j'appartiens au monde. Je connais des juifs, des Noirs, des Jaunes, des Arabes, des Blancs et des Indiens, nous sommes tous les habitants provisoires de cette planète. Il faudrait qu'on apprenne à s'entendre.» C'est un homme plein de cœur et d'humour. Il adore passer des heures à bavarder avec moi dès qu'il peut se libérer. Il me présente à ses amis de Santiago et je suis reçue comme une reine, grâce à lui. Ghaleb essaye de me persuader de travailler pour sa Fondation en tant que productrice, mais je ne veux plus de ce métier. Je crois qu'il apprécie ma liberté rebelle car, lui, qui est très riche, me dit souvent: «Quelle chance tu as!» Dans ce complexe hôtelier extraordinaire, tous les employés savent que je suis une bonne copine du patron. Il suffit que je dise: «Je suis la danseuse» pour que les portes s'ouvrent et qu'on me sourit en me demandant ce que je désire...

Lorsqu'il s'est aperçu que je n'avais pas de book, mais des piles d'articles de journaux éparpillés, Shokry a confectionné lui-même mon dossier de presse. J'ai participé à son premier festival de danse orientale. Une magnifique photo que tu as faite, Joshua, de ma danse de l'épée, a servi pour la couverture du CD des Gitans Danseurs du Nil, un groupe d'artistes égyptiens. On a parlé de cette photo dans tout le pays. Ni Shokry ni Rosa ne m'ont demandé quoi que ce soit en retour de leur bonté. Mon cœur déborde de reconnaissance envers eux et envers toi pour tout ce que vous m'avez offert depuis un an.

Le jour où je t'ai rencontré (nous avons débarqué un peu tard dans la galerie, Shokry, Rosa et moi), j'étais à Madrid depuis peu. Nous avons été présentés l'un à l'autre : « Myriam Szabo, Joshua Carballo ». C'était une expo de photos en noir et blanc prises en Égypte, des scènes du quotidien au Caire, les enfants, le thé, la danse, le désert, les bazars... Tu nous as proposé de déguster un thé vert chez toi. Tu vivais seul dans un grand appartement très bien tenu. J'ai repéré que tu avais des chambres libres car je cherchais dans tout Madrid un logement. Le lendemain matin de notre rencontre, j'ai pensé à une chambre chez toi et Rosa m'a donné ton numéro : « Joshua, ola ! Je vais te faire une proposition audacieuse. S'il te plaît, sens-toi libre de répondre franchement : je cherche une chambre à louer et j'ai vu que tu as de la place chez toi. Tu m'en loues une ? – Oui. – Tu es sûr, Joshua ? Je parle sérieusement. – Oui, moi aussi. C'est une très bonne idée. Et tu n'as pas besoin de payer. »

Ma voiture était pleine au point de ne plus rien voir dans le rétroviseur. L'année précédente, lors de nos vadrouilles, Tino et moi avions trouvé par hasard dans une brocante une extraordinaire statue en cuivre bhoutanaise d'une Tara debout. Le brocanteur l'avait obtenue d'un aventurier allemand en échange de pièces romaines antiques. Il suffit de la contempler pour se sentir rasséréné. La statue tenait tout juste dans ma vieille voiture, au-dessus d'un énorme tas de sacs multicolores, entre l'embrayage et la vitre arrière du véhicule. Il pleuvait des cordes et les essuie-glaces étaient usés. Quand Rosa m'a vue débarquer avec mon bazar ambulant, elle pleurait de rire. Elle a bloqué la rue pour m'aider à stationner et à décharger mon barda : « Por Dios ! Une vraie gitana ! Hahaha ! Quelle voiture ! L'autre jour déjà, quand tu dansais, un des clients du café a dit : « Celle-là, lui manque plus qu'une chèvre ! » Il n'avait pas tort ! » Tu nous as aidées à installer mes affaires dans ton appartement, Joshua. Je t'ai regardé et je t'ai dit : « Wow ! Joshua, tu es courageux ! Tu ne me connais pas, tu ne sais même pas si je ne vais pas emporter toutes tes affaires un jour ! – Oui, c'est vrai. On verra bien ! » Tara trônait dans le salon. On ne voyait qu'elle dès le premier regard. Nous avons passé des longues soirées, toi et moi, sur le sofa à l'admirer en goûtant à l'énergie bienveillante qui irradiait d'elle. Cette année chez toi a été bénie. Shokry et Rosa m'avaient adoptée comme si j'étais leur fille. Dans leur studio, où règne une atmosphère familiale tout égyptienne, ils nous recevaient tous les jours, comme un papa et une maman, pour manger ou pour prendre le thé, pour jouer de la musique, bavarder entre amis ou danser toi, moi et plein d'autres. Après nous rentrions et passions toutes nos soirées à bavarder devant la Tara.

Je monologuais le plus souvent, et toi, tu écoutais sans dire grand-chose, Joshua. Je refaisais le monde ou je te racontais mes folles épopées. Parfois tu parlais enfin, et nous échangions nos secrets, nos doutes, nos projets... Malgré la fatigue, nous avions du mal à terminer ces échanges intimes pour rentrer, épuisés, dans nos chambres respectives. Malgré le sommeil, nous restions là, sur ce sofa, à parler tout doucement. Tu as été le frère dont j'avais rêvé quand j'étais enfant. Et ma présence au quotidien te tirait de la douleur d'un amour déçu qui t'avait planté seul dans ce grand appartement. Tu aimais mes surprises. Parfois des gens venaient me voir de l'étranger et restaient pour dormir, eux aussi, chez toi, chez nous ! Tu as inventé ce dicton : « Quand Myriam travaille, tout le monde travaille. »

Un jour, j'ai revu mon vieil ami Antonio, le Capitaine. Il avait voyagé, lui aussi, avec la tribu itinérante d'Alzir, mais à présent il vivait sur un voilier à Ibiza. C'était lui qui mettait des pommes dans mes sabots à Soleils pendant ma première retraite. Il était ami avec Antonio Carmona, la star de la pop gitane espagnole, le chanteur célèbre du groupe Ketama. Comme tout le monde, tu connaissais Carmona pour l'avoir vu à la télé, mais le jour où tu l'as vu dans ton salon, je me souviens de ta tête ! D'abord un choc, puis un ravissement, puis une joie car Carmona avec son grand sourire éblouissant, est un type merveilleux. Ce jour-là, nous avions vécu une aventure mémorable, Carmona, le Capitaine et moi. Nous avons été déjeuner à Escorial tous les trois. Carmona avait l'accent de Grenade et ses phrases étaient émaillées de « de puta madre ! » Je me demandais ce que cela signifiait. « Antonio, puta madre, c'est bon ou c'est mauvais ? » Ils ont ri à s'en étouffer ! La veille, je m'étais disputée avec Shokry qui voulait me choisir un de ces noms exotiques que les danseuses du ventre choisissent pour « s'arabiser ». Je lui avais dit qu'il était hors de question que je me ridiculise, je ne m'appellerai ni Harissa, ni Shalimar et encore moins Jalilah – Shokry et moi nous nous chamaillions sans cesse, c'était notre mode de communication.

J'ai raconté ça à mes compagnons de table. Carmona m'a observée de la tête aux pieds. J'étais très mince, tout en noir, en vêtements hyper moulants. Mes longs bras et mes jambes faisaient penser aux lianes d'une tonnelle. « Toi, tu es Laparrala ! » Carmona venait de me donner un pseudonyme gitan. Je l'ai rapporté à l'école de Shokry. Parra, *en espagnol, c'est la vigne vierge, et* la *un préfixe féminin. Le nom n'a pas pris, seul Shokry m'a appelée Laparrala jusqu'à sa mort. Après le déjeuner, Carmona nous a emmenés dans sa ferme pour que nous montions à cheval. Nous l'avons suivi sur les sentiers. Ma jument renâclait, elle devait certainement sentir que je n'étais pas rassurée. Le chemin s'est ouvert sur un vaste plateau ensoleillé et, d'un seul coup, Carmona a poussé un cri strident et a lancé son cheval au galop ! Mon cheval s'est mis à galoper derrière le sien. Je voyais le Capitaine tout raide sur sa selle, il n'avait pas l'air fier non plus. Ma jument est devenue incontrôlable ! Heureusement, tenir en équilibre sur un support instable est l'une de mes spécialités ! Je n'ai pas été éjectée, Carmona a réussi à attraper la bride de ma monture et nous avons stoppé la petite promenade sur cet exploit. Ensuite, nous avons tous été chez toi, Joshua, et c'est comme ça que Carmona s'est retrouvé dans ton salon.*

Depuis des mois, j'essaye de convaincre Shokry de créer avec moi une danse universelle. Je veux comprendre comment réconcilier le masculin et le féminin dans le monde, grâce à la danse. Shokry n'accroche pas. Il est égyptien, tout son monde tourne autour de sa culture. J'ai dansé avec les musiciens du Nil dans une multitude de spectacles, mais je ne suis ni égyptienne ni arabe. J'adore cette danse, cette musique, mais ma danse ne peut et ne pourra jamais se réduire à un seul style, à une forme, ni à une époque ou à une région.

Je vais partir à Bruxelles où je suis invitée par des amis à ouvrir une école. Un de ces jours, je vais arrêter la danse orientale en tant que professionnelle, c'est certain. Joshua, tu sembles triste que je parte ! Shokry et Rosa sont déçus aussi, mais Madrid n'est pas une ville pour moi. Shokry est un des maîtres de ma vie, cependant mon projet diffère du sien. C'était bien de jouer à la princesse, mais je vais vieillir, je ne veux pas réduire la femme à sa nature de séductrice. L'art oriental me fascine, mais le spectre d'interprétation est trop étroit. Nomade cosmopolite d'une famille de réfugiés qui ont fui les guerres sanglantes des hommes, mon esprit est sans frontières. Ce monde qui est le mien change vite. Je guette la naissance de la danse qui surgit de ces réalités dans le moment présent. Vous êtes tristes, je vous aime tous, mais je suis appelée. Je dois partir. Aujourd'hui, pour mes 38 ans tu m'as donné, Joshua, ce mystérieux cadeau que tu préparais depuis des semaines. Tu rentrais tard le soir pour le fabriquer. Tu as développé les meilleures photos que tu as prises de moi pour en faire un somptueux book ! Le plus beau book du monde ! On entend un cœur qui bat quand on l'ouvre.

Merci Joshua !

Biologie totale

Bruxelles est une ville capricieuse et pleureuse. Je suis à nouveau malade, je n'ai jamais guéri de mes bronchites chroniques. Depuis le traitement antibiotique contre la tuberculose, c'est pire, mon corps accuse le coup. Je remonte doucement la pente, mais j'ai perdu beaucoup d'énergie vitale. Je ne suis plus invincible. Il y a un avant et un après la tuberculose dans ma vie. Je le sens, je vieillis. Cette fois, je tousse depuis plusieurs semaines. Pourtant, ma santé générale s'est améliorée : j'ai repris une alimentation saine et un peu de poids, je fais du qi gong, une gymnastique traditionnelle chinoise fondée sur la maîtrise de l'énergie vitale, je suis des traitements naturels et je vois un acupuncteur deux fois par semaine.

Un fourmillement étrange au coin de la lèvre inférieure droite me chatouille subtilement à chaque fois que je bouge, mais les docteurs disent que ce n'est rien. Je vois dégouliner le ciel belge par la fenêtre de mon appartement en me disant que je ne peux pas me permettre de rechuter. J'ai appelé mon amie France Détry, qui est aussi maître de qi gong : « France, c'est une catastrophe ! Je tousse depuis des semaines. Je vais chercher tout de suite des antibiotiques, mais je n'ai pas d'ordonnance. – Non, non, surtout, ne prends pas d'antibiotiques ! Attends, je vais te passer Édouard. »

C'est son mec. Il est médecin, mais aussi homéopathe, thérapeute acquis à la biologie totale, et encore plein de choses dont je ne me souviens plus. Il me demande d'attendre le lundi suivant et me donne un rendez-vous. Tôt le lundi, je me suis rendue au cabinet de consultations, dans une jolie petite maison entourée de jardins. Il pleuvait toujours. Il m'a fait parler de ma conception, de ma naissance, comment son entourage s'était efforcé de convaincre ma mère d'avorter, et comment elle avait résisté, allant jusqu'à se battre physiquement avec sa propre mère pour me garder. Non seulement l'avortement était interdit, mais Cléo n'avait révélé sa grossesse qu'au quatrième mois. Elle comprimait son ventre avec un corset...

Édouard m'a parlé des poumons et du corps. Le corps serait intelligent et pourrait réagir en créant des maladies pour compenser un choc émotionnel dont la virulence a été insupportable pour tout le système. Un mal mineur pour colmater le mal majeur. J'ai essayé de comprendre le principe de la biologie totale... J'ai eu tendance à encaisser le stress en le dissimulant dans mon corps. Les poumons sont le siège de l'angoisse de mort. On inspire, on expire. Selon lui, j'avais eu tellement peur de mourir dans le ventre de ma mère qu'inconsciemment, j'inspirais beaucoup, tout en expirant le moins possible. Mon cerveau avait interprété que mes poumons étaient trop grands. Or le corps cherche toujours une solution, il avait adopté celle de la bronchite. J'avais donc assimilé un programme de survie basé sur ma naissance : quand j'étais en danger, je bloquais ma respiration, je rentrais en apnée lorsque les situations me perturbaient, je perdais le contact, je paniquais. Cela paraissait bien résumer ma vie. Sans avoir tout compris, j'ai senti que quelque chose de nouveau se passait en moi. Un déclic très profond qui m'a ébranlée.

Édouard m'a fait rédiger deux lettres de guérison. Pour tout traitement, j'ai dû lire des textes de reprogrammation en expirant profondément à chaque syllabe. L'exercice me faisait tourner la tête car il était long. Le jour même, j'ai guéri miraculeusement ! Dès le lendemain, je n'avais plus aucun symptôme, sans aucun médicament, même pas une aspirine. Grâce à Édouard, la maladie me montre le chemin. Les bagages de maux accumulés par mes ancêtres, leurs souffrances, leurs secrets, leurs schémas confus et leurs malédictions doivent être guéris. Mon mental est fort, il dissimule mes souffrances, mon corps avait juste besoin de faillir à sa place. Il y a des poubelles à sortir, des siècles de déchets à évacuer, mais je ne crains plus de rechuter !

Quelques mois plus tard, j'ai acquis un petit monopole sur le marché de la danse orientale en Belgique. J'ai économisé pas mal d'argent en dansant dans les fêtes arabes – les pourboires sont énormes –, j'ai aussi travaillé à l'étranger de temps en temps. J'ai de plus en plus de succès, des centaines d'élèves, je danse les week-ends dans des restaurants, des fêtes privées, des mariages, dans des ambassades ou des congrès. Dans ma Citroën, très maquillée et vêtue d'un costume deux pièces scintillant, plein de franges, sous mon gros manteau d'hiver, je pars danser dans plusieurs lieux de Bruxelles et de Namur, parfois même à Anvers. Je me gare, j'entre, je danse, j'encaisse et en route vers le point suivant. Ghalia Benali m'a invitée à danser avec son orchestre – nous avons joué ensemble à Saint-Jacques-de-Compostelle et au Bazaar, à Bruxelles. En parallèle, j'étudie le qi gong avec France et Alain Baudet, mon autre maître. Je sens que c'est en fusionnant cette gymnastique chinoise avec la danse orientale, la pleine conscience et les arts martiaux que je vais trouver ma danse, celle qui exprimera la sagesse féminine, *l'alchimie de vie*. En décembre 2000, Shokry est venu à Bruxelles diriger un stage que j'ai organisé dans les salles de la Commission européenne pour plus de cent élèves ! Plus tard, il m'a envoyé un courriel merveilleux :

> *« Myriam, ta personne est un cadeau... Mais j'accepte ton cadeau... ok... Et je t'aime beaucoup, énormément... ok... et tu vaux*

beaucoup... et j'ai beau me fâcher avec toi, je t'aime... ok ? La photo de toi qui jette de l'argent ou des fleurs d'un panier, je l'adore parce que tu envoies de l'amour aux gens et à la vie et à l'univers... bisou et à très bientôt ! Shokry Mohamed»

La ville du dragon

Le maire de Serpa m'a dit : «Qui trouve un domicile à Serpa en un jour est capable de tout !» C'était une folie furieuse d'être venue ici, je ne savais pas de quoi j'allais vivre dans ce bled perdu de l'Alentejo ! J'ai débarqué sur un coup de tête parce que Paulo m'avait parlé d'un projet d'université de musiques du monde qui devait y être développé, le *World Music Center*. Il m'a dit : «Des gens comme vous devraient vivre sur un campus aussi original.» J'ai sauté au plafond. Serpa ! La ville blanche où Giacometti a enregistré les chants polyphoniques les plus étonnants de la péninsule. Serpa la légendaire, où on raconte qu'il y a bien longtemps un serpent ailé défendait la ville et ses habitants des envahisseurs...

J'en avais rêvé et voilà que ça arrivait. J'avais passé toute ma vie à danser sur les musiques du monde, je voulais absolument contribuer à distiller l'essence universelle de ces passés assemblés qui pouvaient apporter beaucoup aux êtres du présent. Je suis persuadée que l'humanité a besoin de mieux se comprendre elle-même, de tourner son regard vers l'intérieur et d'opérer enfin la révolution poétique que professe Alejandro Jodorowsky. Or c'est dans l'art que se trouvent les outils utiles à la transformation des êtres humains en une société éveillée. Je le vois avec mes élèves : les hommes et les femmes manifestent bonté et sagesse quand les circonstances leur inspirent ce courage. C'est à partir de cette sagesse que la société trouvera des comportements adéquats à notre planète et à la continuation éventuelle de notre espèce. Le *World Music Center* était donc une aubaine pour moi. Cependant, il semblait que le projet ne soit pas en bonne voie : les investisseurs privés n'étaient pas enthousiastes, alors que la mairie de Serpa en parlait comme d'une réalité indubitable – une architecte avait même déjà dessiné les bâtiments du futur campus. De plus, le terrain choisi avait la réputation d'être hanté : une mariée décapitée apparaîtrait aux malheureux qui oseraient y passer la nuit. À Serpa, personne ne s'approchait de ce lieu. J'ai demandé à Ruizinho, mon fils adoptif de Porto, s'il voulait m'accompagner. Nous sommes arrivés un mercredi de mars 2001. À l'entrée de la ville, j'ai fait la connaissance du señor Joaquim et de sa femme Nucha. Ils m'ont montré une de leurs propriétés en ruine, trônant au centre d'un verger d'orangers et d'oliviers. J'ai eu le coup de foudre. « Señor Joaquim, si vous retapez cette maison, je vous la loue. Pour septembre, c'est possible ? » À ma grande surprise, il a dit oui tout de suite ! Le deal conclu, nous avons bu un coup.

Nucha est une vigoureuse et belle femme, maman de deux fils. Voyante à ses moments perdus, elle affirme que je suis un « esprit du bien » et me raconte les histoires de fantômes et d'esprits invisibles de Serpa, surtout celles qui concernent la future école de musique. J'ai pris rendez-vous ensuite avec le maire, Joao Rocha, et le délégué pour la culture, José Maria Ritta. Le courant est tout de suite passé. Je leur ai proposé de leur montrer ce que je savais faire en organisant un stage l'été prochain. Ils ont décidé de me soutenir en me prêtant gratuitement une salle et un bus pour transporter les participants de l'aéroport de Lisbonne à Serpa. En trois jours, j'avais changé mes projets, conquis Serpa et j'allais m'installer à long terme dans une jolie maison. Pourtant, je n'avais ni la garantie de trouver un boulot ni celle de voir naître un jour cette fameuse université.

Femmes sauvages

En août, France et moi avions dirigé un stage de danse et de qi gong auquel ont participé une trentaine de femmes à Pias, un petit village vinicole près de Serpa. La plupart venaient de l'étranger. Le maire et son délégué à la culture ont été impressionnés par tant de rapidité et d'efficacité. Deux femmes actives de Serpa, Emilia, une prof du lycée, et Guida, une psychologue rattachée à Girassol, une association de lutte contre la pauvreté, se sont intéressées à mes projets culturels pour la ville. Un bon début. Par ailleurs, les travaux de ma future maison avançaient.

Pour ce qui est du travail, j'avais désormais ma petite idée. Si je pouvais me rendre utile, ce serait en créant un dynamisme culturel dans la ville. Les femmes ont besoin de nouveaux horizons, ici, comme partout dans le monde. Elles veulent danser ! Je pensais demander un contrat à la mairie ; cela me permettrait de développer mes projets sans courir pour gagner de l'argent ailleurs. Mes nouvelles amies m'ont encouragée à proposer mes services à la ville, à plein temps, sur la base d'un dédommagement fixe de

2 000 escudos par mois, une somme modique, mais suffisante pour assurer mes besoins de base. Serpa est une ville pauvre, je devais rester réaliste, je pouvais toujours arrondir mes fins de mois grâce à d'autres activités à l'étranger ou à Lisbonne. J'ai déposé le dossier en septembre. Je venais d'emménager à Serpa. Après Noël, l'adjoint à la culture, Señor Ritta, m'a dédié un magnifique poème et a pris sa retraite. Le nouvel adjoint m'a confirmé qu'il signerait mon contrat, mais il me demandait de monter un festival pour le 8 mars, c'est-à-dire deux mois plus tard ! J'étais abasourdie, mais tout a été très vite. Soutenue par mes amis et par Baal 17, la troupe de théâtre locale, j'ai monté le premier festival *Wild Women's World*, avec un budget minuscule, à la grande satisfaction de la mairie. Le nom du festival était une référence à la « femme sauvage » de Clarissa Pinkoles Este, et aux archétypes féminins qu'elle décrit dans son livre *Femmes qui courent avec les loups*. C'est en passant par la femme, car c'est elle qui doit ramener l'amour sur Terre, que je voulais réunir Serpa et les cultures. WWW était un festival dédié à la femme, mais non réservé aux femmes.

En parallèle, j'avais créé un nouveau spectacle produit par Baal 17, *Histoire de Yanarava*, que nous allions faire tourner dans l'Alentejo. Tino G. est venu me voir à Serpa. Il avait failli mourir d'un infarctus, confessait ne plus supporter sa culpabilité ; il a filmé le spectacle. J'étais enfin guérie de lui et contente de ce dénouement heureux. Je donnais des cours à une trentaine d'enfants dans les écoles qui venaient m'embrasser en courant lorsque nous nous croisions dans la rue. En bref, comme toujours, j'étais débordée et je profitais rarement de ma superbe maison et de mon chien berger Papo, qui signifie «protecteur» en tibétain. Papo grandissait vite, mangeait de tout et pouvait même croquer un téléphone portable comme s'il s'agissait d'un en-cas. Malheureusement, cette période bouillonnante fut ternie par une sombre nouvelle : la mort de mon ami Mario Calixto.

La dernière fois que je l'ai vu – il était venu me voir à l'hôpital – il m'avait paru étrange. Il venait de guérir d'une méningite, mais ses propos me semblaient énigmatiques, incompréhensibles. Séropositif – il avait été infecté avant de se marier –, il ne voulait pas qu'on le sache. Par bonheur, sa femme et ses enfants n'ont pas contracté le virus. J'aurais tant voulu être auprès de lui pour le grand départ ! Nous avions été hospitalisés en même temps, j'avais vu la mort en face, je pouvais comprendre. Mario était un outsider hybride, un Noir brésilien marié à une Portugaise de Porto avec qui il avait eu deux enfants. Nous avions travaillé ponctuellement sur des projets de danse expressive, poétiques et subversifs. Il m'avait demandé de reprendre le numéro de Joséphine Baker, seins nus, avec un pagne fait de bananes et, à son grand étonnement, j'avais accepté. Mario avait créé cette étrange chorégraphie : je devais danser en jupe de bananes près d'un mendiant – lui-même – en haillons recouvert d'argile verte. Fraîche et pimpante, je sautillais nue dans tous les sens. Sombre et déterminé, le mendiant affamé me suivait comme un zombie muni d'un énorme couteau. Je bougeais vite, il se déplaçait doucement. Après une pause furtive, il se rapprochait brandissant son couteau derrière mon dos... Mario, toujours dramatique et magnifique dans ses rôles, finissait par manger lentement la banane qu'il avait coupée de ma jupe en fixant le public férocement. On lisait une sorte de stupeur fascinée dans les yeux du public qui avait forcément pensé que le mendiant allait s'en prendre à mon corps. Ils n'ont jamais eu faim.

Sculpteur de danseuses

Liliane Viegas m'avait invitée à dîner chez elle peu avant le festival WWW. Gérard S., un sculpteur français qui vit au Portugal, figurait parmi les invités. Il avait participé au stage de danse. Ce grand gringalet un peu halluciné, m'avait paru irritant au premier abord. Même s'il m'énervait, sa sincérité et sa verve naturelle me touchaient. Il habitait à Sintra avec sa famille. Gérard avait dédié sa dernière exposition aux danseuses du Cambodge, assassinées durant le règne de Pol Pot. Ces magnifiques silhouettes en céramique étaient un pur hommage à l'élégance féminine. J'ai proposé à Gérard de les exposer dans mon festival WWW. Quelques jours, plus tard j'ai reçu un mail extrêmement aimable de sa part où il me qualifiait de « maître » dans mon art. Il est venu à Serpa pour monter l'expo. Nous discutions beaucoup ensemble. Souvent, je lui posais des questions sur le mariage – son ménage était heureux depuis vingt ans – et sur les relations entre hommes et femmes, l'éternel problème de ma vie. Il me répondait : « Il faut chercher l'harmonie. » J'avais noté la phrase dans mon carnet. Un jour pourtant, il m'a envoyé une lettre par la poste : « J'ai menti, il n'y en a plus d'harmonie dans mon cœur depuis 1994. »

Il n'en avait jamais parlé à personne, il ne pouvait plus supporter de faire semblant. Il m'avait choisie pour se confesser. Ces heures passées dans la plus grande intimité entre les oliviers, les fleurs d'orangers et le début du printemps ont abouti dans mon lit. Gérard a décidé de venir vivre avec moi tout de suite. J'ai laissé les choses se faire sans lutter et je me suis attachée à lui. Il a débarqué avec ses affaires et a fait de petits travaux chez moi. J'étais heureuse de me sentir protégée, accompagnée. Cela faisait longtemps que j'étais seule. Petit à petit, je suis tombée amoureuse. En août, nous avons loué une voiture pour descendre de Rome vers la Sicile. Nous avons notamment dormi sous la tente au pied de l'Etna.

Gérard aimait le risque. Je me souviens qu'il dormait très bien sous cette cheminée menaçante qui crachotait doucement sans interruption. Moi, j'avais peur. J'adorais les terres sauvages, les ruines de Pompéi, mais sous la barbe fumante de ce volcan, je ne trouvais pas le sommeil. Nous avons pris ensuite les petites routes perdues et nous nous sommes installés à Bucchieri, au sud-est de la Sicile, au creux de la forêt. Il y avait de l'eau fraîche, des maisons inachevées... Nous avons passé des moments magiques dans ce refuge caché du monde. Sa femme, qui lui faisait une guerre sans répit, était loin et il se détendait jusqu'à parfois oublier ses déchirements intérieurs. Il allait mieux. Depuis que nous étions arrivés en Italie, il avait retrouvé sa bonne humeur. Pourtant, de temps en temps, il partait seul dans les bois et je voyais son regard bleu se voiler comme s'il se perdait dans un mauvais trip. Je savais que la situation le faisait souffrir, il ne trouvait pas d'issue. À notre retour d'Italie, il est reparti vivre avec elle, puis revenu à deux reprises. Il n'arrivait plus à sculpter, n'avait plus d'argent. Je ne savais pas quoi faire. Je m'étais habituée à sa présence à mes côtés et j'avais du mal à comprendre qui était le Mr Hyde caché derrière le docteur Jekill. Quand tout allait bien, nous paraissions unis, faits l'un pour l'autre. Même Jorge, à qui je racontais tous mes malheurs amoureux depuis notre séparation, m'avait dit: «Là, cette fois tu as trouvé un vrai mec, pas comme l'autre *bandido*!» Et puis, je suis tombée enceinte. J'avais 41 ans. J'étais contente. Je croyais que ce n'était plus possible, on m'avait dit que les fibromes faisaient l'effet d'un stérilet dans mon utérus. Gérard savait que j'étais enceinte au moment même de la conception! C'était un soir de pleine lune. Je croyais qu'il délirait...

Un mois plus tard, j'étais à Paris et j'ai commencé à saigner. À l'hôpital, le gynéco a vu un fœtus dont le cœur ne battait pas. Il a cherché longtemps, en silence. Il parlait beaucoup d'habitude. La veille, ma copine Isabelle m'avait offert de minuscules chaussettes pour bébé en crochet. J'ai regardé les petits souliers et, dans mon esprit, j'ai vu des pieds. Alors, j'ai réalisé et j'ai ressenti une énorme joie, quelque chose de jubilatoire, comme si je devenais la pulpe d'un fruit délicieux qui se goûte lui-même. Mon corps rayonnait, mes seins gonflaient, je me suis dit que le gynéco pouvait se tromper. À mon retour, Gérard était bizarre. Nous sommes allés à l'hôpital pour vérifier l'état de ma grossesse; dans la salle d'attente, j'ai compris qu'il me quittait encore une fois. Sa femme et lui avaient négocié en mon absence. Par la même occasion, Gérard lui avait annoncé que j'étais enceinte de lui. J'étais furieuse, je ne voulais pas qu'il mentionne ma grossesse. Qu'il reparte! Qu'il me laisse enfin tranquille et qu'il disparaisse de ma vie ! Le fœtus était bien mort, ont confirmé les médecins. Mon corps devrait l'expulser naturellement les jours suivants. Gérard a rangé ses affaires dans sa grosse Ford bleue et il m'a laissée seule attendre ma fausse couche.

Fidel Castro et don Quichotte

Quelques jours après la terrible nouvelle, j'ai obtenu une réunion avec le maire de Serpa et les délégués des villages environnants au sujet de mon festival *Wild Women's World*. Sonia, une des adjointes à la culture, et moi étions les seules femmes présentes à cette réunion. Depuis quelque temps, le maire ne m'approchait plus. J'avais appris par des amis que les gens jasaient : on disait que j'avais obtenu mon contrat en couchant avec lui, ce qui était évidemment faux, mais les gens croient toujours que les femmes qui réussissent couchent.

Il devait m'éviter pour se protéger du qu'en-dira-t-on, d'autant plus qu'il venait de se marier avec une jolie jeune femme de 25 ans, mais surtout, depuis un mois, j'étais embringuée dans un véritable bras de fer avec lui : il voulait que le festival soit distribué sur tous les villages de la région de Serpa, au lieu de se dérouler dans le ciné-théâtre de la ville, comme c'était prévu. Je refusais car en l'absence d'un budget conséquent et d'une équipe de renfort, je ne pouvais pas maintenir la force du WWW. Mes amis apportaient une aide bénévole, des artistes participaient gratuitement à l'événement, mais cela ne pouvait suffire. En le dispersant dans les villages au lieu de créer un événement fédérateur puissant, nous allions éparpiller des crottes de bique culturelles dans les salles éternellement vides de l'Alentejo pour faire plaisir à des politiciens qui n'avaient cure du contenu du festival, ne pensaient qu'au pouvoir et à le garder, et se préoccupaient peu d'offrir à la population des activités susceptibles de dynamiser la région à long terme. À Serpa, je savais que je pourrais remplir la salle, dans les villages, je serais impuissante pour motiver les gens et ce serait un fiasco. Quand j'ai expliqué que notre *Wild Women's World* pourrait attirer des artistes du monde entier et devenir une référence internationale, le maire m'a répondu, à mon grand étonnement: «Mais on ne veut pas d'étrangers ici!»

Je commençais à comprendre que j'allais «déguster» dans le rôle du Don Quichotte version féminine. Pendant la foire aux fromages, j'ai constaté qu'on m'évitait de plus en plus; je devenais persona non grata, on me bannissait subrepticement. Un ami de Baal 17 m'a dit: «Tu leur donnes trop de travail, ils vont te bloquer en douce. Ils ne veulent pas que ça bouge. Au contraire.» Si la ville avait assuré un projet urbanistique admirable par rapport à d'autres régions du Portugal, les projets culturels laissaient encore à désirer – celui du *World Music Center* a vite été étouffé dans l'œuf, quant au mien, on approuvait mes initiatives, puis on les sapait en ne les annonçant pas ou en me refusant l'aide logistique dont j'avais besoin pour la publicité ou le dossier de presse. On ne voulait pas m'éjecter immédiatement parce que ceux qui appréciaient mon travail étaient nombreux: les enfants, les parents des enfants, toutes les femmes de la ville (sauf quelques jalouses) approuvaient le WWW. Les édiles savaient que, de toute façon, je finirai par y arriver. Ils jouaient sur plusieurs tableaux, mais, de mon côté, ne me sentant pas soutenue et n'étant pas masochiste, je pouvais tout aussi bien quitter Serpa et tout laisser tomber.

J'avais eu l'idée d'organiser durant ce festival un débat inter-religieux entre femmes qui avait été l'objet d'une négociation serrée. Le maire n'en voulait pas du tout. Il m'avait dit : « Une rencontre inter-religieuse ? De femmes ? Pourquoi faire ? » Voilà que le parti communiste voulait en prime nous imposer la participation d'une politicienne de gauche, ce qui provoquerait des interventions militantes qui n'auraient aucun rapport avec la vision que j'avais du festival, dont la première édition devait s'appeler « Femmes qui construisent le futur ». Jamais encore on n'avait organisé un dialogue inter-religieux de femmes ni au Portugal ni nulle part ailleurs. J'avais contacté des femmes fantastiques : chrétienne, musulmane, bouddhiste, hindouïste, juive, mais aussi une athée travaillant pour une ONG. Cette rencontre devait coûte que coûte rester au programme. J'avais décidé de la produire moi-même si c'était nécessaire. À la réunion suivante, le maire m'a dit :

– Alors, ce débat inter-religieux ? Ça avance ? C'est Maria Joao Seixas [une journaliste] qui va l'animer ?

– Tu m'as dit qu'on ne le faisait pas ! Je l'ai organisé moi-même, en tant que productrice privée, pour l'intégrer au festival comme un événement indépendant.

– Bon, bon... puisque tu vas le faire de toute façon, autant que ce soit la mairie qui le produise.

Il avait compris que plaire aux femmes lui serait plus bénéfique lors des futures élections que ses opinions personnelles sur la religion. Je suppose qu'il avait fait sa petite enquête. Mon idée était de centrer le festival WWW sur une vision positive et active de la femme, à l'opposé de l'éternelle image militante de la cause féminine représentée par des victimes rebelles. Je voulais promouvoir un aspect du féminin plus fort que l'agression et la revendication. Puisque les femmes étudient, puisqu'elles bougent, que sont-elles en train de faire et comment le font-elles? Modifient-elles leurs façons de procéder par rapport aux hommes? La mairie a cédé en maintenant le festival à Serpa et j'ai accepté à contrecœur de laisser la députée militante de gauche participer au débat.

J'étais donc en réunion dans cette petite pièce enfumée pour parler de ces thèmes avec le maire, Sonia et une dizaine de communistes purs et durs, tous contre moi. J'avais l'impression de me trouver au comité régional des fans de Fidel Castro : des hommes, presque tous moustachus, fumant leur cigare en portant un regard condescendant sur ces deux bonnes femmes qui avaient réussi à s'infiltrer dans leur clan ! Le maire a parlé du festival en se réjouissant de ma décision de le distribuer dans tous les villages du district, l'inverse de notre accord ! J'étais blême. J'étais arrivée en mauvais état, le moral au plus bas, attendant que mon corps expulse enfin de mon utérus ce fœtus mort. Cette assemblée d'hommes me rappelait l'Inquisition. Certes, je ne risquais pas le bûcher, mais parfois j'avais l'impression d'y être montée dans une autre vie – comme lorsque je m'étais brûlé la main et que j'avais prononcé cette phrase étrange. «Monsieur le Maire, que les choses soient bien claires [contre toute attente, je le vouvoyais], il n'a jamais été question de disperser le festival dans les villages ! Il se fera à Serpa, comme prévu sur le programme, ou bien vous le ferez sans moi.»

J'étais devenue une hérésie ambulante. Le maire a dû céder devant ma détermination et vite parler d'autre chose. J'ai décidé de démissionner et de quitter Serpa dès que le festival serait terminé. J'aurais pu continuer à jouer des coudes pour me créer un fief dans cette petite ville, mais je préférai investir mon énergie dans un projet libre de compromis politiques. Dieu sait que j'ai travaillé d'arrache-pied pour cette municipalité qui, parfois me soutenait, parfois me boycottait. Puisqu'on me mettait des bâtons dans les roues, j'allais créer un vaste réseau nomade, une école internationale pour danser la vie librement sur cette planète et j'allais la nommer : *Danza Duende.* J'y pensais depuis longtemps. Il était temps de réaliser le projet de ma vie, au lieu de défendre un petit village du sud du Portugal. Je n'étais pas faite pour des luttes féodales contre des moustachus.

Hyperventilation

J'ai attendu pendant trois semaines une fausse couche qui ne venait pas. J'avais l'impression d'être sous l'emprise d'un mauvais sort, enduite de noirceur. Jour et nuit, je guettais le moment, mais rien ne venait, juste une sensation de stagnation malsaine. Je me suis décidée à aller à l'hôpital où j'ai souffert le martyre. Sans me prévenir, les médecins m'ont administré des cachets qui provoquent de violentes contractions. Je devais en prendre toutes les demi-heures ; je hurlais comme si on remuait des poignards dans mes tripes. Mes voisines de chambres paniquaient: l'une d'entre elles attendait pour se faire retirer l'utérus, l'autre l'avait déjà perdu. Les infirmières affirmaient que les douleurs consécutives à une fausse couche provoquée sont pires que celles d'un véritable accouchement; je devais continuer à prendre mes cachets et tant pis si je hurlais. J'étais très en colère: pourquoi ne m'avait-on pas prévenue? Je ne voulais plus de leurs affreuses pilules!

Paulo C., qui avait appris que j'étais hospitalisée, m'a appelée entre deux comprimés, pendant une accalmie des contractions abominables. «Faites de l'hyperventilation, Myriam, ce sera moins douloureux.» Il m'a expliqué comment faire par téléphone. Je me suis appliquée à suivre ses instructions en me demandant pourquoi personne dans cet hôpital ne m'avait parlé de ça. Effectivement, en pratiquant l'hyperventilation, je pouvais supporter les contractions. Finalement, je n'ai pas tout expulsé, il a fallu m'anesthésier pour un curetage. Tant d'efforts en vain. Je pleurais convulsivement sur mon brancard. J'ai passé cette journée infernale seule et sans autre soutien que le téléphone. Le lendemain, Guida est venue me voir. Elle avait été opérée d'un cancer du sein et connaissait les souffrances psychologiques d'une hospitalisation. Elle m'a apporté un pyjama et des slips. J'ai pensé au grand absent de l'histoire, me demandant où il pouvait bien être alors que je souffrais tant. Juste à ce moment, mon téléphone a sonné.

– Allo, c'est moi, Gérard. Où es-tu?

– À l'hôpital, tu le sais bien, je fais une fausse couche. Et toi?

– Moi aussi.

– Quoi? Tu es ici, à l'hôpital de Beja?

– Non, je suis à l'hôpital, à Lisbonne.

– Qu'est-ce que tu fous à l'hôpital ?

– Je me suis jeté avec la camionnette en bas d'une falaise. J'ai été expulsé de la voiture ou j'ai sauté, je ne sais pas, je ne me souviens plus, je ne suis pas mort. Faut pas le dire que je l'ai fait exprès... Pour les assurances, c'est un accident... mais je voulais me suicider. La Ford s'est écrasée quinze mètres plus bas. Elle est en miettes. J'ai été opéré à la colonne vertébrale et ma main droite est paralysée, mais ils disent que je pourrais la récupérer.

Je voyage sur les terres de la mort et ce n'est pas fini, je le sais. L'autre nuit, j'ai rêvé d'un grand lac placé entre deux routes qui bifurquent. J'avais un bâton dans la main et je devais choisir laquelle des deux emprunter. Il faisait un temps neutre, ni sombre, ni lumineux. Les arbres étaient roussis par l'automne. Je me suis approchée du lac, j'ai touché la surface de l'eau avec mon bâton, mais celui-ci m'a échappé des mains et s'est transformé en un serpent qui a plongé profondément dans l'eau brune. Plus tard, un squelette m'a piqué avec une seringue à la lèvre, là où je sens de plus en plus de fourmillements...

Il fallait que je décide où aller après Serpa. J'avais encore quelques économies du temps de ma carrière de danseuse du ventre. Je parlais souvent avec Jorge au téléphone. Il était devenu mon interlocuteur préféré. Je lui ai demandé :

– Dis-moi, sincèrement Jorge, y a-t-il un problème avec moi ? Pourquoi je n'arrive pas à trouver un homme ? Il n'y a eu que toi dans ma vie qui ne m'ait pas fait de mal. Pourquoi, l'un après l'autre, les hommes m'abandonnent, pourquoi ont-ils peur de moi à ce point ? Tu as vécu avec moi, est-ce que je suis un monstre insupportable ?

– Non ma chérie, tu es très bonne et ce n'est pas difficile de vivre avec toi. Les hommes ne sont pas à la hauteur... Si tu étais toi-même un homme, ce serait plus facile, mais étant une femme, ils ne supportent pas de se sentir en dessous de toi.

– Mais personne n'est en dessous de qui que ce soit !

– Oui, mais eux ne pensent pas ainsi. Ils se comparent à toi. Viens ici à Humkara Dzong. On peut te construire une petite cabane. Claudio pourrait le faire. Tu auras un endroit à toi, comme ça tu pourras cesser de déménager ! C'est ça qu'il te faut.

J'ai pleuré quotidiennement pendant des semaines, des flots de larmes sans fin. Je devais quitter ma maison, j'étais triste. Mon chien, le joyeux et gigantesque Papo, me regardait avec de grands yeux interloqués. Il essayait de se coucher sur moi comme un chiot, mais il manquait m'étouffer sous son poids. Il était devenu le *Rafeiro* [bouvier] *do Alentejo* le plus grand de la région. Je n'avais pas su le dresser, je ne l'attachais pas et il n'en faisait qu'à sa tête, chassant les brebis ou avalant les téléphones portables de mes amis. Il était dingo, mais tout le monde l'adorait. Marco, de la troupe de théâtre, a repris ma maison aux orangers et mon chien. J'aimais profondément cet endroit, ce village impitoyablement chaud et froid selon les saisons, où les gens vivent en sourdine sans s'avouer leurs véritables sentiments, sauf quand ils chantent discrètement sous les arbres... J'aimais mes amis de Baal 17 et le maire avec ses havanes et sa tribu de moustachus, j'aimais les Tziganes de Serpa qui m'avaient adoptée comme l'une de leurs et me demandaient sans arrêt de venir à leurs célébrations évangélistes (où ils chantaient, dansaient et pleuraient pendant trois heures de toutes leurs forces), mais j'étais décidée à partir.

Gérard voulait revenir. Il était toujours à l'hôpital à Lisbonne, sous surveillance psychiatrique, mais je ne voulais plus de lui. Sa psychologue me racontait qu'il ne voyait d'autre lumière dans sa vie que de revenir avec moi. Elle précisait qu'il risquait de se suicider à nouveau. Je voulais bien l'aider à remonter la pente si je le pouvais, mais j'allais construire ma cabane en Algarve, sur les terres d'Humkara Dzong et ce serait ma propre maison, à moi seule. Gérard pourrait louer une maison dans la région, pas trop loin, s'il le souhaitait. Mais c'est tout.

S'entraîner à l'amour

Le *lodjong*, ou entraînement de l'esprit. Je n'avais encore jamais réussi à pratiquer l'échange des souffrances des autres contre ma propre lumière, j'avais trop peur. J'attendais le moment, j'attendais d'être prête, car je savais que cette voie était la mienne. Le *lodjong* est une pratique concrète et je la considère comme la reine de toutes les pratiques. C'est un ensemble d'instructions qui conduit à un revirement complet de l'esprit, il encourage à penser au bien des autres au lieu de tout centrer sur soi-même.

Dans le livre de Trungpa, les quarante-neuf stances du *lodjong* sont commentées en des termes plus contemporains. Par exemple : « Accepte tous les blâmes. » Trungpa explique ensuite pourquoi et comment. En réfléchissant, j'ai réalisé que cela m'était arrivé à deux reprises, dont une sans l'avoir fait exprès, un moment d'inspiration spontanée comme j'en ai parfois. La première fois, de passage à Paris où j'avais rendez-vous avec mon amour d'adolescence, Pierre Riazanski, j'ai rencontré par hasard ma tante, Lidia, la sœur de ma mère. Comme d'habitude, elle a commencé à m'insulter et à me rendre responsable de toutes les calamités qui ont frappé notre famille. Ce jour-là, j'ai dit « oui ». J'ai accepté tous les blâmes, comme ça, naturellement, sans savoir pourquoi. Plus elle m'insultait, plus je lui donnais raison. Elle a alors changé de ton, m'a emmenée chez elle, m'a offert des vêtements et des produits de maquillage. Il fallait que je devienne connue pour sauver la famille de la ruine, disait-elle. J'ai accepté, sans savoir comment j'y arriverais ; elle était contente et moi aussi. Ce fut la seule fois où ma tante et moi avons communiqué avec le cœur ; cela avait été possible parce que j'avais, pour une fois, lâché prise.

La deuxième fois, ça m'est arrivé avec Naomi, une de mes élèves « sporadiques ». Elle m'avait invitée à donner un stage pour ses élèves à elle. J'avais l'impression qu'elle imitait systématiquement toutes mes initiatives pour monter sa propre carrière : en effet, elle prétendait être la première et seule danseuse du ventre portugaise, un fieffé mensonge. Sa posture professionnelle m'irritait profondément et je la voyais s'engager sur une voie qui était à l'opposé de ce que je cherchais à transmettre. Malgré tout, j'avais accepté sa proposition. Elle m'a appelée un soir pour parler de l'organisation. Cet appel fut la goutte d'eau qui fit déborder le vase. Je me suis fâchée, j'ai hurlé, lui ai dit toutes les choses négatives que je pensais d'elle, puis, j'ai raccroché.

Le silence, le feu de cheminée qui crépite, le noir. J'ai eu honte. J'ai entendu Lili, ma petite voix intérieure, me dire : « Toi qui pratiques le dharma depuis tant d'années, toi qui as vécu tant de choses et qui as failli mourir... tu hurles contre une petite fille de 20 ans ? Quoi qu'il en soit, tu as tort ! Si tu en arrives à ce point, c'est toi qui déconnes, ma chère Myriam ! » J'ai appelé au secours tous les maîtres de la lignée, les Dakinis de sagesse. Trungpa m'est revenu en mémoire : « Accepte tous les blâmes. » Je me suis rappelée ma tante, j'ai décidé de changer d'attitude. J'ai rappelé Naomi et lui ai demandé pardon. Le jour de notre stage, je lui ai apporté un cadeau et j'étais décidée à accepter tout ce qu'elle dirait de moi. Cette décision, qui était technique, devenait facile à prendre, je n'avais qu'à suivre avec fermeté les instructions de Trungpa. J'étais encore persuadée qu'elle avait tort, mais je n'avais pas raison non plus. J'accepterai le mauvais rôle et je réciterai mes mantras tout bas. Trungpa me soutenait.

Après le stage, nous nous sommes assises à la table d'un café. Devant les élèves, Naomi avait joué le rôle glamour de mon amie de toujours, mais à présent, elle avait l'intention de me faire payer. Je lui ai offert son cadeau et lui ai demandé de me pardonner. Elle a continué sur sa lancée : « Tu sais, j'ai pitié de toi, tu es une femme très négative. » Je l'ai regardée et j'ai dit oui à tout. Plus j'acceptais, plus j'écoutais, plus je commençais à me voir moi-même à travers ses yeux. Et je voyais de quoi elle parlait. C'était vrai, il y avait en moi quelque chose de négatif. Ce n'était pas exactement ce qu'elle disait, mais quelque chose résonnait juste dans ses paroles. Je lui ai demandé : « Mais, si je suis mauvaise à ce point, que puis-je faire ? » La situation a basculé. Naomi m'a pris la main et nous avons parlé pendant deux heures.

Elle pleurait, me racontait ses souffrances intimes, son propre enfer, caché sous cet éternel sourire glamour. J'ai vu le miroir, nous étions des miroirs. Je l'ai vue, elle, et j'ai ressenti l'amour, pour de vrai. Nous avons éprouvé de la tendresse l'une pour l'autre, sans que cela implique une amitié durable. Nous venions de partager un moment sacré. J'ai remercié Trungpa du fond de mon cœur. La voilà, la force du Dharma. C'est simple, c'est à portée de main. Même Jésus l'a crié sur les toits, mais on tarde à comprendre qu'il faut vivre le sens des mots, au lieu de les répéter bêtement du bout des lèvres, moi comprise. Pourtant, je n'ai pas d'autre intention dans ma vie que d'atteindre l'éveil pour le bien de tous les êtres. Malgré tous mes efforts, que d'aveuglement ! Pour franchir les obstacles, persévérez et pacifiez vos démons.

Destruction

«I am a dancer upon the pain of all mankind. I destroy the dark and corrupt. My compassionate side is hidden, but for those whom I love, who have taken on my dark grace, I open a path of shining light with pain and sorrow left behind[54]*.»*

J. Denosky

54. «Je danse sur la souffrance du genre humain. Je détruis les obscurs et les corrompus. Ma compassion est cachée, mais pour ceux que j'aime, ceux qui embrassent ma grâce ténébreuse, j'ouvre un chemin de lumière radieuse qui laisse loin derrière la douleur et le chagrin.»

«Lili, ma Lili, tu es Vajra Yogini, la Kali, ma Tara, la muse de mes rêves, de mes cauchemars... celle qui chuchote des poèmes dans mon sommeil. Tu danses ma vie, mais j'ai du mal à te suivre... C'est un monde d'hommes et je suis trop sensible pour continuer à faire semblant. C'est à toi que j'ai pris l'habitude d'écrire dans mes carnets pendant toutes ces années.» (Serpa, 6 mai 2003).

Août 2003. J'ai une grosse tumeur cérébrale dans les méninges, du côté droit, au bas du crâne près des nerfs faciaux. Je dois prendre rendez-vous d'urgence avec un neurochirurgien. Ils disent que je dois me faire trépaner. Je sais désormais ce qui provoquait ces fourmillements sur mon visage depuis des mois et des mois. Un peu avant que je n'apprenne ce que j'avais vraiment, la situation a empiré: la zone s'était étendue depuis ma bouche jusqu'à tout le côté droit de mon visage et de mon crâne. Chaque fois que je me levais ou que je tournais la tête trop vite, toute cette surface s'anesthésiait pendant une minute environ. J'ai des acouphènes et des vertiges terribles, c'est devenu intenable. Je n'ai pas pu terminer ma tournée de stages.

C'est Ghaleb qui a pris les choses en main. Quand il m'a vue sur scène à Guimaraes – où je donnais mon spectacle *Lalita Nomada* – lui, médecin de formation, a compris que je n'allais pas bien. Il m'a envoyée à Santiago et m'a fait inscrire en priorité sur la liste d'attente pour un examen d'IRM pour lequel je n'ai rien payé. Il m'a installée dans son hôtel cinq étoiles. C'était une situation surréaliste, j'allais peut-être mourir, il était temps pour moi de préparer le projet de ma vie, *Danza Duende*, mon grand œuvre. J'ai acheté un cahier pour prendre des notes. Pour moi, la danse ne se réduisait pas à une forme, c'était une façon de vivre. Voici ce que j'ai écrit sur la première page : «... J'ai acheté ce cahier pour prendre, toutes notes confondues sur la vie, le projet *Duende*, les mots précieux que j'ai récoltés avec cet énorme sentiment de reconnaissance éternelle... la Quête.»

Dans le même temps, je ne supportais plus l'énergie vaseuse de Gérard, qui essayait pourtant d'avancer. J'ai donné du temps aux choses pour voir si elles changeaient dans un sens positif, organisé quelques expositions pour lui – il retrouvait peu à peu la mobilité de sa main droite. Je rentrais de la foire d'Obidos où j'avais dansé avec ma compagnie, les Salamantras, quand je l'ai croisé sur la route dans sa nouvelle camionnette blanche. C'était l'été 2003. Sa femme était venue le chercher pour le ramener au bercail, une fois de plus. Lorsque nos voitures se sont croisées, il s'est arrêté avec un grand sourire. Il faisait très chaud. Je les ai salués de la main sans freiner. Pour moi, le chapitre était clos. Quel soulagement ! En le reprenant définitivement, sa femme me rendait service ; je ne voulais plus jamais vivre avec lui, mais, quelque temps plus tard, Gérard s'est encore enfui de chez lui. Il m'a suivie de loin, comme une ombre, avec un regard complètement perdu dans le brouillard de son esprit, pendant le festival Andanças, avant de disparaître. Gérard a continué à rôder comme un fantôme avec sa camionnette blanche à travers les monts qui entourent Lisbonne. Je devais me concentrer sur ma santé et affronter une opération grave, je ne voulais plus de gens compliqués autour de moi. Paulo C. m'a rassurée : le Portugal avait développé de très bons services en neurochirurgie sous la direction de son ami, le Dr Joao Lobo Antunes.

Paulo m'a envoyé un long SMS dont je note ici un extrait :

> *« Chaque être humain a l'obligation éternelle de convertir tout ce qui est dur et brutal en tendresse et en délicate capitulation... l'émotion bien dirigée semble être le système magique de tout notre équilibre. Puisque c'est ainsi, Princesse, l'émotion n'est pas un luxe spirituel ou un souci, c'est le vestige de l'évolution biologique, ou encore, l'incarnation de la logique de sa propre survie... »*

J'ai eu de la chance, le Dr Lobo Antunes était sur la liste des neurochirurgiens de ma nouvelle assurance maladie portugaise ! Je suis allée à Lisbonne pour ma première consultation le 3 septembre 2003. Vers 10 heures, Gérard m'a appelée pour annoncer qu'il allait se tuer, mais je ne cède plus à son chantage. Il m'a dit : « Ce n'est pas un médecin qu'il me faut, c'est un exorciste. » La journée commençait mal... J'ai rencontré le docteur Lobo Antunes, un homme assez réservé et peu loquace, dont les yeux doux m'ont touchée. Ma tumeur est énorme, bénigne, mais mal placée. Il a été très honnête : « Ma fille, vous voulez savoir la vérité. La voici : vous pourriez rester paralysée ou même mourir. Cela arrive parfois et on ne peut pas vous garantir le succès. Pourquoi avez-vous attendu si longtemps ? Je ne me pardonnerai jamais d'abîmer une femme aussi belle que vous. Je ferai de mon mieux. On va vous prélever cette semaine assez de sang pour vous le retransfuser en cas d'hémorragie. »

J'ai pris la direction du pub O'Gilins à pied, le long du Tage. J'avais rendez-vous avec les filles de ma compagnie, les Salamantras, mais aussi la bande de musiciens français, les Aminches, que nous avions rencontrés au festival d'Obidos cet été-là. J'ai bu du vin rouge pendant le trajet. J'étais ivre, en transe lucide : j'allais être opérée, je risquais ma vie ou, au mieux, la paralysie... Je suis arrivée saoule chez O'Gilins. Il était encore tôt. Je me suis assise dans cet état extrême pour écrire le premier testament de ma vie :

« ...même si je ne pars pas, ce sera une mort ou une renaissance parce que je ne pourrais plus regarder la vie sous le prisme de l'attachement à l'existence. La perspective du futur en tant que morte est la plus saine puisque c'est la disponibilité totale, aimable et attentive. Sans angoisser au sujet de quoi que ce soit, mes peurs se dissolvent au fur et à mesure que je sais que je vais mourir. C'est une façon de commencer à vivre sérieusement. Je me sens profondément reconnaissante envers mes maîtres. Tellement ! Chögyam Trungpa que j'invoque avec ferveur, je te remercie de ton enseignement continu que je réalise goutte à goutte, de façon étrange, instant après instant, vie après vie. Tous mes Maîtres : Kunzang Chokyi Dordje, Cho kyi Nyima, Dilgo Khyentse, Tulku Pema Wangyal, Djigme Khyentse, le dalaï-lama... Je me sens reconnaissante envers mes professeurs, tous, mes sœurs, Irina, Shokry, France, Tarikavalli, Annie, Iris, mes frères, mes amants du passé pour lesquels je ressens pour toujours de l'amour et de la tendresse. Tous les élèves, tous mes ennemis, et puis tous ceux que je ne connais pas... Ils coulent dans mon sang et l'évocation de leur existence éveille de la joie dans mon cœur.

Paulo bien sûr, la présence toujours absente, le paradoxe suprême qui a probablement concrétisé en moi la compréhension de notions trop abstraites. Lui qui m'aime sans jamais s'immiscer. Mon prince, Jorge, qui est comme la chair de ma vie, la substance de mon chemin... Ma mère qui sera toujours le sens de l'humour incarné avec cette incorruptible et indispensable dignité qu'elle a voulu me transmettre... ma sœur pour qui je donnerai tout pour qu'elle comprenne que ce qu'elle cherche est déjà en elle... Comment faire pour que tous comprennent ? Chacun d'entre nous ne réalise qu'au moment opportun... Avant cela c'est comme si personne n'était là pour intégrer l'information... On souffre, on souffre sans rien comprendre...

Nina ma chérie, si je renonce au rôle de ta sœur, écoute-moi ! Calme-toi, et regarde au-dedans de toi, trouve ce que tu cherches en vain chez les autres. Ils ne peuvent rien faire d'autre que de refléter ta propre image... Repose-toi, respire, n'aie pas peur... nous mourrons tous et c'est l'antidote suprême contre la peur. Vivre c'est être prêt en permanence. Chögyam Trungpa, j'ai toujours voyagé auprès de toi. Je fais le vœu de te rencontrer. Tu m'as dit tant de choses que seulement vingt ans plus tard je commence à apercevoir une lueur, bien que j'aie eu l'arrogance d'avoir cru comprendre...

La Danza Duende *c'est vivre sur le fil du rasoir. Ayant renoncé à l'ambition et même à l'idée de devenir quelqu'un, la* Danza Duende *c'est vivre auprès de la mort parce qu'on y découvre une nouvelle perspective à l'heure de partir : et nous ne sommes pas pressés puisque ce n'est pas hier qu'on partira !... L'amour est la conséquence naturelle de l'inutilité de se défendre ou de maintenir quelque barrière que ce soit. Mon désir serait que nous soyons tous heureux.*

Ce n'est pas un espoir utopiste, c'est une évidence naturelle, ce désir, c'est ma maison primordiale. En fin de compte, c'est le point de départ et l'arrivée. Tout le reste, c'est l'art d'apprendre à danser le silence.

Nous inventons la substance de nos rêves, éveillés ou endormis. Il nous reste à comprendre l'humour de ce jeu d'enfants et à profiter de la perfection de la performance. Les coins secrets de mon esprit ne sont plus effrayants. C'est incroyable... horriblement, parfaitement et extra-ordinairement «normal». Tout ceci est parfaitement normal.

Pourquoi croire à l'humanité, se demandait Paulo? L'humanité tue ses croyances et ses rêves parce que c'est ainsi: c'est un jeu sans récompense. La découverte c'est qu'il n'y a jamais eu de trésor, c'est ça le trésor, il a toujours été là. C'est pour cela que le serpent se mord la queue, qu'il se mange lui-même sans cesse. C'est magique. La Danza Duende *c'est parler sans les mots. C'est la naissance libre d'attentes.»*

Pendant que j'écrivais ces mots, sous le double effet de l'alcool et de la perspective d'être trépanée, Gérard sautait du haut d'une antenne de quarante-cinq mètres. Son frère m'a annoncé sa mort le lendemain par téléphone.

Un mois avant l'opération, je suis partie me reposer chez Alfonso, au Pays basque espagnol, où personne ne viendrait me chercher. Alfonso et moi avons le même âge. Nous nous sommes rencontrés au festival Andanças et il m'a proposé de passer un moment là-bas, chez lui, à Vitoria. Il danse sans cesse et rit comme un enfant, il possède cette joie innocente qui le rend si réconfortant. Il m'a emmenée en montagne, nous avons visité les lieux historiques des légendes basques, nous avons écouté de la musique des années 1970 dont il raffole. Il est naïf et attaché à cette terre et à toute son histoire. Je me souviens d'avoir rêvé d'un mât auquel étaient suspendues des cordes. Des danseurs tenaient les cordes et volaient tout autour du mât.

J'en ai parlé à Alfonso qui m'a répondu que cette danse existait précisément dans la région où nous nous trouvions, sauf que les danseurs ne volaient pas, ils dansaient sur pointes. Il a accepté de m'accompagner dans cet étrange couloir de la mort ou de la renaissance sans me connaître et je lui en suis profondément reconnaissante. J'avais besoin de protection et de pureté, de force et de simplicité, comment rêver mieux ? C'est pour me préparer à partir en paix que j'ai accepté de venir chez Alfonso. Je ne pensais pas au passé ni au futur. Je me concentrais sur le présent et je cherchais la quiétude de mon esprit, instant après instant. J'ai même écrit une lettre à la plume pour Gérard, que j'ai placée près d'une chandelle rouge à l'entrée de la maison d'Alfonso. Un peu avant mon opération, j'ai donné un stage. J'ai réuni les Salamantras et leur ai dit que le plus important de tout, c'était de rayonner d'amour, de le générer, de le sentir et de le donner.

Le jeudi 9 octobre 2003, je suis passée sur le billard. L'opération a duré un peu plus de six heures. La veille, je me souviens avoir été très calme, un peu effrayée dans les tréfonds de mon cœur, mais d'une sérénité sans faille en surface. Je faisais des vœux sans cesse, celui d'être la danseuse d'un espace lumineux dans le cœur du ciel, de suivre et de sentir les vagues de l'océan, celui de ne pas craindre la perte de mes acquis ou les promesses de bonheur. C'était cela le plus difficile pour moi, j'avais peur de la souffrance et surtout de la renaissance. Revenir, renaître encore sur cette terre ou une autre, tout recommencer sans plus savoir ce que j'avais appris avant, me terrifiait. Ma dernière phrase avant de partir en salle d'opération, je l'ai écrite dans ma chambre d'hôpital sur le cahier destiné à *Danza Duende* : *« La Sagesse dépend de notre capacité de libération par rapport aux attachements à l'idée solide et fixe d'un soi indépendant de celui des autres, ainsi que de la libération des conséquentes déceptions qui découlent de cette fixation erronée. »*

Après l'opération, une infirmière m'a lavée avec une éponge imbibée de savon et d'eau tiède. Cela a été une des sensations les plus extraordinaires de ma vie. Elle me manipulait avec une extrême dextérité et la plus grande prudence. Je portais un énorme bandage sur le crâne et je supportais difficilement quelque mouvement que ce soit. J'avais l'impression que rien ne pourrait me soulager mieux que cette éponge sur ma peau et la délicatesse apportée à son travail par une infirmière dont je ne connaissais pas le nom. Le contraste entre la souffrance et cette extrême douceur est resté gravé dans ma mémoire comme un moment de pure tendresse.

Le lendemain, je me sentais mieux que je n'aurais pu l'imaginer. J'arrivais presque à me tenir debout. Avant l'opération, j'avais assez de vertiges pour déséquilibrer une personne normale, mais cela ne perturbait pas ma locomotion – peut-être grâce à mes entraînements en tours soufis et en arts martiaux. En revanche je voyais double. J'ai paniqué ! En même temps, je n'étais pas paralysée, j'étais vivante, il me suffisait donc simplement de fermer un œil pour voir normalement... Le médecin a dit que cela se remettrait tout seul avec le temps... Au pire, je pourrais toujours voir un ophtalmo dans six mois.

Le docteur Lobo Antunes est un saint. Il est dévoué corps et âme à son métier. Il m'appelait « Ma fille » et s'étonnait du nombre incroyable de personnes qui venaient me voir, sans pour autant qu'une seule d'entre elles soit de ma famille. Le lendemain de l'opération, une infirmière est rentrée dans ma chambre, affolée. Elle a demandé à Alfonso, qui était là, s'il était mon mari ou mon frère, et lui a tendu une enveloppe : c'était la tumeur qui devait partir pour une biopsie ! Il fallait l'emmener tout de suite au laboratoire car le frigo était en panne, et par cette chaleur la tumeur ne se conserverait pas ! Alfonso est parti en bougonnant : « Ce Portugal, quel pays ! C'est incroyable ! »

J'ai passé ma convalescence chez Marcia, une amie chère d'Humkara Dzong. Elle m'a accueillie chez elle et a pris soin de moi comme on le ferait d'un bébé. Ma chambre surplombait le jardin botanique de Lisbonne. On l'appelle la « chambre des lamas » car c'est ici qu'ils logent quand ils viennent enseigner au centre bouddhiste. J'avais plein d'arbres sous les yeux et une bande de perruches vertes phosphorescentes en liberté, nichées en face de la grande fenêtre. À travers les feuillages, j'apercevais la merveilleuse et poétique Lisbonne, une des plus belles villes du monde...

J'admirais beaucoup Marcia, tellement douce, tellement affectueuse, avec son accent brésilien. Quand elle parlait au téléphone avec son mari, elle l'inondait de paroles sensuelles : « Ô mon amour, mon *gato*, que vous me manquez ! Je vous adore, vous êtes tellement merveilleux... » Je me demandais si j'arriverais un jour à m'exprimer de cette façon. Dans ma famille, nous avions l'habitude de déguiser nos sentiments par des railleries. Le miel doré des mots d'amour me fascine, mais ils ne sortent pas de ma bouche... Quelques jours après l'opération, mon nez s'est mis à couler, comme un robinet d'eau salée. Marcia a cru que j'étais enrhumée, mais c'était autre chose. Heureusement, le docteur m'avait donné son numéro de téléphone personnel.

«Vous devez venir tout de suite. On doit vous opérer à nouveau. Ce n'est pas grave, ne vous inquiétez pas. C'est très rare, mais cela arrive. Votre corps a absorbé le produit à base de cire d'abeille qu'on a utilisé pour boucher le trou dans votre crâne. C'est le liquide céphalo-rachidien qui coule par votre nez. C'est dangereux car vous êtes sujette aux méningites... Il faut vous opérer à nouveau. On doit refermer votre crâne avec une autre matière plus dure, à base de ciment.»

J'ai été opérée une deuxième fois le 28 octobre 2003. Cette fois je n'étais pas dans le luxueux CUF, mais à l'hôpital Santa-Maria, histoire d'économiser le peu d'argent qu'il me restait. J'avais presque tout donné pour la construction de ma cabane et je ne travaillais plus. J'avais bien supporté la trépanation, mais cette seconde intervention m'a complètement anéantie. Je me souviens avoir étouffé pendant l'anesthésie. Je suis revenue à moi neuf heures plus tard, la gorge blessée. En principe, l'intervention devait durer deux heures. Je ressemblais à une ivrogne en fin de parcours, le visage gonflé et des poches énormes sous les yeux. Mes amies Marcia et Irène ont eu peur en me voyant. Je suis retournée à Vitoria. Je voyais encore double, mais mon champ de vision s'est progressivement ouvert en haut, à droite... Je voulais me faire fabriquer un cache-œil glamour avec une cible et une pin-up dessinée au centre, mais le médecin me recommandait d'ouvrir les deux yeux, même si c'était pénible. Je voyais donc deux images superposées, sous deux perspectives différentes. Par contre, je ne supportais ni les ordinateurs ni les bruits ni les supermarchés.

« À travers le temps, les zigzags,
Les morts,
Je suis devenue transe lucide,
Je surfe le ciel,
Je chevauche les nuages
Du souvenir
Sans rien retenir,
Sans jamais rien oublier. »

Au Pays basque, j'ai passé tout le temps de ma convalescence à préparer *Danza Duende* et à élaborer une stratégie pour le lancer. J'ai pris des notes fiévreusement pour consigner l'essence de ce projet, qui consiste à danser sa vie en la pratiquant au quotidien. Je vivais ma recherche de façon si intense que pendant la nuit je recevais des messages en rêve. J'avais fait des recherches sur le Pays basque afin de comprendre ce qu'on appelle le « problème basque ». Leur problème est le même que celui de la majorité des gens ailleurs : ils n'aiment pas le pouvoir en place.

Je ne crois pas à la politique. Je cherche des voies éducatives qui transforment l'être humain sans le rationaliser à outrance, en intégrant la raison d'une autre façon. Retrouver notre potentiel de sagesse au lieu de courir à la catastrophe du « progrès » en nous prenant au sérieux, «preuves scientifiques» à l'appui ! Notre cerveau est extraordinaire et nous ne savons pas nous en servir convenablement. Nous devons réconcilier le masculin et le féminin en chacun d'entre nous. Nous pouvons nous métamorphoser positivement, en passant d'une responsabilité individuelle à un sens commun de notre interdépendance.

L'éducation en *Danza Duende* consiste à se comprendre et à transformer la façon dont on «s'expérimente soi-même» en effectuant des mouvements : marcher, cuisiner, conduire, tout est une danse. Toute action est un mouvement qu'on danserait ; il peut devenir un outil poétique. Marcher, cela peut être danser, mais marcher en l'expérimentant comme une danse, ce n'est pas pareil que de marcher en réfléchissant à la liste des courses. Danser est toujours un acte de liberté, de poésie, de conscience de l'espace et d'union ; c'est un yoga libéré de la technique, à condition qu'on établisse un contact direct avec le monde invisible, la nature de l'esprit. La danse est un lien spontané avec toutes les perceptions, mais le chant ne doit pas non plus être séparé de la danse. Lorsque nous plongeons en nous-même de cette façon, nous découvrons que notre sagesse est voilée, dissimulée par nos habitudes. *Danza Duende* est une danse des voiles et ces voiles deviennent des ornements au lieu de nous obscurcir la vue et le cœur.

Je commençais à trouver des voies concrètes pour l'enseignement. D'abord, j'ai organisé une tournée avec un maximum d'élèves. Je voulais attirer un public intéressé par ma façon d'enseigner, qui n'est jamais linéaire et qui amorce l'apprentissage sur tous les fronts en même temps, sans les séparer. Le public féminin, plus émotionnel, est idéal. J'allais monter un réseau de personnes qui croient à l'amour et qui le pratiquent sincèrement au quotidien, sans prôner l'efficacité, mais le ressenti. Danser sa vie est un acte poétique, contagieux et libre, directement branché sur la nature impermanente du monde.

Pour la première phase de ma stratégie, j'ai monté un stage de danse *Gipsy Duende* très complexe, reprenant le processus de conscience de l'espace, de gestion des émotions, de transformation de la souffrance, de générosité dans l'acte artistique. La chorégraphie était aguichante. Les élèves avaient envie d'en savoir plus. Je les ai guidées progressivement et j'ai abordé l'entraînement dans la perspective du spectacle. La spiritualité selon *Danza Duende* est un art, pas forcément une religion. Le stage s'appelait « SEX », comme le titre de la musique de Bregovic sur laquelle nous dansions.

La seconde phase consistait à convaincre les élèves d'étudier les entraînements de l'esprit sous-jacents à ma façon déroutante de donner les cours. Par exemple : comment se regarder dans un miroir ? Est-ce que mes yeux accrochés dans le miroir conditionnent ma façon de vivre ma danse ? Faut-il rejeter le miroir ? Le plus important est de comprendre son propre regard afin de ne pas rester esclave d'une image. C'est l'espace qu'il faut regarder dans le miroir, pas uniquement les formes. Il s'agit d'apprendre à regarder, à écouter, à respirer en dansant. Il suffisait que quelques élèves tombent amoureuses de *Danza Duende* pour pouvoir amorcer le projet. Pour la troisième phase, je souhaitais créer des collaborations, vérifier les résultats et leur validité à long terme.

Alfonso et moi attendions que ma maison soit construite pour que je déménage à Humkara Dzong.

En juin 2004, j'ai installé toutes mes affaires dans ma petite cabane sur pilotis ! C'était trop beau pour être vrai : une maison pour moi, d'où je ne devrais jamais partir... Elle était si jolie ! Simple, austère, parfaite. Je pouvais même danser à l'intérieur. Après avoir rangé mes affaires, j'ai laissé la clef à des amis et je suis partie donner un spectacle à Serpa, puis un autre à Lisbonne où j'ai travaillé avec Joao Pinto et mon amie élève et danseuse Monica Roncon sur le premier DVD de *Danza Duende*. Cet été-là, il faisait une chaleur incommensurable. Quarante degrés la nuit ! Une sécheresse épouvantable. Des incendies ont ravagé tout l'Algarve. Alors que nous étions en train de graver des images pour le DVD, Jorge m'a appelée. Il était essoufflé, j'ai eu peur pour lui : « Je suis désolé, je n'ai pas pu sauver la maison ! Tout a brûlé ! Il ne reste plus rien. »

Tout ce qui avait été ma vie était détruit, calciné, nettoyé. Curieusement, je n'étais même pas en état de choc. Après tant de déboires, je me sentais bien, presque soulagée. J'avais tellement préparé ma propre mort depuis des mois que le sacrifice de ma maison et de toutes mes affaires était un point final sensé dans ce scénario. Monica et Joao me regardaient, éberlués, je leur ai dit : « Il ne me reste plus rien. Le DVD que nous tournons est la seule chose qui me reste. Alors faisons-le. » Cinq minutes après avoir appris que l'incendie avait fait table rase de ce qui restait de mon passé, nous avons enregistré l'interview qui allait servir à introduire *Danza Duende* dans le monde. Nous avons oublié ma maison sacrifiée pour nous consacrer au moment présent.

CHAPITRE 7

2004-2011
Danza Duende

«Les bouddhas chantent et dansent certainement ! Aucun doute, chanter et danser sont des pratiques profondes ! En pratiquant profondément le chant et la danse, nous atteignons l'éveil ! Quelle merveille !»

Khenpo Tsultrim Gyamtso Rinpoché

Dharma Art

Je suis retournée à Humkara Dzong. Toute la région était calcinée, noire de suie, les arbres recroquevillés – une odeur de barbecue planait à des kilomètres à la ronde. Il faisait une chaleur accablante. Ringu Tulku Rinpoché avait décidé de ne pas annuler le séminaire et de présenter ses enseignements dans cette désolation. Les maisons en haut de la colline n'avaient pas brûlé ; on pouvait s'y réunir comme prévu. Jorge m'avait dit qu'il n'y avait rien à faire, que tout était en cendres fines... C'était vrai.

Pendant le trajet, je me demandais comment j'allais réagir. Heureusement, je n'avais pas grand-chose à perdre. J'étais heureuse de retrouver Ringu Tulku, l'un des maîtres merveilleux dont je suivais les enseignements depuis quelques années avec un plaisir croissant. Comme souvent dans cette région, le paysage baignait dans une magnifique lumière dorée et je roulais à travers les rayons du soleil. En arrivant à Humkara Dzong, je me suis rendue directement sur l'emplacement de ma cabane de rondins. Ce qui avait été, un mois auparavant, une petite maison posée sur des pilotis et entourée d'un balcon donnant sur un fabuleux panorama, était devenu un espace vide. Plus rien que de l'espace ! En bas, au pied des fondations carbonisées, un épais tapis de poussière. J'ai d'abord pensé : « Comme c'est petit ! », puis : « Si c'est petit à mes yeux, c'est petit aussi dans mon esprit ! ». J'ai éclaté de rire en remarquant les vestiges d'un pot de chambre en émail, d'un bracelet et une page de livre qu'on pouvait encore lire si on ne soufflait pas dessus. Mon doigt est passé à travers.

Ringu Tulku avait entendu parler de mon histoire car j'étais la plus touchée par l'incendie. Constatant que j'étais de bonne humeur, il a demandé à me rencontrer et j'ai été invitée à déjeuner avec lui et d'autres disciples. J'avais de la chance : l'incendie a servi à me rapprocher de cet homme merveilleux ! Peu de temps après, j'ai pris un avion pour les États-Unis. Je n'avais plus un sou, plus de toit, mais un projet en chantier et une Samsonite à roulettes bleu marine que j'avais remplie de l'essentiel pour aller dans le Colorado : un anorak, un chapeau, un pull, un pantalon, deux paires de chaussettes, quelques slips et une lampe de poche. Ele Juarez, un ami espagnol producteur de cinéma, impressionné par le récit de mes aventures, avait payé mon voyage. Ele vient du grec *Elefther*, qui signifie liberté... Pour la première fois depuis le décès de Chögyam Trungpa, dix-sept ans plus tôt, l'association américaine Shambhala organisait une rencontre autour de ce maître de la lignée Kagyu établi dans le Colorado depuis 1970. J'allais enfin en savoir plus... Une de mes élèves portugaises m'avait introduite dans le milieu de la *Beat Generation* dont Trungpa était proche.

Qu'est-ce qui m'a pris d'aller à Denver? Encore convalescente, en février dernier, j'ai cherché à Vitoria *Shambhala* en espagnol pour l'offrir à Ele. La librairie ne l'avait pas, en revanche il avait un titre de Trungpa que je ne connaissais pas: *Dharma Art*. Mon cœur s'est accéléré. Je butais alors sur comment expliquer le concept de *Danza Duende* en quelques lignes. Je pondais de longs discours, incompréhensibles pour les autres, sans réussir à synthétiser l'ensemble. Remplie d'une soudaine certitude, j'ai saisi l'ouvrage sur l'étagère de la librairie. Je me trouvais à un moment crucial de ma vie, je le savais. Deux fois déjà, Trungpa m'avait fait le coup: la première fois avec *Au-delà du matérialisme spirituel*, lu quand j'avais 16 ans, la seconde avec *Shambhala* à l'hôpital. Jamais deux sans trois. J'ai retourné *Dharma Art* pour lire la présentation:

> «*...l'expression* Dharma Art *ne signifie pas un art représentant des symboles ou des idées bouddhiques... elle renvoie à un art jaillissant d'un certain état d'esprit chez l'artiste, qu'on pourrait appeler état méditatif. Il s'agit d'adopter une attitude directe dans son travail de création, sans s'attarder sur soi-même.*

> *Le message se résume à apprécier la nature des choses telles qu'elles sont et à l'exprimer, sans le combat des pensées et des peurs. On abandonne l'agression envers soi-même, soit l'obligation de s'efforcer pour impressionner l'autre, et l'agression à l'égard d'autrui, soit l'intention de le faire marcher.* »

Le choc ! Ce que je cherchais comme une dingue depuis toujours, Trungpa l'avait fait ! Depuis que je cherchais ma voie, j'avais avancé seule. Je voulais apprendre son *Dharma Art*, mais je me demandais si *Danza Duende* en était une nouvelle sorte. J'avais enfin trouvé ma maison, ma patrie, mon paysage. En transe, j'ai dévoré le livre : ce que j'avais moi-même ressenti, ce que j'avais expérimenté et défendu depuis des années, le plus souvent en opposition avec les artistes que je rencontrais, tout y était ! Je m'étais brûlé les ailes à ce jeu, seule contre tous. Cet ouvrage résumait tout ! Luttant contre les moulins du matérialisme artistique dans un délire surréaliste depuis des années, je ne me sentais plus isolée ! *Danza Duende* n'était pas une idée folle dans ma tête extravertie, c'était la direction inévitable de ma vie, ce pourquoi je n'avais jamais arrêté de chercher, encore et encore. Depuis mon enfance, je savais que je ne m'arrêterais pour m'installer qu'une fois découverte la nature du mystère impalpable que je devais résoudre. Quelle était la danse de la vie qui serait utile à mon monde, celui dont j'avais hérité et qui dégringolait de plus en plus vite autour de moi ? J'avais toujours su que je cherchais quelque chose, que c'était prioritaire, que j'étais née pour cela.

Ma vie change, je me transforme, je suis sur la bonne voie. Aux États-Unis, j'ai rencontré des gens extraordinaires, j'ai trouvé les informations dont j'avais besoin et j'ai reçu les pratiques de Trungpa Rinpoché. J'aurais pu le rencontrer de son vivant et étudier à ses côtés... Sans pour autant regretter ce que j'ai fait, chaque fois que j'y pense, cela me serre le cœur et m'arrache un flot de larmes. Ses pratiques ont débloqué mon esprit. Inspirée comme jamais, je reçois des messages sous forme de symboles, de visions et de chants. Quelque chose s'est dénoué, une porte s'ouvre, un esprit rayonnant m'habite. Depuis des années, Paulo et moi conversions pendant des heures au téléphone. Il m'appelait de partout, du Japon, de New York, de Jordanie, du pôle Nord aussi, une fois... Il disait qu'il avait vu écrit sur le sable dans une réserve indienne au Colorado : «*Ride the wind of spirit, wild and free forever*[55].»

J'avais repris le slogan *Wild and free forever* pour les Salamantras, mais maintenant que j'étais aux États-Unis, je voulais prendre contact avec une tribu pour parler de la danse avec les Amérindiens. Finalement, je me suis décidée à entrer dans un bâtiment que j'avais repéré depuis des semaines : Native American Rights Fund. Un édifice un peu sombre, mal entretenu, à l'entrée d'un chemin conduisant à l'un des nombreux parcs de Boulder. Un autre monde. À l'intérieur, il n'y avait pas de bruit, tout paraissait ralenti. Un type derrière le comptoir me regardait tranquillement. J'ai dit : «Je ne sais pas pourquoi je suis là, mais je voudrais savoir quelles sont vos activités. – Je vais appeler quelqu'un.» Un long moment d'attente. J'ai feuilleté les prospectus,

55. «Chevauche le vent de l'esprit, sauvage et libre pour toujours.»

j'ai lu les affiches suspendues au mur ; les marches de l'énorme escalier noir en bois brut ont craqué et un homme aux longs cheveux noirs est apparu. Il m'a lancé : « Ha ! Vous êtes là ! Bonjour, je vous attendais... Vous m'invitez à déjeuner ? Je m'appelle Ray.
– Euh... oui, OK. »

Ray m'a immédiatement paru sympathique. Il est par la suite devenu l'un de mes amis les plus chers. Nous nous sommes rencontrés tous les jours suivants pour boire un thé ou une bière ou pour marcher. Ray tenait à ce que nous nous voyions souvent. Une fois, il m'a emmenée en haut d'une montagne. Nous regardions en silence le paysage, les oiseaux. Au bout d'un moment, je lui ai dit : « La danse est un acte magique pour ton peuple. Le climat peut changer grâce à la danse, non ? J'ai remarqué que cela arrive pendant nos stages, le climat nous répond. » Il a marqué une pause, puis : « La danse est très puissante. (Pause.) Elle a toujours été puissante. (Pause) Elle le sera toujours. »

J'étais dans un film, mais en mieux. Ray, comme tous les Amérindiens, parle vraiment de cette manière, simple, nue, directe. Un oiseau est passé au-dessus de nous, le vent soulevait nos cheveux... Ray m'a raconté les initiations, les pouvoirs de la danse et du chant... Il m'a donné un CD avec de la musique enregistrée pendant une cérémonie, en promettant de m'emmener à une danse du Soleil, un rituel amérindien pour initier les hommes au courage.

En même temps, je me renseignais sur les enseignements de Shambhala, celui du *Mudra Space Awareness* qui consiste à développer la perception de l'espace avec Lee Worley, la danse contemporaine contemplative avec Barbara Dilley, les cours de théâtre de l'école Jacques Lecoq avec Amy Russel, la peinture des *tankas*[56] et les *ikebanas*[57] avec Greg Smith... Pendant des heures et des heures, j'ai visionné des archives filmées de conférences de Trungpa dans l'université de Naropa, mais je ne trouvais personne qui puisse me dire ce qu'était le *Dharma Art*. Après m'avoir vue assise pendant six heures d'affilée devant l'écran, à prendre des notes, le bibliothécaire de Naropa University, compatissant, m'a offert les transcriptions des conférences : «Tenez, prenez-les. Je n'ai pas le droit de faire ça, mais comme personne ne les consulte jamais ! Et vous avez l'air tellement motivée !»

Les conférences de Trungpa sous forme de cahiers ! Une vraie bénédiction ! Walter Fordham, un ancien proche de Chögyam Trungpa, a fini par me conseiller de rencontrer Jack Niland qui vit à New York et qui a reçu la transmission du *Dharma Art*. Justement j'avais prévu d'y passer trois jours alors que je n'y connaissais personne, que je me fichais du tourisme et n'avais pas d'endroit où loger. L'intuition ? Les Dakinis ? Walter a contacté Jack, qui était tellement enthousiaste qu'il m'a fait peur. Je devais loger chez un de ses copains. Le lendemain matin de mon arrivée, il est venu me chercher. Il était pâle et souffrait d'une forte crise d'asthme. Il m'a proposé de marcher jusque chez lui et nous avons bavardé en chemin. Il avançait lentement, il devait s'arrêter pour respirer de temps en temps. La chambre de Jack était un petit réduit rempli d'objets et de photos liés à Trungpa Rinpoché. Profondément déprimé depuis sa mort

56. Peintures traditionnelles bouddhistes.
57. Art de l'arrangement floral originaire du Japon qui permet l'ouverture à soi et au monde.

en 1987, Jack vivait en reclus. Il ne travaillait plus, n'enseignait pas et buvait trop. Alors qu'il avait reçu de Trungpa toutes les transmissions du *Dharma Art*, les plus difficiles à saisir car elles ne sont pas linéaires ni formatées, il dormait sur son savoir et attendait le miracle qui le sortirait de sa longue léthargie.

Il m'a parlé pendant des heures, il voulait tout transmettre, tout raconter, sa rencontre avec Trungpa, leur vie ensemble, les enseignements, sa propre difficulté à assumer son destin. Il m'a montré des notes écrites de la main même de Trungpa. Impossible de l'arrêter pendant qu'il parlait de « Chögyi », les yeux brillants, le visage plein d'amour et de nostalgie. Jack est un génie, il a un talent extraordinaire pour le dessin et le symbolisme. L'histoire de sa rencontre avec Chögyi est un conte contemporain fascinant. Ils se sont appréciés dès le premier jour. Trungpa avait prédit que le *Dharma Art*, étant l'essence même de tout ce qu'il avait enseigné, serait l'enseignement qui percerait le plus lentement. Dans le futur, les jeunes chercheraient d'autres voies spirituelles. Ils en auraient marre des religions et des organisations spirituelles auxquelles ils ne font déjà plus confiance. Ils chercheraient individuellement une spiritualité authentique à travers l'art, sans plus s'agglomérer autour d'un leader.

L'art est notre quotidien, il se trouve dans chaque détail de notre vie. J'avais remarqué ces changements chez les jeunes, je les reniflais. Il fallait proposer de nouvelles façons d'apprendre, de nouvelles façons d'utiliser les perceptions pour ne plus être aliéné à des structures lourdes et envahissantes. Il fallait, grâce à l'art, libérer le monde, se détacher des tyrannies matérielles, apprendre à se contenter de l'essentiel au lieu de consommer. Trouver la richesse dans la vie, pas dans la peur de la vie. L'art de se réveiller, de voir ses amis toujours pour la première fois, de pardonner, de donner, de se donner. En dansant la vie. Trungpa aurait dit : « Pour créer une société éveillée, il faut changer la culture. Pour changer la culture, il faut changer l'art. Pour changer l'art, il faut changer la façon dont l'art est enseigné... »

À partir de ce moment-là, j'ai commencé à voir des formes géométriques apparaître dans mon esprit. Je les dessinais comme si elles étaient des formules résumant la façon de construire les enseignements de *Danza Duende*. Je rêvais de choses inhabituelles, j'avais de soudaines intuitions, j'entendais des enseignements que je n'arrivais pas toujours à ramener à ma conscience éveillée. Je savais que j'avais compris quelque chose, mais je ne pouvais pas l'expliquer. Une fois, j'ai dessiné une figure qui résumait l'idée principale du premier stage de *Danza Duende* et Jack m'a montré un dessin de Trungpa. C'était exactement le même ! « Un jour, Chögyi a fait ce croquis en me disant : Si tu comprends ceci, tu as tout compris. » a-t-il affirmé.

Dans le graphique qui m'était apparu en méditation, un des traits était légèrement dévié, le reste était strictement identique. Jack m'a raconté sa propre histoire :

« J'ai arrêté de boire il y a quelques mois. Je dois aussi arrêter de fumer, comme tu peux le constater (Il a toussé)... Regarde la Tara sur mon autel, elle a un chignon, comme toi. Je l'ai peinte moi-même. Je lui ai promis de sortir *Dharma Art* du tiroir à partir de l'équinoxe, le 22 septembre de cette année. J'ai demandé à Tara de m'envoyer une danseuse pour m'inspirer, et regarde cette Esmeralda en plastique sur l'autel, c'est toi, Myriam. Tara t'a envoyée.»

Je commençais à comprendre son enthousiasme débordant et le regard ébloui de ses amis. Jack m'a offert la petite figurine d'Esmeralda – Walter m'avait présentée à lui comme une danseuse gitane et de fait, j'avais un chignon au sommet du crâne, comme la Tara qu'il avait peinte ; de plus, je devais quitter New York le 22 septembre, à l'heure de l'équinoxe. C'était troublant et étrange, mais il existe bien un «système» magique dans les lignées de transmissions tantriques. Un enseignement est légué de diverses façons, la plus importante, c'est l'esprit, comme si on déversait son contenu d'une personne à l'autre. Cette diffusion passe par la dévotion, c'est-à-dire un amour inconditionnel. Cette dévotion peut exister en présence ou en l'absence de contact physique entre les deux êtres. C'est une énergie, comparable à un fleuve dont le courant est intelligent – il transporte des informations, des émotions, des visions, des mots, des images, des idées entre les deux personnes impliquées.

Pour les Occidentaux de nos temps de progrès, de speed, de paranoïa et de compétition à outrance, la dévotion est une hérésie, un sentiment incompréhensible. Le culte de l'arrogance bat son plein, il faut sans cesse prouver qu'on est le meilleur – ou le pire –, se concevoir en tant qu'êtres indépendants de notre environnement, ce qui est faux : nous ne sommes ni autonomes ni permanents ni indivisibles, et la science l'a prouvé depuis longtemps. On se perçoit rarement soi-même comme partie consciente d'un tout, dotée d'une capacité de communication avec ce tout, pourtant, c'est ce que nous sommes. L'art recèle les symboles qui communiquent la sagesse dont nous nous sommes amputés depuis des siècles. Ces symboles sont accessibles dans les brèches non conceptuelles de notre conscience, mais nous sommes sans arrêt plongés dans une guerre sans issue entre deux pôles paradoxaux, le masculin et le féminin, le rationnel et l'intuitif, le dehors et le dedans. Comme si nos deux hémisphères cérébraux, nos yeux, nos bras, nos jambes, notre système sanguin voulaient se battre.

Dans les mythes orientaux, on appelle notre époque «l'âge de la décadence», le Kaliyuga, époque pendant laquelle la souffrance est grande, parce que l'être humain se permet le meurtre, le mensonge, le viol, la haine… Les concepts – conditionnés par une éducation des perceptions fragmentaire et dualiste – se soutiennent les uns les autres sans laisser d'espace aux perceptions plus raffinées. Nous ne donnons pas la priorité à notre capacité d'aimer. On en voit le résultat dans la tournure dramatique que prennent la politique mondiale, la pollution, la surpopulation, les injustices financées par des multinationales partout dans le monde. Comment une espèce intelligente peut-elle devenir aussi stupide?

Ces multinationales, fruits de notre façon de penser à tous, ont besoin que nous validions leur vision, déconnectée de notre nature, afin de continuer à gonfler inutilement leurs profits, exactement comme le font nos propres egos en l'absence de compassion. Une vision conceptuelle et rigide de la vie, agressive et parfois même sarcastique, ne permet pas d'ouvrir la brèche qui nous aiderait à comprendre la signification du mot «dévotion». Ce serait comme parler à un poisson rouge des plaisirs de l'alpinisme. Une personne soumise à ses concepts, trop occupée à s'affranchir de sa peur en l'ignorant, et à défendre ses propres opinions, ne voudra jamais écouter. Beaucoup croient que la dévotion est le symptôme d'une déviation émotionnelle. La porte magique qui s'ouvre dans le cœur de l'heureux par cette grâce lumineuse est à lui seul réservée. L'amour est la source de ses yeux brillants ! Sur ce sujet, les poèmes du visionnaire perse Rûmi sont éloquents : « *Ô toi qui es devenu l'âme des créatures/ Dans les ténèbres du doute tu es devenu le flambeau de la foi/ Dans mon cœur tu es devenu chanteur/ Dans mon esprit tu es devenu comme du vin dansant*[58] ».

La dévotion du cœur est l'opposé du prosélytisme et du fanatisme issus de la paranoïa culturelle et elle-même fruit de notre rigidité. La différence entre un être inspiré par l'amour et un fanatique intransigeant se voit dans la façon dont leur cerveau et leur corps fonctionnent. Leurs fréquences vibratoires, c'est-à-dire leurs énergies, sont dissemblables. L'amoureux aime, accueille, nourrit, se donne, s'ouvre de plus en plus ; le fanatique hait, détruit, se méfie, se défend, se justifie.

La capacité de dévotion a été une des grandes chances de ma vie. Sans elle, je n'aurais pas appris à aimer, à pardonner, à aller au-delà de mes attentes égocentriques. Les vicissitudes de la vie n'ont aucune prise sur celui que la grâce de la dévotion inonde. Les larmes montent aux yeux et le cœur est doux, courageux, disponible. On peut perdre cet état, mais, pendant l'expérience de cette émotion, toute dualité en soi disparaît. La dévotion s'amplifie avec le temps. Ce n'est plus une déesse, un dieu, un saint ou une

58. Rubâi'yât – Rūnt.

dakini, cela devient tout ce qui m'arrive, les arbres, l'eau du robinet, le souvenir de quelqu'un, la prise de conscience des chaînes interdépendantes entre les événements, les gens, les éléments. Le monde entier est devenu l'objet de mon attendrissement le plus profond. Voir avec l'œil de la dévotion habille les phénomènes de couleurs vives et de saveurs contrastées. Le sens du sacré brille à travers les choses banales. La grâce de découvrir le trésor de l'humanité, ce qui se cache dans le secret de notre âme, c'est apprécier la simplicité du verbe être. S'incliner devant les autres est un acte de noblesse qui me remplit d'inspiration, de vaillance et de gratitude. Tout ne devient pas rose, mais les choses apparaissent authentiques, brillantes et contrastées ; ma sensibilité à fleur de peau me permet de percevoir tout cela. Vivre ces instants réveille en moi une force intérieure indestructible.

Beaucoup de personnes rationnelles se prétendent « ouvertes », mais ont une sorte de mépris, plus ou moins subtil, envers ceux qui ne se cantonnent pas, comme eux, à de solides opinions basées sur des certitudes soi-disant immuables. Malheureusement, ce réflexe arrogant est non seulement extrêmement répandu, mais valorisé. Il se niche derrière les plaisanteries de mauvais goût, derrière les réactions offensées et les railleries. Je l'ai rencontré toute ma vie sous la forme de gens qui voulaient me décourager dans mes entreprises. Plus ma dévotion grandit, plus je me sens forte, plus je comprends les obstacles qui se dressent sur ma route. Ils sont le nec plus ultra de mon apprentissage. Sans dévotion, jamais il n'y aurait eu ni *Danza Duende* ni *Dharma Art*...

Avant mon départ, Jack a photocopié pour moi les pièces de théâtre de Chögyam Trungpa. Il m'a aussi donné son dernier badge *Dharma Art*, comme pour me donner l'autorisation de poursuivre *Danza Duende* en l'inscrivant dans ce mouvement. J'ai choisi de jouer pleinement mon rôle de Tara pour lui dire : « S'il te plaît, sors de ta chambre, arrête de fumer et enseigne *Dharma Art*. Tu es génial ! Trungpa t'a tout transmis ! Nous en avons besoin, je t'en prie ! Il est temps... »

Jack m'a regardée avec intensité. Il a changé de couleur. Des perles de transpiration coulaient sur son front. Sans laisser rien voir, je transpirais de panique, moi aussi. Et si j'y avais été trop fort ? Mais c'était dit, je ne pouvais plus retourner en arrière. Je l'ai embrassé affectueusement et je suis partie.

J'ai appris quelque temps plus tard qu'après un passage à l'hôpital, Jack a arrêté de fumer et qu'il enseigne désormais le *Dharma Art*. J'ai promis que je reviendrais l'année suivante pour étudier et pour que Ray m'emmène voir la danse du Soleil.

Dakinis

« Pour chercher le duende, il n'existe ni carte ni ascèse. On sait seulement qu'il brûle le sang ! » (Garcia Lorca)

En novembre 2005, je me suis enfin installée à Bruxelles dans un bel appartement en rez-de-chaussée. Un cerisier du Japon veille sur moi depuis le jardin. Depuis un an, j'avais habité chez différents amis, en me déplaçant sans cesse avec ma Samsonite bleu marine pour donner des stages en Europe. J'avais récupéré depuis la trépanation, mais j'étais encore trop maigre. Ma stratégie d'introduire la danse intérieure dans la danse extérieure m'avait amenée exactement là où je le souhaitais. J'ai proposé la *Danza Duende* aux plus motivées. La moitié ont eu peur, mais il en restait beaucoup. J'ai pris un bâton pour m'entraîner à transformer mon agression, à chevaucher mon dragon et à comprendre l'énergie masculine. Le bâton existe partout. Il relie les gens aux arbres, les fruits entre eux ; il supporte le boiteux, il rassure le voyageur et il frappe pour guerroyer. C'est un instrument de musique, un jeu, une arme, une canne, un outil, un symbole phallique, un serpent, un objet de pouvoir. Les dakinis qui portent un bâton ont toujours caché leur parèdre dedans. J'ai calligraphié en très grand sur le mur de mon appartement : « Myriam, STP, dans les deux cas, soit patiente. »

C'est ma prochaine piste, la patience. J'ai compris ma souffrance, j'ai pratiqué la générosité, j'ai un peu de discipline, j'ai vu ma colère, maintenant, il me faut développer la patience. Quant aux « deux cas », tout le monde me demande ce qu'ils sont. Je leur explique alors qu'il me faut être patiente le jour comme la nuit, dans des situations agréables ou désagréables, en inspirant et en expirant, avec les autres et avec moi-même... Ils sont beaucoup de choses à la fois.

En voyage, j'ai rencontré des gens formidables qui, souvent, m'ont encouragée à chanter et danser ma vie. Le grand yogi Khenpo Tsultrim Gyatso Rinpoché fut de ceux-là, je ne l'oublierai jamais. Le Khenpo n'a pas répondu à mes questions, il a répondu à ce qu'elles cachaient, en chantant, comme le font les grands maîtres du Mahamudra. Le traducteur chantait avec un grand sourire, comme si c'était la chose la plus simple du monde. Le Khenpo faisait danser ses disciples dans le temple pendant les enseignements sur la vacuité – selon Nagarjuna, la vacuité consiste à comprendre par la logique et la méditation l'absence d'un soi autonome et permanent – et déclarait : « Depuis toujours, les yogis et les yoginis chantent et dansent... libres d'attaches et pleins d'amour ! » Il a ajouté à mon attention : « C'est très bien de ne pas avoir de maison, je n'en ai jamais eu ! Excellent ! »

Puis, j'ai rencontré Lama Tashi, je lui ai dit :

– J'ai fait trois rêves avec une voix qui me parlait. Le premier disait : *No date, no death*. Dans le deuxième rêve, je me suis réveillée quand une voix a crié : *Tremendous victory*, et dans le dernier, je voyais tout en noir et blanc. Des enfants jouaient en riant avec un filet à papillons suspendu au centre d'une cour toute blanche. Le jeu d'ombre du filet contre le mur blanc les amusait. Ils donnaient des coups de pieds dedans en riant quand une voix a dit : *Shoot the shadows*.

– Fais une chanson de ces paroles et danse-la !, m'a simplement répondu Lama Tashi.

Ce jour-là, j'ai souri. Il pleuvait des cordes, j'étais trempée. Je me suis éloignée sous la pluie en chantant. La mélodie est venue tout de suite. Je l'ai chantée longtemps afin de ne pas l'oublier. J'ai ensuite créé *Relampago* (le tonnerre ou la foudre) avec les Salamantras, à Barcelone et à Lisbonne. Le spectacle commençait par une calligraphie silencieuse des paroles de mon rêve sur un immense papier suspendu sur la scène, puis le public entonnait sous ma direction la chanson. Nous dansions sur les voix du public, nues en ombres chinoises derrière le papier ! C'était magnifique...

Suivant désormais sans hésiter mes plus pures intuitions, je me parle à moi-même, je me rédige des prières, je me donne des recommandations, formulant des vœux, des rêves, des tirades philosophiques, des anecdotes.

«*Ayant créé ma légende de toutes pièces, pourrais-je jamais gagner contre moi-même? Comment pourrai-je trouver la gemme si mon monstre la garde loin de moi? Deviens le monstre, écoute son esprit, et aime ce qui est fâché, aime tout ce qui est maudit, laisse fondre ta colère, ouvre tes mains, laisse les têtes tomber, laisse les cœurs parler, la gemme c'est le dragon et le dragon c'est le joyau. Accepte la mort pour dissoudre ce que cachait la peur. Danse nue dans le bleu.*»

Ma vie à Bruxelles est semblable à un entraînement militaire. D'ailleurs mon corps est devenu très musclé, je suis athlétique. Le matin, je travaille le bâton dans un jardin avec Ozan, un copain thérapeute, et mes élèves. Ensuite, toute la journée, je vais à vélo d'une école de danse à l'autre pour donner mes cours. J'ai décidé que je ne danserais la danse du ventre que pour le plaisir, plus pour l'argent. Je me prépare à vieillir. Je me sens mieux dans ma peau. Je ne suis pas prise au dépourvu par les rides, par le changement de comportement des hommes à mon égard ou par mon regard dans le miroir. Au contraire, je prépare la place aux changements. Petit à petit, ma maison est devenue un lieu de rencontre pour un groupe d'artistes intéressés par le projet de *Danza Duende*. Nous méditons tôt le matin, nous nous entraînons au bâton, et nous élaborons des collaborations créatives sur toute l'Europe...

Ma vie devient harmonieuse, mais je n'ai toujours pas résolu mon problème avec les hommes. Je ne trouve pas de compagnon. Je ne rencontre que des hommes mariés ou engagés qui m'ont caché leurs épouses ou qui me cachent moi, soigneusement, de leur fiancée. Ils mentent tous comme si leur maman n'avait pas cessé de les surveiller. J'essaie donc la polyandrie, pour voir si c'est la solution qui me convient – je peux aimer plusieurs personnes, je n'entreprends pas ce projet froidement. Catherine, une élève qui habite avec moi, est époustouflée : le matin, au petit déjeuner, il y a mon ami journaliste ; le soir, au dîner, mon ami musicien ; le lendemain, à midi, le photographe. Trois, ça suffit. Je ne me moque pas d'eux, je n'ai même pas besoin de leur mentir, ils font la même chose ! Ils sont merveilleux, mais ce n'est pas la solution.

La nostalgie de mon mariage plane comme un fantôme au-dessus de ma vie. Je n'ai pas oublié les moments où Jorge et moi étions sur la même longueur d'onde, partageant la même quête, la même pratique et que nous nous amusions comme des enfants. Je ne veux pas de courants d'air amoureux, je veux de la simplicité. Ma polyandrie a donc été de très courte durée. J'en ai vite eu marre. Je n'étais toujours pas heureuse et je me languissais du prince charmant comme plein d'autres femmes que je rencontrais.

Fernando Pessoa a écrit un magnifique poème, que j'ai introduit dans mon spectacle : *Histoire de Yanarava*. Un prince charmant cherchait une princesse endormie, coiffée d'une couronne de lierre. À la fin d'une quête pleine d'obstacles, il la trouve, touche le lierre et réalise que la couronne, son principe féminin, avait toujours été sur sa propre tête, que la princesse endormie, c'était lui. Est-ce que nous, les femmes actuelles, aurions, comme le prince de Pessoa, une couronne de lierre à toucher? Une princesse à réveiller? Un jour, j'ai demandé à Ringu Tulku Rinpoché son opinion :

– Rinpoché, j'ai des problèmes avec les hommes ! Depuis que je travaille avec des femmes, tout va mieux, mais je ne trouve pas de compagnon. Je ne supporte pas leurs mensonges, je suis jalouse. Mes relations amoureuses finissent dans la douleur tôt ou tard. Est-ce que je devrais devenir nonne ou ne plus du tout permettre aux hommes de rentrer dans ma vie? Je pourrais me barricader de façon à rester seule et à ne plus souffrir à cause de mes déceptions amoureuses?

– Si tu veux, tu peux faire ça, rester seule. Tu auras une vie plus simple, moins de problèmes et plus de temps. Cela te manquera un peu au début et de moins en moins avec le temps, mais tu pourrais aussi prendre les choses moins dramatiquement. Vous, en Occident vous agissez comme si le couple allait changer votre vie et vous donner tout le bonheur que vous cherchez. On dirait que c'est la chose la plus importante pour vous. Ce n'est pas comme ça, c'est dans soi-même qu'on trouve le bonheur, pas dans un homme ou dans une femme. Il faut être plus léger dans les relations, moins envahissant, ne pas faire d'histoire pour la moindre broutille.

Je savais que Rinpoché avait raison, mais je n'y arrivais pas, pas encore.

Mes recherches sur *Danza Duende* avançaient progressivement, lentement. Certains me soutenaient, d'autres continuaient à ne pas comprendre. Ebalé Zam, le fameux danseur camerounais, m'a invitée à danser pour la première partie de son spectacle

Secrets de femmes à l'Espace Delvaux. Pour l'occasion, j'ai créé *Smooth Patience* sur une musique jouée par mon ami Hayden Chisholm, un beau solo improvisé de dix minutes dans lequel j'ai dansé intégralement nue. Cette danse est à mes yeux, et encore aujourd'hui, la plus belle création de ma vie. La réaction du public fut curieuse : certains ont été choqués, d'autres gênés, des femmes ont pleuré d'émotion, des hommes ont toussé convulsivement. J'ai reçu très peu de commentaires, à part deux mails d'amies émues ou la lettre d'un type qui me reprochait de ne pas avoir gardé ma nudité pour la lui offrir à lui seul !

Smooth Patience semblait s'être évaporé dans un espace hors de ce monde. Aucune critique, aucun *feedback* de la presse, ni pour en dire du bien, ni pour en dire du mal. Cette performance a été le point de départ d'un réel développement de ma patience. C'est ainsi avec *Danza Duende*, on se transforme soi-même à travers les œuvres. C'est un acte alchimique continuel, pas un produit fini. Ma nudité représentait la sincérité lumineuse de notre nature lorsque toutes les projections ont laissé place à la bonté fondamentale. Malheureusement, la pureté de la nudité dérange. On l'habille de concepts. *Smooth Patience* a choqué parce que j'étais sensuelle sans être palpable. La vraie nudité telle quelle, belle et simple, sensuelle, libre. Paulo C. m'avait prévenue : « Myriam, ne faites pas cela ! Les gens ne sont pas prêts ! » Il avait raison, mais si on attend, personne ne sera jamais prêt.

En 2007, j'ai reçu une lettre d'un professeur d'aïkido bruxellois. Il s'intéressait à *Danza Duende* ! C'était bon signe. J'ai toujours voulu coopérer avec différentes disciplines, je voulais lier les aspects invisibles d'activités diverses, partager des façons d'enseigner les techniques physiques en y incluant directement les entraînements de l'esprit. J'avais placé sur mon autel un *lingam*, phallus sacré représentant Shiva, en formulant le vœu que des hommes s'intéressent à *Danza Duende*. Peut-être que ce maître d'aïkido était la personne dont nous avions besoin pour joindre le masculin et le féminin dans notre école ? Voici ce qu'il m'écrivait :

« Bonjour Madame Szabo,

J'ai obtenu quelques renseignements sur votre discipline Danza Duende, *par le biais d'un formulaire promotionnel de votre prochain stage en Toscane. Intrigué, j'ai consulté votre site Web. Je suis pratiquant et professeur d'aïkido et ce que vous proposez semble résulter d'un travail important de synthèse et de recherche personnelle dont les objectifs ressemblent à ceux poursuivis, dans l'exercice de ma discipline. J'aimerais simplement découvrir davantage ce qu'est la* Danza Duende *et éventuellement m'initier car la démarche doit être très enrichissante et complémentaire aux arts martiaux centrés sur l'énergie. Pourriez-vous me conseiller une manifestation ou éventuellement une initiation particulièrement indiquée pour éclairer un curieux comme moi ?*

Ayant récemment ouvert mon propre dojo à Bruxelles, j'aimerais constituer un réseau de connaissances dans les disciplines connexes, non nécessairement martiales, mais qui seraient susceptibles de partager une communauté d'ambitions et/ou d'objectifs. Cela aurait non seulement pour but de découvrir personnellement d'autres approches mais également d'être en mesure de les proposer aux autres (j'entends par là aiguiller les gens intéressés vers les enseignants compétents, par exemple vous, pour la Danza Duende*).*

Merci de l'attention que vous n'aurez pas manqué de porter à ma requête.

Veuillez agréer, Madame Szabo, l'expression de ma parfaite considération.

Christophe Depaus. »

Trois ans après mes débuts seule avec mon bâton, je voyais les premières fleurs de mon projet apparaître... Avec mes amis de toujours, Liliane, Monica, Carolina, Ozan, Catherine, Leire, Marga, la Negra et tant d'autres, nous débroussaillons nos névroses, nos espoirs, nos craintes. Nous cherchons la juste jonction, le point commun qui nous permettrait de développer une synergie à long terme. Tous apprennent avec tous, tous sont au service de tous, pas de structure hiérarchique pyramidale, c'est une structure cellulaire d'où naît une forme extraite du chaos. Apprendre à être le centre d'une situation ou à passer en périphérie, au service de l'autre qui est passé au centre, est une attitude simple mais impossible pour l'ego, s'il n'a pas perdu son pouvoir, ne serait-ce que le temps de cette action. Tous sont leaders, tous sont au service des autres, la situation elle-même parle de ce qui est nécessaire. Chevaucher nos dragons, danser nos conflits, les transformer, les transfigurer, rester ensemble en soignant la situation, en aidant les autres. Assumer notre liberté individuelle et nos élans créatifs en associant nos perspectives afin de rester solidaires. *Danza Duende* a grandi et l'enfant est beau. C'est une école alchimique pour l'humanité.

Après avoir travaillé avec le merveilleux Pietro Pizzuti, auteur, acteur et metteur en scène charismatique sur *Les Fourberies de Scapin*, Christine Delmotte m'a embarquée dans une nouvelle aventure : la vie du bouddha Siddhartha. Depuis longtemps, Christine me parlait de ses projets théâtraux et m'avait invitée à danser dans ses pièces. À cette occasion, j'ai vu à quel point le *Dharma* est difficile à communiquer avec clarté, à quel point je dois lâcher prise quand les gens comprennent mal et que je ne peux rien y changer. Pour illustrer les états d'âme des personnages de la pièce, j'ai créé des danses, j'ai chorégraphié le chagrin, la sérénité et la séduction, la terreur, la faim et l'épuisement, puis l'illumination. La sérénité et la séduction étaient respectivement inspirées du taï-chi et de la danse orientale. Quand venait le cauchemar du traître parricide, ma danse devenait violente puis titubante. Enfin, l'illumination prit la forme d'un enchaînement de tours infinis sur moi-même. Nous avons raccourci mes interventions car Christine craignait qu'elles ne distraient le public du texte... Les acteurs sont troublés, la vie du seigneur Bouddha a secoué notre équipe.

Puis, est venue *La Danse du luth*. Cette création collective en *Danza Duende*, que j'ai montée avec une belle brochette d'artistes, est inspirée du poète Rûmi. Nous aimons ce spectacle, qui touche notre cœur et qui a éveillé entre nous, les artistes qui l'offrons, un amour digne des paroles du poète soufi :

« L'Amant brille comme le soleil,
L'Amoureux tourne comme un atome,
Quand souffle la brise du printemps de l'amour,
Toutes les branches qui ne sont pas sèches se mettent à danser. »

Doucement, la totalité de ce que j'ai aimé et étudié depuis mon enfance s'est mis au service de la danse. Je suis entière, je ne cherche plus ma place dans le monde, mes prières de petite fille se sont réalisées. Je rencontre des gens merveilleux et ma vie s'est adoucie. Moi aussi.

Ultime guérison

En 2009, je suis partie au Sikkim, en Inde, pour pratiquer, mais aussi pour guérir : le méningiome était revenu dans mon cerveau, et en prime, il y en avait un nouveau à gauche. Un pour chaque hémisphère, près des nerfs faciaux, les nerfs des yeux, des oreilles, de la mâchoire. J'ai entrepris toutes sortes de thérapies pour comprendre les éventuels facteurs psychologiques ou héréditaires de ma maladie, que la science est incapable d'expliquer. J'ai notamment entrepris une visite approfondie de mon arbre généalogique. Je me suis intéressée à Jodorowsky, dont je connaissais les films depuis mon adolescence et qui enseigne maintenant la psychomagie, une thérapie qui consiste à décharger des pulsions réprimées via le théâtre et qui libère le sujet des nœuds à l'origine de ses souffrances.

Je cerne les déséquilibres énergétiques qui ont contribué à cette rechute. Le processus est intense et positif, mais j'ai peur. J'ai encore peur. C'est étonnant, je me souviens qu'il y a des années, j'avais confessé que de toutes les maladies, celles qui m'effrayaient le plus étaient celles qui touchaient le cerveau ! Je suis restée seule pendant deux mois pour pratiquer des respirations et méditer. Cela devait aboutir à une purification générale. Ringu Tulku Rinpoché m'a donné des instructions pour ma pratique. Derrière une peur, j'en rencontre une autre. Elles sont de plus en plus subtiles, elles m'empêchent de toucher, ne serait-ce qu'un instant le cœur de la poupée russe, le joyau, l'état de Bouddha. Je dois accepter ma peur et continuer ma route sans fuir quoi que ce soit, au contraire, chaque nouvelle épreuve ou chaque nouveau plaisir construit aussi mon chemin. Ainsi, j'ai changé de nom, encore une fois, le jour de mon anniversaire. Une énième et nouvelle vie. Je suis devenue Yumma Mudra. *Yumma* comme le principe féminin, *Mudra* comme la danse de l'esprit. Ce séjour au Sikkim a rempli mon être de douceur, comme si, enfin, la véritable féminité m'atteignait.

En mars, j'ai subi deux traitements par Gamma Knife. Je me suis préparée et j'ai mis mon corps sur « pause ». On m'a mis un casque en métal sur le crâne pendant des heures. Je suis rentrée dans la machine aux rayons éliminateurs de tumeurs. Après tant d'années de travail intensif et d'investigations passionnées, j'ai soigné mon corps avec affection. Et j'ai soigné mon cœur. Christophe, le maître d'aïkido qui m'avait contactée deux ans auparavant, et moi sommes amoureux. Nous vivons ensemble. Nous avons créé les premiers ponts entre *Danza Duende* et l'aïkido à travers une recherche passionnante sur les postures féminines et masculines du mouvement du corps, de l'énergie et de la conscience. Son maître japonais, le grand Shihan Sugano, nous a fait l'honneur de collaborer avec nous dans nos recherches. Le premier festival international de *Danza Duende*, « Le Soleil et la Lune amoureux », aura lieu l'été prochain à Serpa, la ville du dragon. Je compte sur le soutien de toute mon équipe, un réseau international exceptionnel de belles personnes.

Une stabilité s'est installée en moi. Je suis satisfaite ; j'ai le sentiment d'avoir touché un point de jonction où toute ma vie prend son sens en devenant utile. Je crois que notre vie est faite pour remplir les besoins de notre monde, nous devons juste trouver notre meilleure qualité, puis la cultiver, l'offrir. Rien ne peut naître sans effort, l'univers est bien fait, chacun d'entre nous est un être dont les autres ont besoin. J'ai trouvé la princesse du poème de Pessoa, et j'ai mis sa couronne sur ma tête. Mon bien-aimé et moi avons l'espace pour que nos passions s'épanouissent ensemble et individuellement, entre ciel et terre.

Le 4 septembre 2010, le Soleil et la Lune amoureux se sont mariés à Serpa ! Notre premier festival de *Danza Duende* nous a réunis dans un rêve merveilleux. Pendant une semaine, des centaines de personnes se sont mises au service les unes des autres. Personne n'a gagné un sou, mais nous avons gagné bien plus ! Les danseurs *duende* ont envahi la ville en chantant, en dansant, en jouant. Un cavalier inconnu s'est joint à nous, son cheval blanc dansait aussi. Le cheval nous montrait le chemin. C'est en donnant qu'on s'enrichit, c'est en soignant son monde avec amour qu'on est heureux. Et si on le fait ensemble, quel miracle ! Un miracle simple à notre portée ! *Danza Duende* est un projet fort, les entraînements sont difficiles, mais ils produisent naturellement des résultats visibles. Les élèves n'évoluent pas exclusivement dans leur technique, mais aussi dans leur vie, qui devient positive et riche.

Mon traitement a réussi. Je suis guérie. La femme exceptionnelle qu'est ma mère est aussi devenue mon amie. Sa vie a complètement changé grâce à une thérapie, à son courage admirable et à cette façon incroyable qu'elle a de surmonter les difficultés avec humour et lucidité.

Réunion de famille

Récemment, j'ai appris l'existence d'une nièce, Viviane Szabo, la fille de mon demi-frère Peter Szabo. Elle est musicienne et chanteuse, elle a 25 ans et vit avec Juan De Lerida, un guitariste virtuose. La « fée Vivi », comme je la surnomme, mandatée à dessein par les déesses protectrices de l'amour, s'est manifestée pour que le vœu de notre père – réunir sa « petite » famille – se réalise enfin ! Belle dedans, belle dehors, notre fée Vivi m'a d'abord emmenée en Hongrie ! Elle parle le hongrois couramment, même si elle a été élevée en France. Dans les rues d'Hajduszoboszlo, j'ai découvert pour la première fois les sculptures de mon père. Sa ville d'origine lui a dédié une rue. Ma sœur Edite, qui vient d'avoir 70 ans, nous a reçues avec une grande gentillesse. Son mari nous a servi des verres de palinka, le breuvage national, à boire cul-sec dès 11 heures du matin.

Nous allons organiser la grande fête qui doit réunir les enfants et petits-enfants de Lazlo en automne. Ils viendront du monde entier. Depuis que notre père est mort, j'ai prié pour que ce rêve se réalise un jour. Il va s'amuser de nous voir ensemble, ce bougre de fou qui a pu, avant la légalisation de la pilule, convaincre des femmes magnifiques et fascinantes de porter sa semence à maturité ! Nous sommes vingt-quatre frères et sœurs éparpillés à travers le monde. Certains vivent en France, d'autres en Allemagne, en Angleterre, en Grèce, au Canada, en Suisse, en Iran et bien sûr, en Hongrie. Tous ceux qui ont accepté se retrouveront chez Edite à Hajduszobszlo pour manifester que l'humanité est en réalité une grande famille.

ÉPILOGUE

«Chant d'oiseaux» à ma mère

Jour de Pâques 2011, Bruxelles.

Mon livre est dédié à la gratitude que je ressens envers tous les êtres que j'ai connus. Je ne pensais pas publier une autobiographie un jour. C'est un acte magique que d'invoquer tant de personnes, les animaux, les rêves, qui deviennent tous ensemble un puzzle de vie. Aucun détail, aucune personne, ne peut être retirée d'une histoire sans la changer. Et derrière la trame visible de ma vie, il y a le monde invisible qui a tissé une autre version, aussi réelle que les apparences. Voyager au cœur de ce que j'ai vécu avec mon recul d'aujourd'hui m'a remplie de tendresse et d'humilité. C'est une aventure douloureuse, amusante, cruelle, insupportable, enivrante. On ne peut rentrer dans tous les détails qui font le parfum d'un moment éternel et unique à l'infini, mais comme c'est tentant ! J'ai passé des années à me rappeler la magie de chaque jour, la vie de ceux qui sont entrés dans ma vie... Comment parler de quelqu'un sans désirer en dire beaucoup ? Chaque personne est un trésor de vie, un labyrinthe de contradictions et de connaissances qui sont intimement mêlées à mon histoire. Où s'arrête leur histoire, où a commencé la mienne?

J'aurais voulu me perdre dans ce dédale pour me rencontrer à nouveau par hasard dans la vie d'un autre. Je ne trouve pas un ego consistant dans mon histoire, je trouve des paysages qui se sont mariés pour donner, le moment suivant, des musiques, des sensations, des images, des parfums. Je me suis dissoute dans les mots ou les images. J'arrive à la fin le cœur un peu triste ou un peu joyeux, plein de l'eau salée des mers et du feu rythmique de la terre, en souhaitant avoir rendu hommage aux êtres qui ont dansé dans mon récit ou derrière les pages, comme ils le méritent. Ceux qui ne sont pas apparus, c'est parce que en dire trop peu serait pire que de leur laisser leur pleine place dans l'invisible, entre les lignes. Ceux dont j'ai parlé ont vécu à travers les caprices de ma mémoire, mais aussi dans l'amour et le respect que leur évocation a éveillé en moi – c'est incroyable de constater que je ne suis pas celle que je pense être ; en écrivant, mon image se disloque. Quant aux autres, ils sont tous grandioses ! Je ne peux pas m'empêcher de les aimer davantage depuis que je viens de les rêver. Ne croyez pas que je parle de mes amis, de ceux qui me caressent dans le sens du poil, non. Je parle du chien qui m'a mordue, de l'amie qui m'a trahie, de l'homme qui m'a battue, du policier qui m'a révoltée, de la voiture qui m'a arrosée.

Je ne crois pas qu'on puisse aimer sa vie sans en aimer chaque particule. Chaque petit moment est immense ; tous les doigtés de peau, les ombres colorées, les odeurs essentielles inaperçues, les pensées supersoniques, les découvertes géniales, tout cela est ce que j'ai appelé « moi ». Qui d'autre ? Comment détacher « moi » des millions de milliards de perceptions qui racontent mon histoire, et puisque c'est ainsi, comment être quelqu'un qui ne serait pas l'ensemble de tout ce que j'ai connu ? Oui, nous faisons de ce que nous rencontrons une histoire unique, exceptionnelle, scientifiquement invalide puisqu'on ne pourra jamais la répéter. Une « impro » royale !

Ce qui prend forme de manière irréfutable en décrivant ma propre vie, c'est l'impossibilité de la dissocier de celle des autres ! Et de ceci m'est venue l'émotion sincère d'une douloureuse affection envers chacune des personnes qui font partie de cette histoire, parce que je ne peux pas vivre sans aimer, sans apprécier mon passé, sans cultiver le jardin de leur beauté infinitésimale, indépendamment du rôle qui nous incombait à chacun dans les jeux que nous avons improvisés. Celui qui est bon, celle qui est mauvaise, l'un sans l'autre n'existe pas, c'est ensemble qu'ils forment un tout dont la sagesse qu'ils manifestent les dépasse.

Ma maman, je souhaite la présenter en tête de cette foule bigarrée que je remercie chaque jour dans mon silence secret. Pourquoi ? Parce que tu m'as encouragée à rester fidèle à mes sentiments, que tu m'as délivrée de la corruption dès le plus jeune âge par tes valeurs rebelles et déterminées, que tu as su choisir des mentors fantastiques pour inspirer ma soif insatiable de découvertes. Aussi parce que tu as toujours dit du bien de mon père, même s'il n'a pas rempli le rôle qu'on aurait pu attendre de lui. Parce qu'en n'avortant pas, tu m'as transmis le sens sacré de la vie, ce sacré que mon père, dans sa folie divine, parfois trop cruelle, savait professer. Parce que tu as changé ta propre vie, une fois de plus avec ce courage immense, quand personne n'y croyait. Parce que tu montres à tous que la vie est un chemin que nous traçons nous-même, par l'exemple de l'ouverture de ton esprit qui avance chaque jour vers plus de clarté.

J'ai changé de nom plusieurs fois dans ma vie, de Minou à Myriam, de Myriam à Souliko, de Souliko à Laparrala, de Laparrala à Mudra... Et puis aujourd'hui YUMMA. Je ne suis pas une seule chose, ni un être défini. Tous ces noms sont des aspects d'une quête sincère. J'existe dans toutes mes folies, c'est quand j'ai cru mourir que j'ai pu renaître. *Free and wild forever!*

Yumma Mudra

TABLE

FRANÇOIS BOURIN ÉDITEUR
DERNIÈRES PARUTIONS

Isabelle ALEXIS, *Brèves de filles*
Farid AMEUR, *La Guerre de Sécession*
Laurent BARAOU, Monsieur SEPTIME, *La Face cachée du vin*
Maurice BARRÈS, *Le Voyage de Sparte*
Annie BATLLE, Isabelle GERMAIN, Jeanne TARDIEU,
Le Dictionnaire iconoclaste du féminin
Olivier BEAUNAY, *Emploi, mode d'emploi*
Jean-Léon BEAUVOIS, *Les Influences sournoises*
Philippe BENASSAYA, *Les Années Giscard*
Albert BENSOUSSAN, *Ce que je sais de Vargas Llosa*
Abdenour BIDAR, *L'Islam face à la mort de Dieu*
BLANCAFORT, *Les Blablas du bling-bling*
Serge BLANCHARD, *Notre avenir dépend d'eux*
Gérald BLONCOURT, *Peuples de gauche*
Jean BOTHOREL, *Requiem pour les Français*
Francis BROCHET, *Inventaire après rupture*
Thomas CANTALOUBE, *Les États-Désunis d'Obama*
Dimitri CASALI, Céline BATHIAS,
L'Histoire de France racontée par le cinéma
Philippe CHALMIN,
– *Le Siècle de Jules*
– *Demain, j'ai 60 ans*
Philippe CHALMIN, Alessandro GIRAUDO,
Au temps des comptoirs
Philippe CHEVALLIER, *Être soi*
Francis CHEVRIER, *Notre gastronomie est une culture*
Pasteur François CLAVAIROLY, Grand rabbin Haïm KORSIA,
Paroles d'alliance
Bertrand COLLOMB, Michel DRANCOURT,
Plaidoyer pour l'entreprise
Barthélémy COURMONT, *L'Après-Ben Laden*
Simon CRITCHLEY, *Les philosophes meurent aussi*
Jean-Marc DANIEL, *Le Socialisme de l'excellence*
Nicolas DELIEZ, Julien MIGNOT, *Le Cannibale de Rouen*

Chantal DELSOL, *Penser le présent*
Renaud DÉLY, *Brèves de football*
Frédéric DENHEZ, *La Fabrique de nos peurs*
Nicolas DOUCERAIN, *Ma petite entreprise a connu la crise*
Mohamed DOUHANE, *La Délinquance des mineurs*
Gyaltsen DRÖLKAR, *L'Insoumise de Lhassa*
Alexandre DUMAS, *Midi de la France*
Bernard-Marie DUPONT,
D'un prétendu droit de mourir par humanité
Catherine DURANDIN, *Que veut la Russie ?*
Alain DUREL, *Et Jésus marcha sur le Gange*
Isabelle EBERHARDT, *Notes de route*
Gustave FLAUBERT, Maxime DU CAMP,
Par les champs et par les grèves
Georges FLEURY,
– *Nous, les combattants d'Algérie*
– *Nous, les combattants d'Indochine*
Jean-Pierre FLEURY, *Le Bestiaire insolite*
Michel FOUCHER, *La Bataille des cartes*
Jean-Christophe FROMANTIN,
Mon village dans un monde global
Gilles FUMEY, *Les Radis d'Ouzbékistan*
Samuele FURFARI, *Dieu, l'Homme et la Nature*
Christian GAMBOTTI, *Plaidoyer pour Sarkozy*
Tristan GARCIA, *Nous, animaux et humains*
Yvon GATTAZ,
– *La Seconde Vie*
– *Les ETI*
– *L'Entreprise et les jeunes*
Théophile GAUTIER, *Zigzags en France*
Charles GAVE, *L'État est mort, vive l'état !*
François GERBER, *De l'inutilité du juge d'instruction*
Gaëlle GUERNALEC-LEVY, *Appartement 24*
Marion GUILLOU, Gérard MATHERON,
9 milliards d'hommes à nourrir
Christophe GUILLUY, *Fractures françaises*
Christian P. GURY,
L'Apprentissage, une autre manière de réussir

Victor HUGO, *Le Rhin, lettres à un ami*
Jean-Philippe IMMARIGEON, *La Diagonale de la défaite*
Emmanuel JAFFELIN,
- *Éloge de la gentillesse*
- *Petit Éloge de la gentillesse*

Thomas JAMET, *Ren@issance mythologique*
Ganaël JOFFO, *Ma princesse au petit poids*
Christophe JUAREZ, *France, ton vin est dans le rouge*
Paola de LA BAUME, Emmanuel GIANNESINI, *Dictionnaire impertinent du politique*
Pierre LASSUS, *La Violence en héritage*
Éric LE BRAZ, *Géographie d'une presqu'île*
Emmanuel LEMIEUX, *L'Annuel des idées*
Stéphane LENEUF, *Le Goût du pouvoir*
Myriam LEVAIN, Julia TISSIER, *La Génération Y par elle-même*
Pierre LOTI, *La Mort de Philæ*
Jacobo MACHOVER, *Raúl et Fidel*
Michel MAFFESOLI, *Qui êtes-vous, Michel Maffesoli ?*, entretiens avec Christophe Bourseiller
Sozerko MALSAGOV, Nikolaï KISSELEV-GROMOV, *Aux origines du goulag*
Olivier MARION, *Louis XVI a perdu la tête*
Guy de MAUPASSANT, *La Vie errante* suivi de *Sur l'eau*
Julien MIGNOT, *Tu ne me battras plus*
Marie-Odile MONCHICOURT, Emmanuelle GRUNDMANN, *Ingénieuse nature*
Roland MOREAU, *L'immortalité est pour demain*
Edgar MORIN, *Ma gauche*
Gyuri NEMES, François de WITT, *Votre argent a besoin de vous*
Philippe NEMO, *La France aveuglée par le socialisme*
Paul-François PAOLI,
- *La Tyrannie de la faiblesse*
- *Pour en finir avec l'idéologie antiraciste*

Denise PARANÁ, *Lula, l'enfant du Brésil*
Valérie PIAU, *Les Droits de l'élève*
Jean-Robert PITTE, *Orientation pour tous*

Jean-Michel QUATREPOINT, *Mourir pour le yuan ?*
Serge REYNAUD, *Bonne nouvelle, c'est la police !*
Olivier ROLLER, Emmanuel LEMIEUX,
Une journée particulière
Patrice ROMAIN,
- *Mots d'excuse*
- *Journal de bord d'un directeur d'école*

Christian SAINT-ETIENNE,
- *Guerre et Paix au XXIe siècle*
- *La Fin de l'euro*
- *L'État et votre argent*

Philippe-Joseph SALAZAR, *Paroles de leaders*
Marie-Pierre SAMITIER, *Au pied du mur*
Daniel Salvatore SCHIFFER,
- *Critique de la déraison pure*
- *Le Dandysme*

Andreï SOLDATOV, Irina BOROGAN, *Les Héritiers du KGB*
STENDHAL, *Voyage dans le midi de la France*
Hippolyte TAINE, *Voyage aux Pyrénées*
Michel TURIN, *Profession escroc*
Laurence UBRICH, *Les Nouveaux Parents*
Patrick VOILLOT, *Les Mystères du diamant bleu*
Charles WRIGHT, Dom Michel PASCAL,
À quoi servent les moines ?
Lijia ZHANG, *Vive le socialisme !*
Charles ZORGBIBE, *Paix et Guerres en Afrique*
- Tome 2 : *Les Chemins de l'Union africaine*

Salomé ZOURABICHVILI, *L'Exigence démocratique*

Achevé d'imprimer en décembre 2011 sur rotative offset Variquik
par l'Imprimerie Sagim à Courtry (Seine et Marne).

Dépôt légal : janvier 2012
N° d'impression : 12683

ISBN : 978-2-84941-291-6
752 412.5

Imprimé en France

L'imprimerie Sagim est titulaire de la marque
Imprim'vert® depuis 2004